漂流する日本企業

どこで、なにを、間違え、迷走したのか?

伊丹敬之
Hiroyuki Itami

東洋経済新報社

目次

第3章　カネは配当へ流れた　117

第４章　投資抑制と配当重視が生み出す負のサイクル　163

第7章 原理の漂流をやめ、大きな投資を 285

序章 日本企業の経営がおかしい

設備投資が配当より小さい？

この本は、1991年のバブルの崩壊に始まる、いわゆる「失われた三〇年」の日本企業の姿を描こうとしている。その分析の結論が、この本のタイトルになっている、「漂流する日本企業」である。

日本企業の経営は、30年の間の荒波にもまれて、それに懸命に対応しようと、さまざまに動いてきた。しかし、**自分の確固たる意思で、なにかに向かって意図的に動いているのではなく、潮の流れに受け身で流されてきた**部分が大きいように見える。そういう意味での「漂流」である。

分析のベースはデータ分析にしたいと思い、法人企業統計調査（以下、法人企業統計）という財務省のデータベース（これについては第1章でよりくわしく解説する）を1975年から使って、日本企業の経営数字の分析をした。その分析の過程で、かなり衝撃的な事実をいくつも発見した。日本企業の経営がおかしい、と大きく感じさせる事実群である。そのひとつを、もっとも衝撃的と私が感じた事実を、序章でまず紹介しておこう。

基礎データそのものは公開されているものだから、私には衝撃的に見えた事実をす

大企業の設備投資と配当

年度	設備投資（兆円）	配当（兆円）	設備投資配当倍率
2001	20.4	3.1	6.58
2011	18.2	8.7	2.10
2021	21.2	22.2	0.95

設備投資配当倍率＝設備投資÷配当

出所：法人企業統計調査

でにご存じだった方がおられただろう。しかし、一般にはほとんど知られておらず、日本企業の経営を研究対象としている専門家である私も、知らなかった。

たとえば、日本の大企業（資本金10億円以上の企業）の設備投資と配当の大小関係（どちらが大きいか）である。**普通の企業成長の常識でいえば、設備投資のほうが株主への配当支払いよりもかなり大きいはず、と誰しも思う。**日本の大企業も１９９０年代までは圧倒的に設備投資のほうが大きかった。

しかし、世紀が変わって21世紀になると、その常識が成立しない方向へと日本の大企業の経営は大きく変わり始める。そしてとうとう、２０２１年には、史上はじめて設備投資が配当より少なくなってしまった。

その変貌の歴史を、わかりやすいように、２００１年、２０１１年、２０２１年の数値の表としてまとめたのが、表序-1である。

大企業の設備投資は20兆円前後で、この20年の間ほとんど変わっていない。それは設備投資の停滞、ともいえるだろう。そして停滞自体が企業成長を考えると大きな問題だが、一方で配当がうなぎ上りで増えているのはさらに問題である。20年間で、約7倍の増加である。

そして、配当の何倍の設備投資をしたかという設備投資配当倍率が、2001年からかなりの急降下を始める。設備投資を抑制したまま、配当をどんどん増額し始めたのである。2001年の6・58倍が、2011年には2・1倍にまで、3分の1以下になってしまった。

その動きはさらに次の10年でも続き、その結果、2021年の倍率は0・95にまで落ち込んだ。つまり、とうとう配当が設備投資より大きな額になってしまったのである。戦後の歴史上、はじめてであろう（そして、この本の校正の時期になって発表された2022年度の法人企業統計によれば、大企業の配当が設備投資を上回る差がさらに拡大している。配当が24・6兆円、設備投資が22・0兆円になってしまった）。

なにかがおかしい。これで企業が成長するわけがない。

そのおかしさを、私はこの本のタイトルのように「漂流」と表現したのである。この表現については、後の項でさらに説明したい。

その漂流の背景の重要な要因として、コーポレートガバナンス改革があったと思われる。ここで表の対象年度とした２００１年（21世紀最初の年）は、たまたまかもしれないが、日本のコーポレートガバナンス改革の曙の年といっていいかもしれない。

この前年の８月、総理官邸の産業新生会議で、当時のソニー会長兼ＣＥＯだった出井伸之氏を中心にした進歩的経営者といわれていた人々が、会社法の改正を含むコーポレートガバナンス改革ののろしをあげた。アメリカ型コーポレートガバナンスへの進軍ラッパが総理官邸で吹かれたのである。そして、翌年の２００１年からマスコミでコーポレートガバナンスの問題が大きく取り上げられるようになるのである。

２００１年以前の１９９０年代までの日本の大企業の設備投資配当倍率は２００１年の数字（６・58）よりは大きいことが多かった（たとえばバブルの時期は10倍以上）。そして１９８０年代の安定成長期にはちょうどこの倍率（６・58）ほどの設備投資が行われていた、あるいはその程度に配当が低めに抑えられていたのである。

つまり、２００１年以降、日本の安定成長期とはかなり異なる経営が日本の大企業では行われるようになってきた。そして、２００８年のリーマンショック以降、その変化は加速していく。

第１章ではさらにくわしくデータを分析するが、２００１年前後は日本の経営のターニングポイントだった時期である。私自身も当時そのターニングポイントの兆候を感じ、『経営の未来を見誤るな』（日本経済新聞社）というタイトルの本を出したのが、２０００年だった。アメリカ型経営へと流れていくマスコミの潮流を、私は悪い方向への動きと感じ、なぜそれがおかしいかを論じた本だった。

その私のメッセージは、日本の大企業には届かなかったようだ。株主を重視し、従業員を相対的に軽視し、設備投資をはじめとするさまざまな投資を抑えるような経営に、日本の大企業は変わってきてしまった。

たしかに日本企業の利益率は、大企業も中小企業も、２００１年以降、大きく改善した。しかし、**その利益増加の恩恵を主に株主だけが受けるのが、企業成長として正しい姿なのか。設備投資、海外展開投資、人材投資などを抑制しつつ配当を増やし続ける経営、従業員への分配（つまり賃金）を抑制したまま株主を優遇する経営、それが本当に長期的に日本企業にとって望ましい正道なのか。**

ここに、この本の問題意識の基本がある。

幸いなことに、以下の章の分析で明らかになるように、日本の中小企業はかなりまともな経営を続けている。ひとつのデータ例として２０２１年の日本の中小企業の設備投資と配当の数値を紹介すれば、設備投資は23・６兆円、配当は７・７兆円である。設備投資配当倍率は３・06倍となる。２０１１年の大企業と比べても、かなり投資に積極的な経営といっていいだろう。

17年周期のマクロ大変動

バブル崩壊の年である1991年からの30年間に、日本企業の経営環境は大きく変化した。大変動の事件をあげれば、1991年のバブルの崩壊があり、2008年のリーマンショックがあった。そして、2011年には日本は東日本大震災に襲われる。その上、20年からはコロナショックが始まった。

こうしたマクロ大変動に、企業経営は対応しなければならない。その具体的対応には、今から顧みると望ましくないことも多く（次項で、2つの間違いとしてまとめて紹介する）、それを私はこの本で「漂流」として分析していくのだが、経営の漂流の背後に、実はマクロ経済の大変動があったこと、漂流の土壌をそうしたマクロ経済の大変動がつくってしまったことは、認識しておく必要がある。

経営行動の間違いはたしかにあったと私は考えているが、その間違いの背後にそうした行動を半ば強いたような歴史的土壌があったことも、認めないと不公平であろう。日本企業の経営が、決して楽なものではなかったのはたしかなのである。

そうしたマクロの視点から日本企業の経営のあり方を考える視野を、この本ではもちたい。そこで、「失われた三〇年」よりもさらに歴史的距離を延ばして、戦後のマクロ経済の大変動の歴史を簡単に振り返っておこう。

戦後の高度成長期は１９５６年から始まった、といわれているが、その年を起点にして２０２１年までの日本の経済成長率（実質ＧＤＰの成長）のグラフが、図序－１である。年度データ（暦年でない）である。

日本の経済成長率がきわめて大きく落ち込んでいる時期が、このグラフから３つ見てとれる。オイルショック（１９７３年）、バブルの崩壊（１９９１年）、リーマンショック（２００８年）である。それぞれの年から1年あるいは2年の間、経済成長率がそれ以前と比べて急落しているのである。

オイルショックの際は、１９７４年の経済成長率はマイナス０・５％へと１９７３年の５・１％から急落し、日本経済がそれまで長い間経験したことのなかったマイナス成長の年となった。それまでの高度成長期に平均９・１％のきわめて高い成長が17年も続いた後の、大変動であった。

その後１９７５年から日本経済は持ち直し、安定成長期と呼ばれる平均３・８％の経済成長が１９９０年まで16年間にわたって続いた。高度成長期ばかりがマクロの成長では話題になるが、オイルショックを乗り切ったこの長い安定成長期の存在も驚くべきことである。

図序-1　実質GDP成長率

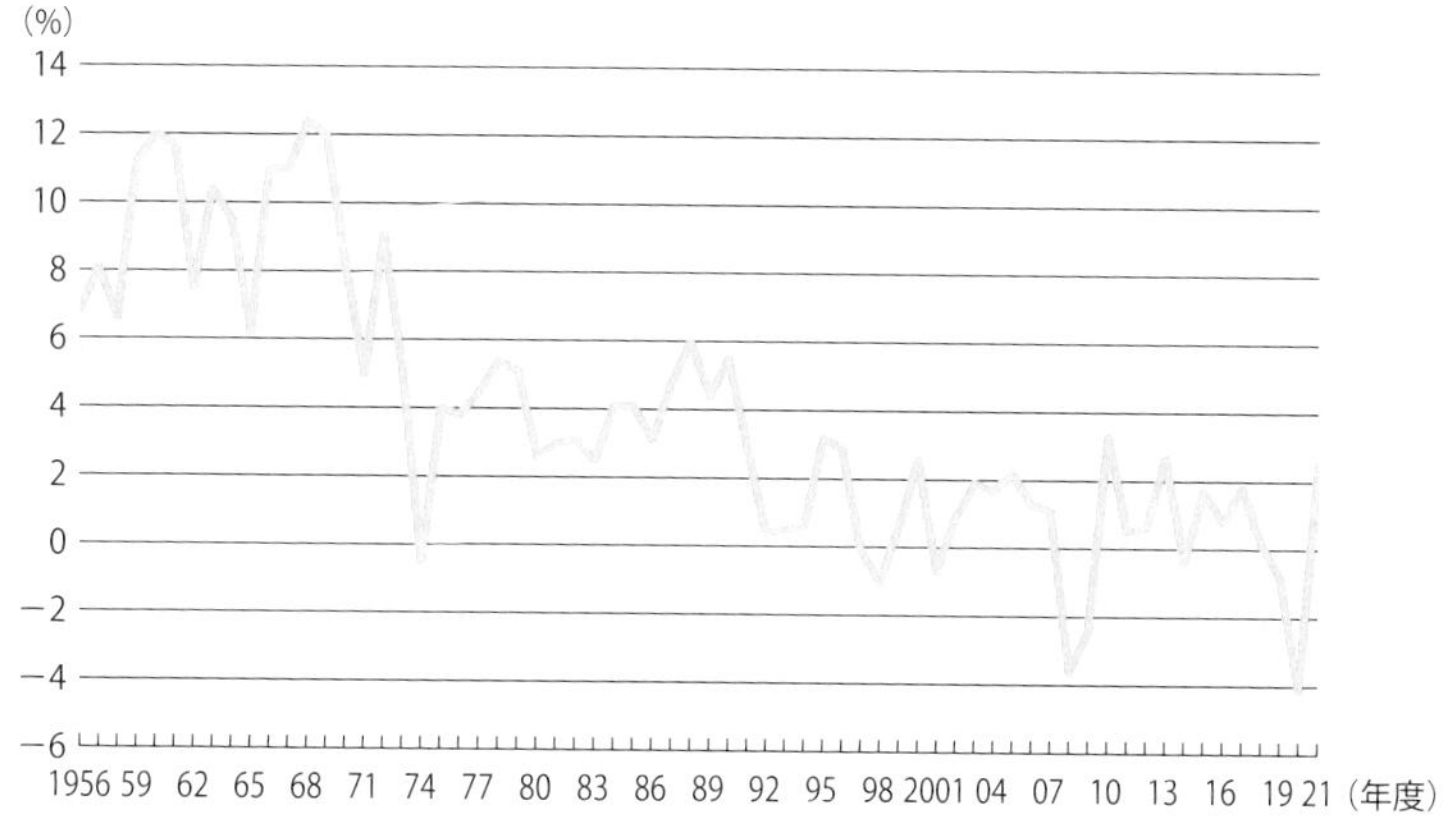

出所：政府GDP統計

　しかし、その安定成長期の最後に、１９８９年ごろから本格化したバブルの狂乱が始まった。そして１９９１年にはついに、バブルが崩壊。１９９２年の成長率は０・４％まで大きく落ち込んだ。

　バブル崩壊からの日本経済の立ち直りは、頼りないものだった。オイルショック後の安定成長期よりもかなり不安定でかつ低い経済成長しかできなかった。それでも、２００２年から２００７年までは２％弱の成長経路に戻ったかのように見えた。１９９５年から２００７年までの12年間の低成長期である。

　しかし、２００８年にリーマンショックが起きてしまい、それが日本経済をふたたびどん底にたたき込んだ。２００８年と２００９年の経済成長率はそれぞれ、マイナス3・6%、マイナス2・4%と、日本経済がかつて経験したことがないほどのひどいものだった。その後、2010年からは多少の回復があり、リーマンショック前の低成長期と似たようなレベルの低成長路線には戻ることができた。

ただ、このリーマンショックからの回復期に、第2章と第3章で分析するように、配当重視の動きが急激に進み、利益率が回復してもさまざまな投資を抑制するという動きが加速してしまったようだ。日本企業の漂流がかなり本格化してしまったかの感がある。

そこへ、コロナショックが2020年にきて、その年に日本は（日本だけでないが）マイナス4・1%という戦後最悪のマイナス成長すら経験することになった。その「戦後最悪のマイナス成長」という事態は、それまでの日本企業の漂流と無関係ではないだろう。

こうしたマクロ大変動のきっかけになった出来事のあった年を並べてみると、1973年、1991年、2008年とほぼ17年の間隔になっている。そして高度成長のスタートとなった1956年からオイルショック（1973年）までの間隔も17年である。

コロナショックは全世界の国々をひとしく襲った特殊な感染症の問題で、経済的現象による成長大変動ではないから、それを除いて考えると、高度成長期以後の日本経済はほぼ17年周期で経済的大事件によるマクロ大変動（成長の大幅下落）を経験していることになる。

なぜ17年間隔になるのか、理由はよくわからない。ただ、ひとつの時代というのはこの程度の長さで続くものだ、という歴史感覚はあり得ていい。そしてそれぞれの時代の終わりは、異なった経済的大事件でもたらされるということであろうか。

オイルショックは、石油という必須とされるエネルギー価格の急騰という事件であり、世界的規模の経済的大事件だった。バブルの崩壊は、日本国内の資産価格の暴落と巨大な不良債権の発生という、日本だけの経済的大事件だった。そしてリーマンショックは、きっかけはアメリカの住宅ローンバブルの崩壊であるにせよ、国際的に大影響をもたらしたのは世界的な金融システムの機能停止とそこからの世界的な需要収縮であった。これはまぎれもなく、世界規模の経済的大事件だった。

2つの大きな間違い

こうしたマクロ大変動が、日本企業の経営者たちの経営マインドと企業行動にどのような影響を与えたか。

それをよりくわしく考えるのが第1章の役割だが、そうした経営マインドの変化とそれにともなう現場での懸命の対応の結果として、今から振り返れば「**2つの大きな間違い**」と私が表現したくなるような経営の基本的間違いが生まれてしまったようだ。その間違いの内容をくわしく考えるのが、第1章以下での分析の本体部分である。

その2つの間違いを、あらかじめまとめ的に紹介すれば、次のようなものである。

①具体的経営行動として、配当を大きく増やし、投資を抑制した
②経営の基本を考える姿勢として、自分たちの経営の原理を深く考えなかった

第一の間違い（経営の具体的行動）には、人件費の抑制、つまり働く人々への経済的分配を抑制したことも、含めるべきであろう。つまり、株主重視、投資軽視、従業員軽視の経営になってしまった。

おそらく、決してそうしたいと意図しての行動ではなかったであろう。マクロ大変動の嵐と当時の潮流に流されての行動だったのであろう。しかし、「流された」ということ自体が、実は第二の間違いだと考えられる。

つまり、自分たちの経営を戦後の復興期から支えてきた、戦後の荒廃もオイルショックも乗り越えることを可能にした、自分たちの経営の原理を深く考えなかった。もっといえば、**自分たちの経営の原理を忘れてしまい、アメリカ型経営の原理へと流さ**

れてしまった。

それは、**原理の漂流**と表現すべき現象だと思われる。従業員を大切にし、人のネットワークの安定を経営の鍵、と考えてきた経営の原理（それを私は人本主義《じんぽんしゅぎ》と呼んでいる。以下の章で解説をする）からの、漂流である。

たしかに経営行動は動いてはいる、しかし自分の確固たる意思で動いているのではない。潮の流れに流されている。そういう意味での「漂流」である。

こうした間違いは、できることなら早く訂正したほうがいい。次のマクロ大変動への備えを早くつくったほうがいい。なぜなら、次のマクロ大変動が近いうちに想定されるからである。

つまり、リーマンショックからの回復と低成長という時代（２０２３年現在の日本の歴史的位置）がやはり17年周期で終わるだろうと想像してみると、その時代を終わらせる経済的大事件は２０２５年ごろに起きる、という予想になる。この本が出版される２０２３年暮れから見れば、１年半から2年の間に「なにかの大事件」が起きるということになりそうなのである。

しかも、不気味なことだが、２０２５年の世界的な経済的大事件の候補はいくつかありそうである。ひとつは、ロシアが２０２２年年初から始めてしまったウクライナ戦争の泥沼から抜けだせずに、破綻あるいは大きな混乱を迎えることである。それが、国際的な軍事安全保障環境の大きな変動と国際的なエネルギー資源問題につながりうる。

もうひとつは、米中対立を軸とする中国との経済安全保障問題の激化である。その激化が世界経済での分断をいやが上にも大きくし、日本がその分断に巻き込まれる危険がある。

そして、これら以外にも、さまざまなマグマが実は世界のあちこちで溜まっているようなのである。そんな2025年ごろにありうる経済的大事件から生まれるマクロ大変動に対応できるための備えを、日本企業はつくれるだろうか。この項で紹介した2つの間違いをなんとか訂正する方向で、来るべきマクロ大変動の前に経営の舵を切り始められるだろうか。

そのマクロ大変動からのマイナスインパクトが、日本企業にとってきわめて大きなものになってしまわないでほしい。そんな危険は現実のものとならないでほしい。その思いで、以下の分析と提言を進めていきたい。

もったいない

日本企業の「失われた三〇年」での経営行動の実態に迫る努力をしたこの本を書い

ていて私がもった実感を、ひとことで表現すれば、「もったいない」。

2つの「もったいない」がある。

ひとつは、さまざまなマクロ大変動を過去に乗り切ってきたさまざまな経営行動の背後には、経済合理性の高い「いい経営の原理」があった。その原理を自分たちのものとして保持し続けられるのに、それを捨ててしまうのは、もったいない。原理の漂流は、いかにも惜しい、ということである。

2つには、低成長と揶揄されながら、国全体を眺めるというマクロの視点に立ってみると日本には高いポテンシャルがまだ残っているのに、それを有効利用しないのはもったいない。その高いポテンシャルに目を向ける人が十分に多くないのであれば、それはもったいない。

その高いポテンシャルについては、特に社会の質の高さとミクロ経済の質の高さについて、終章で触れたい。そのポテンシャルを最大限に活かそうと意識的に努力すれば、日本企業の活性化は十分に可能なことだと思える。その努力を十分にしないのは、もったいない。

ある意味で、2001年以降の、特にリーマンショック以降の日本企業は、西條八十作詞の童謡にある、歌を忘れたカナリヤ（唄《うた》を忘れた金絲雀《かなりや》）のようである。自分たちの得意な歌を、具体的な行動面でも経営の原理の面でも、忘れてしまったように見える。

忘れた歌を思い出そう。

それが、「歌を忘れたカナリヤ」とタイトルをつけた終章の、基本的なメッセージである。

第1章 漂流の見取り図

平均的な日本企業＝不況になってもヒトを簡単に切らない

序章で説明したようなマクロ経済の大変動の歴史の中で、**「失われた三〇年」の間に日本企業は漂流し始めてしまった。**その日本企業全体の姿、そして漂流の姿はどのようなものだったのか。30年間の歴史を振り返って、大きな見取り図を描いてみよう。

そのためのデータとして、私は財務省の法人企業統計という世界的にもまれなデータベース（1975年から2021年まで）を中心に使っていく。このデータベースは、財務省財務総合政策研究所が日本企業を相手に財務データの提供を求めて、その回答をもとにつくられている。

調査対象企業数は1975年で約120万8000社、2021年で大企業（資本金10億円以上）が4807社、中小企業で約288万社となっている。日本中のほぼすべての法人企業が対象になっているといっていい。調査は一応サンプル調査からの母集団数値の推計というやり方ではあるが、大企業は全数調査である。そして回答法人数の割合は、全企業で73％という高さ、大企業では89％にもなる。

したがって、日本企業の全体像を把握するのに絶好のデータベースである。そして以下の分析では、全企業の平均的姿を追うだけでなく、大企業と中小企業に分けたデ

図1-1　売上と従業員数の成長

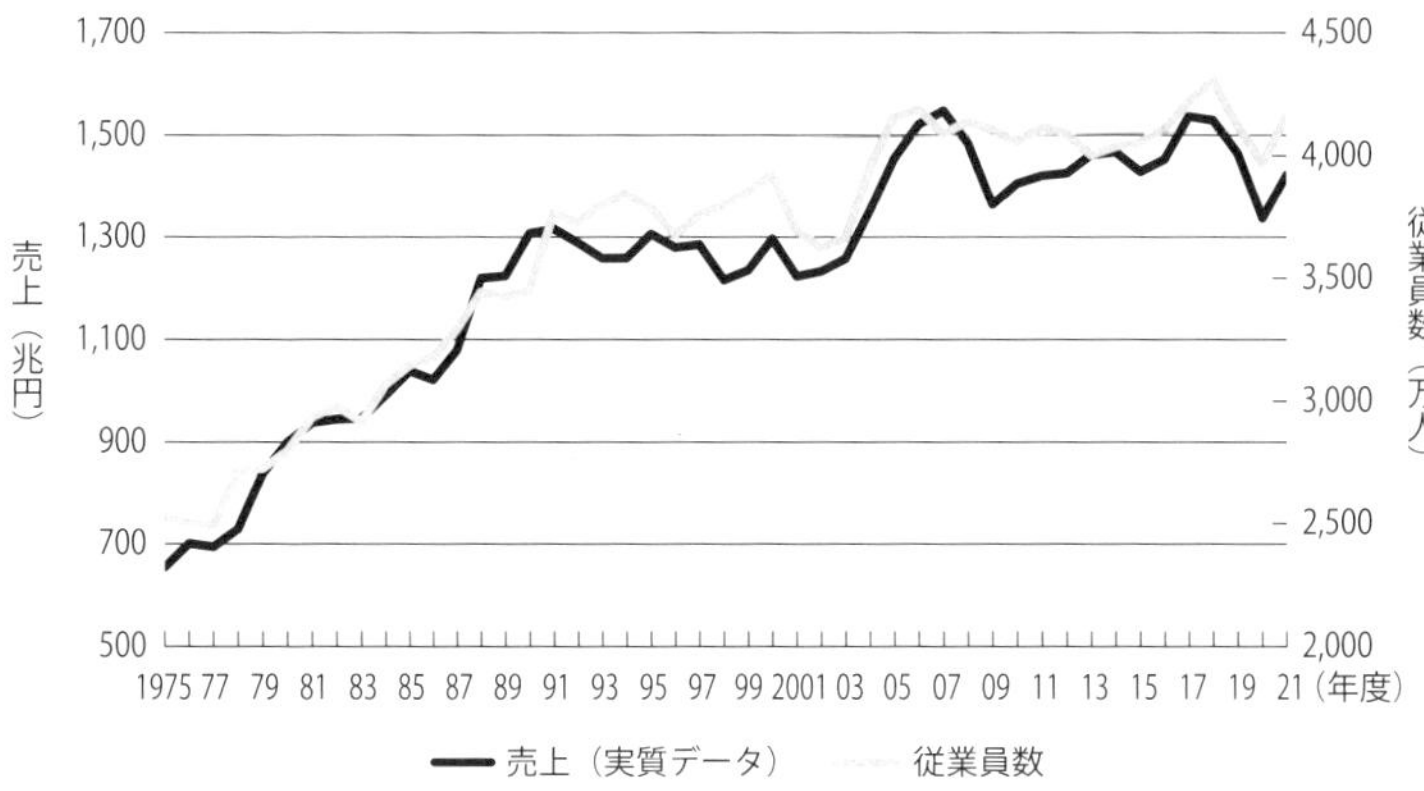

出所：法人企業統計調査

ータの分析も行う。ちなみに、２０２１年度データでの中小企業の売上総額が全企業売上総額に占める割合は約62％で、中小企業の色彩がやや濃いデータになっている。

そこで明らかになる**日本企業の姿としてまず指摘されるべきは、成長しない企業、という姿**である。マクロ経済の成長の低さから考えても当然予想されるのだが、しかしマクロ経済よりもさらに成長感がない。

図１－１は、日本企業全体の売上と従業員数の47年間（１９７５年から２０２１年まで）の推移のグラフである。売上は金額表示だから、インフレやデフレの影響で変動する。その変動効果を除くことを「データの実質化」というが、ここで

はＧＤＰの実質化の際に使われるＧＤＰデフレーターという指標を用いて実質化をしている。つまり、この46年間の間のインフレによる数字の膨れ上がりへの調整はしてあるということである。

　バブル崩壊後の10年間以上（１９９１年から２００１年まで）、日本企業の売上は成長どころか減少傾向にあった。そしてその後、リーマンショック直前までかなりの成長を取り戻すのだが、リーマンショックというマクロ大変動で大きくへこむ。その落ち込み方は、バブル崩壊のときよりもはるかに大きい。それだけリーマンショックというのは厳しかったのである。そしてリーマンショック後、売上は微増傾向に戻るが、コロナショックでまた大きな落ち込みとなった。

　それにしても、**成長しなくなった日本企業**、といわざるを得ない。**バブル崩壊前夜の（つまり安定成長期の最後の部分の）日本企業の売上（１３００兆円前後）を２０２１年のそれ（１４００兆円前後）と比べると、額にしてわずか１００兆円の増加、増加率にしてわずか８％弱なのである。30年間の時間の経過の後の増加幅としては、悲しいほどに小さい。**安定成長期にかなりの成長を続けていた日本企業の姿が、まるで別の国の企業を見ているようである。

こうした企業の成長の小ささは、マクロ経済が低成長といえどもゆるやかには成長してきたことと比べてもさらに悪い印象である。それは、マクロ経済の成長の一部が（そして最近はかなりの部分が）政府の赤字財政による公共支出（その財源は国債発行）によって支えられているからでもあろう。マクロ経済から政府支出の貢献をさっ引いてしまって民間の実力での成長をむき出しにすると、これだけ成長しなくなってしまった日本企業という姿があらわになる、ということであろう。

しかし、従業員数で見ると、話は少し違ってくる。**バブル崩壊前夜の従業員数（3500万人前後）から2021年には4100万人前後にまで、およそ600万人ほど増えている。増加率にして30年間強で17％の増加である。**同じ期間に日本の人口はほとんど変わっていないが、雇用参加率は増加してきた。それだけの働きたいという多くの日本人の要求を、日本企業は全体として受け止めてきた、ともいえる。

しかし、その**雇用の増加は、成長しない売上のもとで達成されてきた。**いわば、成長しないパイをより大きな人数で分かち合う、という経緯を日本企業全体はたどってきたのである。その状況では、日本の賃金水準が長期的に低迷しているのも当然というべきかもしれない。

ただ、この簡単なグラフから読み取れるもうひとつの面白い特徴がある。それは、**不況になってもヒトを切らない日本企業、という姿がこの46年間続いてきた**ということである。

たとえば、バブル崩壊後に減少する売上と、かえって微増する従業員数。

１９９１年のピークから１９９３年の底にかけて売上は１３１６兆円から１２５９兆円へとかなり減少するのだが、従業員数は同じ時期に３７６７万人から３８０５万人へと微増している。

そして、リーマンショックでの売上の急落の後、数年間も、従業員数はほとんど横ばいのままだった。さらにコロナショックで売上が短期間に大きく落ち込んだときも、従業員数の減り方は売上の減り方よりもはるかに小幅だった。

マクロ大変動による大きな経済的混乱と不況の中でも雇用を切らない日本企業、という姿は、この46年間を通して一貫して続いてきたのである。

私は、バブル期に入る直前の１９８７年に『人本主義企業』（筑摩書房）という本を出して、当時の「日本的経営はもう古い、アメリカ型経営に移行すべき」という一部の風潮に逆らう主張をした。

戦後の日本企業の成功の背後には、「ヒトのネットワークを大切にする」という原理があった、それはこれからも守られるべき、という主張であった。「人を本《もと》にした」企業経営、という意味で人本主義企業という造語をしたのである。カネのネットワークを基本とする資本主義の経営との対比を意識し、それとはひと味違う経営を日本は続けるべき、という主張であった。

私はその後も35年以上の間ずっと、人本主義こそ日本企業のあるべき姿、という主張を繰り返してきた。まるで、頑迷固陋《がんめいころう》な老人の主張に見えるかもしれない。しかし、いずれこの本でも後半でよりくわしく説明するが、深く原理にまでさかのぼって考えると「**人本主義の経済合理性は高い、ただし厳しい経営が必要だが**」という判断での主張である。決して、古き良き日本への懐古趣味の主張ではない。

だが、そうした私の主張はしばしば、「もう時代は変わった。日本の雇用状況はもう変わった」という反論を受けてきた。しかし、図1-1の売上と従業員数のグラフが示しているのは、「**不況になってもヒトを簡単に切らない日本企業**」という姿が日本全体の平均像でずっとあり続けてきた、ということではないか。

労働生産性は微増、設備投資は増えていない

企業成長が可能になるためのメカニズムの中で、なにが機能しなかったから日本企業は成長しなくなってしまったのだろうか。その大きな見取り図をデータで確認する作業をしてみよう。

成長の典型的パターンのひとつは、企業の成長でも国の経済成長でも、設備投資を

起点とする成長である。設備投資は典型的に2つの成長につながり得る効果をもたらす。

ひとつは、既存製品の供給能力の拡大である。その能力増(とそれに、しばしばともなうコストダウン)をきちんと利用することによって、売上成長が期待できる。設備投資の第二の典型的効果は、新しい投資が新技術の採用や新事業への対応をもたらし、必ずしも既存製品の生産能力の拡大だけでなく、より付加価値の高い製品やより魅力的な新製品・新事業の拡大につながるという効果である。

いずれのパターンの成長の場合も、売上が拡大するだけでなく、その拡大によって企業が生み出す付加価値が大きくなることが意図されるものである。

付加価値とは、

付加価値＝売上－外部へのコスト支払い

という式で計算されるもので、企業が市場経済の中で生み出している経済価値のもっとも基本的な指標である。外部へのコスト支払いとは、人件費を除いて外部から購入したさまざまな財やサービスへの支払いである。

つまり、企業はさまざまな原材料・部品やサービスというインプットを外部から購入して、それをもとに自分たちが外部で販売可能な製品やサービスを自分たちのアウトプットとして企業内でつくり出し、そのアウトプットを外部市場で販売することによって売上を確保している。

そうしたインプットへの支払いとアウトプットの受け取り（売上）の差額が、企業が市場経済の中で生み出している経済価値である。

人件費という従業員への支払いを付加価値計算の際の「外部へのコスト支払い」に算入しない理由は、従業員がインプットをアウトプットに変換するための必須の作業をしてくれる、企業の内部者だからである。

実はGDP（国内総生産）と呼ばれている国の経済規模の指標は、国全体が経済活動で生み出した付加価値の額のことである。「生産」とは、付加価値の生産のことなのである。図序-1で示した経済成長率は、このGDPという国全体の付加価値の成長率なのである。

ひとつの国の中で働いている人たちは、国全体の付加価値生産活動のもちろん「内部者」である。付加価値の生産に不可欠の人たちである。それは、企業の従業員たちが企業の付加価値の生産に不可欠の内部者であることと、意味はまったく同じである。

もちろん、企業という経済組織が付加価値を生み出すためには、資本も必要となる。従業員というヒトだけでなく、カネ（資本）も付加価値生産のためには不可欠である。

たとえば、設備がなければ製品やサービスの生産はできず、その設備の購入にはもちろんカネがいるのである。そして、企業会計で計算される利益とは、企業が生み出した付加価値を資本の提供者へと分配する、その原資のことなのである。

つまり、利益とは、

利益＝付加価値－人件費

として計算される、資本提供者に帰属すべき付加価値の部分、という概念なのである。そして、人件費は付加価値から働く人々（労働）へ分配される金額である。その労働への分配を付加価値から差し引いたものが、資本への分配原資ということになる。

資本への分配は、貸付金という形で資本を提供する銀行への金利の支払いという形と、資本金という返済を求めない資金を提供する株主への配当という形をとる。さらに、そうした分配をされずに企業内に留保されるのが、内部留保である。

利益については次の項で日本企業の見取り図を描くが、この項では設備投資とそれに密接に関連する労働生産性（従業員１人当たりの付加価値額）について、日本企業の姿を描いてみよう。

それが、図１－２である。労働生産性は、企業の付加価値生産がどの程度効率的に

労働生産性と１人当たり設備投資

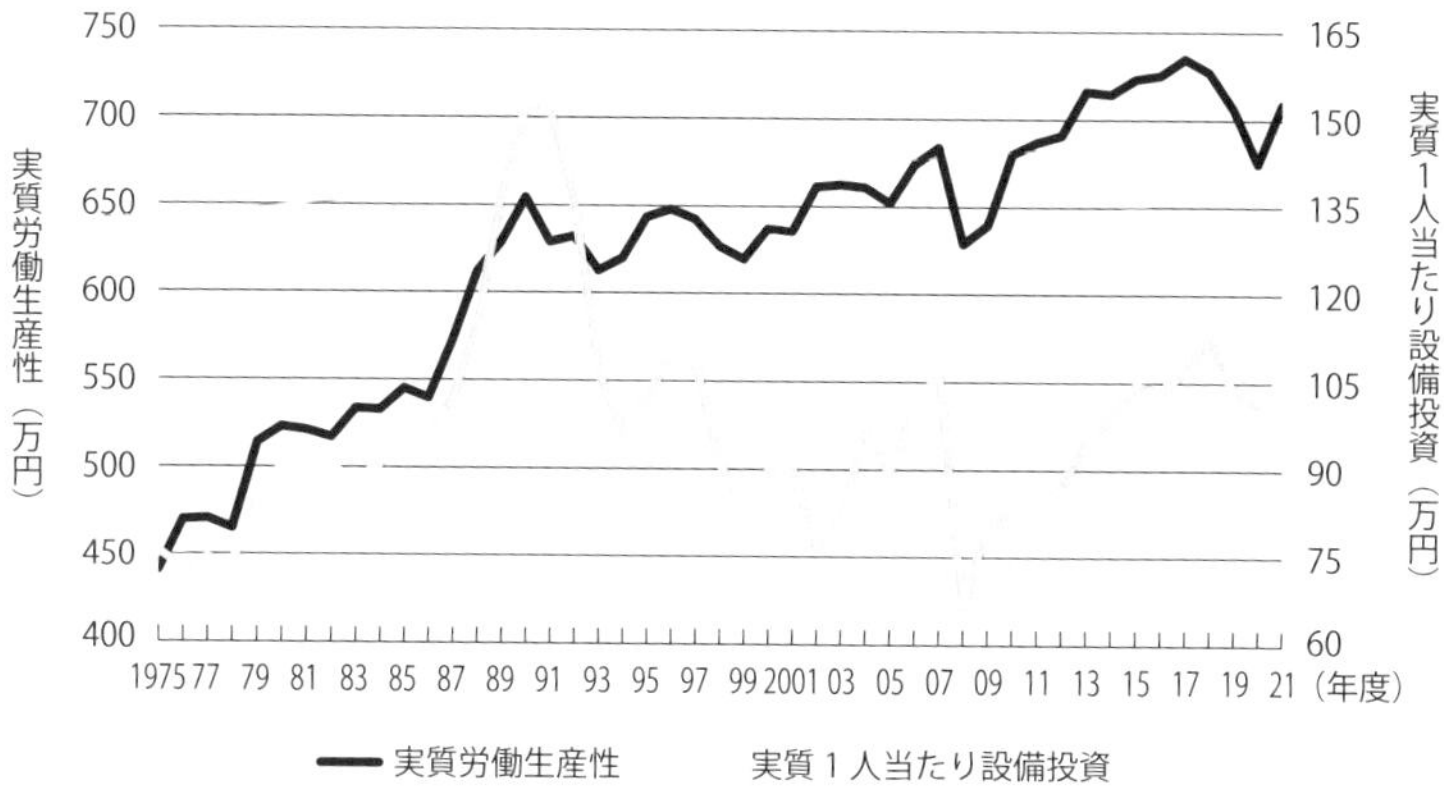

出所：法人企業統計調査

行われているかを示す重要な指標である（国の労働生産性に当たるのが、１人当たりＧＤＰである）。生産性も設備投資も、ともにＧＤＰデフレーターで実質化している。

この図が示す大きな絵は、労働生産性はバブル崩壊まではかなりの急角度で上昇（つまり効率の大幅増加）したが、しかしバブル崩壊後は長い低迷（微増ではあるが伸び悩み）が続いてしまっている、というものである。

図１‐１の売上成長の低迷のパターンの背後に、同じような労働生産性の伸び悩みの動きがあったのである。つまり、労働生産性があまり上昇しないから企業成長できないでいる日本企業、というのが「失われた三〇年」の姿なのである。

そして、生産性向上のひとつの大きな源泉であるはずの設備投資は、従業員1人当たりで見ると、安定成長期には着実に増加し、バブル期に急拡大したがバブル崩壊後は急落、そしてリーマンショックでも急落、そしてその後は回復基調にあるものの安定成長期の水準にやっと戻った程度、という推移である。

これでは、労働生産性がバブル崩壊後は伸び悩みを続けているのも当然というべきか。この項の冒頭で説明した、設備投資が企業成長にもたらす効果を十分に享受できない程度の小さな設備投資しかしなくなってしまった日本企業、そんな姿を図1-2は描いている。

4つの時期の、投資と生産性の連動関係

このグラフをさらに4つの時期に分けてよりくわしく観察すると、設備投資と労働生産性の間の連動関係がよりはっきりと見えてくる。4つの時期とは、これからも繰り返しこの本で時代区分として使うことになる、次の4つである。

- 第一期　安定成長期のバブル崩壊前夜まで（1975年から1990年）
- 第二期　バブル崩壊から日本の銀行システム再編まで（1991年から2001

年まで）
●第三期　その後のリーマンショックまで小回復期（２００２年から２００８年まで）
●第四期　リーマンショック後の中回復期（２００９年から２０２１年まで）

第一期（バブル崩壊まで）は、労働生産性は４４１万円から６５６万円まで、大きく上昇した。同じ期間に１人当たり設備投資も76万円から１５２万円まで大きな増加となっている。設備投資が増えるから生産性が上がり、それが次の設備投資の資金を準備してくれる、という好循環のメカニズムが働いていたのである。

ただ、バブル期（１９８８年から１９９１年）だけを見ると、設備投資の上昇はほとんどマッターホルンを登るようで、だからこそバブル崩壊とともにマッターホルン型で急落していった。おそらく、このマッターホルン型投資急増は実はムダな投資も多かったのであろう。設備投資がバブル崩壊後に急落しても、生産性の下落は小幅でとどまった。

バブル崩壊の後の10年間は、崩壊の後始末の10年間となってしまった。その象徴的な出来事が、不良債権処理にともなう１９９８年の日本の銀行の金融危機であり、その後に２００１年から具体化が進んだ日本の銀行システムの大再編である。10行あった都市銀行が４つのグループに集約されてしまった。

それが第二期（１９９１年から２００１年まで）の10年だが、この時期には設備投資はバブルの反省のせいかさらに下げ続け、生産性ももはや上がらずに低迷を続けた。１９９１年の生産性は６２９万円で、それが10年後の２００１年になっても６３６万円とほとんど同じであった。

しかし、さすがに第三期（２００２年から２００８年まで）になると、設備投資意欲は回復基調となり、それを反映して生産性も小さな回復をリーマンショックまではしていた。労働生産性の数字は、２００７年の６８４万円まで回復したのである。

だが、リーマンショックは日本企業にきわめて厳しいものだった。設備投資の下落幅はバブル崩壊直後よりは小さめではあるが、それでも巨大な下落をし、生産性のほうはバブル崩壊後よりもかなり大きなマイナスを記録した。

数字をあげれば、２００８年の労働生産性は６２９万円と、たった1年で55万円も急落した（率にして前年比マイナス８％）。そして第４章でグラフを示すが、リーマンショックが起きた２００８年９月を起点に、日本の鉱工業生産指数はまるで奈落の底に墜落するような勢いで、９カ月近くの間、下落を続けたのである。

しかし、第四期になると、２００９年を底に日本企業の設備投資は大きな上昇軌道を描くようになり（第一期と同じような上昇ペース）、生産性も中程度の回復をするようになった。この時期の生産性上昇率はやはり安定成長期（バブル前）と似たようなレベルであった。

ただ、1人当たり設備投資の絶対水準はバブル期直前に戻っただけで、決して投資が盛んになったとはいえそうにない。まだまだ、長い投資低迷の時期が続いたことのマイナスインパクトを取り返すほどの大きさの投資水準ではないのである。

そして残念なことに、この第四期の最後にコロナショックが起きてしまって、生産性も設備投資も一時的に2019年から大きく下落し、その後少し戻っている。

すでにこの項の冒頭で説明したように、設備投資のペースが戻らないということは、大小さまざまな技術革新の成果を現場に投入するペースが遅いということで、それが生産性の伸び悩みにつながっている面はかなりあるだろう。

しかも、設備投資の抑制のマイナスインパクトは、直接的な生産性効果だけではない危険が大きい。技術革新投資でも単なる設備増強投資でも、現場の人々は投資の実行とその新しい設備のスムースな運転のために、さまざまな学習や技術蓄積をする。設備投資はそうした人材の能力蓄積の場でもあるのである。その場が小さくなっていたということは、目に見えにくいマイナスインパクトとして、日本企業の現場を蝕んできた危険が大きいのである。

それを、**「投資が生み出すヒトの論理によるインパクト」**として、以下では重要な論理として考えていくことになるだろう。

しかし、利益率は向上してきた

前項で問題視した設備投資の長期低迷は、利益が低迷したために投資原資が少なくなったことによるものではない。利益率は実はバブル崩壊以降、長期的にかなりの上昇傾向を見せているのである。図1‐3がそれを示している。

以降でもしばしば行うが、この図では大企業と中小企業のグラフを分けている。かなりの格差が2つの企業群にはあるからである。ここでの大企業とは資本金10億円以上の企業のことで、中小企業は資本金が10億円未満の企業である。また、全規模とは、大企業と中小企業を合わせた全企業のことである。

大企業も中小企業も、安定成長期の日本企業の売上経常利益率は高くなかった。金利支払いが次の章で示すようにかなり大きな規模で、したがって金利支払い後の経常利益は小さくなってしまっていたのである。

そしてバブル前夜に利益率は向上していたのだが、バブル崩壊によってたしかに日本企業の利益率は、全規模で見ても大企業でも中小企業でも、かなり大きく下落した。しかし2001年から後は、リーマンショック直後を除き、どの企業群でも一貫して

図1-3　売上経常利益率

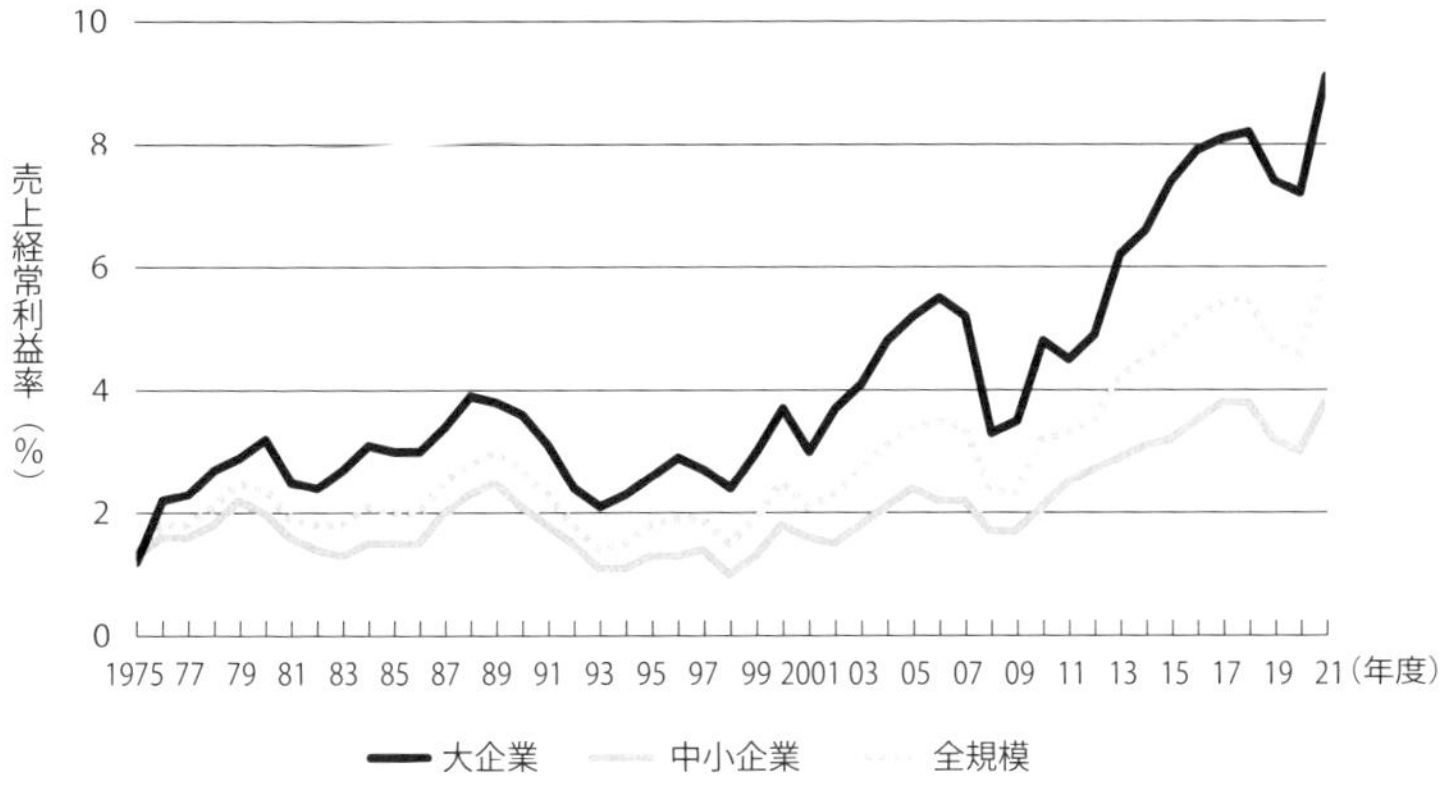

出所：法人企業統計調査

利益率はかなりの上昇傾向にある。

特に大企業の利益率のリーマンショック後の向上はすさまじいというべきであろう。２００９年に３・５％だった大企業の売上経常利益率は、２０２１年には９・１％にまで上がっているのである。日本企業全体でも、同じ時期に２・３％から５・８％への上昇である。

ただ、このグラフが示しているもうひとつの事実は、大企業と中小企業の間の利益率の大きな格差である。大企業の利益率は、全期間にわたって、中小企業の２倍ほどなのである。そして、さらにもうひとつ、リーマンショックのマイナスインパクトが大企業には大きく（約２％の下落）、中小企業にはそれほどでもなかった（０・５％程度の下落だけ）、ということである。**日本の中小企業のしたたかさ**がそこには垣間見えるといえそうだ。

こうした利益率の上昇が、実はリーマンショック以降に1人当たり設備投資がかなりのピッチで増加した背景のひとつではあるのだが、しかし設備投資の増加は利益率の上昇ほどの大きさではない。そして、安定成長期の日本企業と比較しても、リーマンショック後の設備投資は小さい。

日本企業全体でいえば、5%弱の利益率を出しているリーマンショック後の設備投資水準は、2%程度の利益率であった安定成長期（バブル以前）と似た水準でしかないのである。安定成長期とリーマンショック後の日本企業の設備投資水準は、ほとんど同じでしかないのである。

つまり、利益率水準を勘案すると、リーマンショック後の日本企業はかなり投資抑制気味だ、という解釈ができる。しかも、リーマンショック以前の時期には、利益率が上昇しても設備投資の増加にはそれほどつながっていない。つまりリーマンショックの前も後も、設備投資はかなり抑制されてきたのである。

逆に、安定成長期（バブル以前）の日本企業の投資エネルギーの大きさに驚かされるべきかもしれない。この時期の利益率の低さを考えると、これだけ低い利益率にもかかわらず大きな設備投資をしていたのである。

こうして、**バブル崩壊以降、特にリーマンショック以降、利益が増えてもそれを設**

図1-4　1人当たり人件費

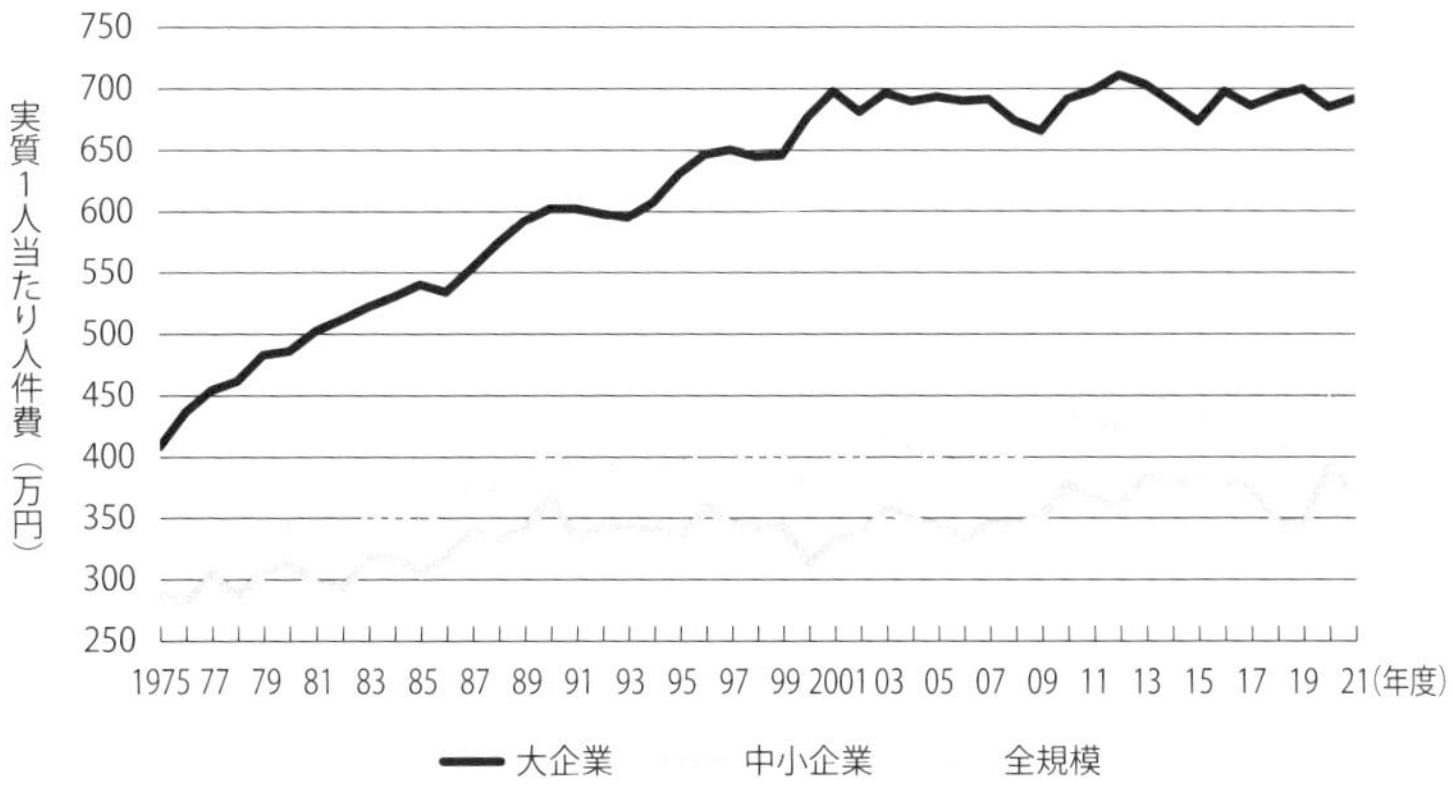

出所：法人企業統計調査

備投資にあまり回してこなかった日本企業、という姿が見えてくる。それがひとつの大きな原因となって、日本企業の労働生産性がそれほど大きく向上していないのである。

　労働生産性がそれほど上がらないと、利益率も改善しそうにない。しかし、面白いことに、（特にリーマンショック以降は）利益率がかなり上がっている。そのパズルを解く鍵は、人件費にある。上の図1-4の1人当たり人件費のグラフを見てほしい。ここでも名目人件費をGDPデフレーターで実質化して、インフレ調整をしたデータを使っている。

　日本の大企業の1人当たり人件費は、2001年以降ほとんど横ばいなのである。しかし、中小企業では2001年以降に多少の上昇傾向にあるため、全企業ではほんの少しの人件費上昇があった。

つまり、図1-1で見たようにそれほど成長しない売上のもとで、しかし、従業員数は少し増加していく中で、利益率を改善するために1人当たり人件費を抑制してきた、というのが日本企業、特に大企業の2001年以降の姿だったのである。

その人件費抑制のひとつの手段として、大企業を中心とした非正規社員の比率の拡大政策が、2001年以降にはかなりとられていたと思われる。中小企業のほうは1人当たり人件費を多少増加させてきたので、図1-3で見たように、利益率の改善度合いは大企業に比べて弱いのである。

企業の1人当たり人件費が横ばいないしは微増でしかないということは、国内消費の源泉になる人々の所得があまり増えないということを意味する。したがって、消費が増えないから経済活動が活発にならず、GDPも成長しない。そんな悪循環がバブル崩壊後の日本では起きていたのである。

なお、1人当たり人件費の大企業・中小企業格差は、大企業が中小企業に2倍前後という大きさで長い間存在してきたのが、図1-4のグラフでよくわかる。ここではくわしい分析をしないが、その格差は若干の縮小傾向にあることが、先のグラフで大企業横ばい、中小企業は微増、という2つのグラフの形から読み取れる。

積み上がる自己資本と手元流動性

設備投資を抑制し人件費も抑制してきた日本企業は、利益率を改善する一方で、財務体質の改善にも2001年前後からかなり熱心であり続けている。つまり、自己資本（内部留保を中心に）を積み上げてきたのである。それを示すのが、図1-5である。

グラフから明瞭なのは、2001年少し前の1999年ごろから日本の中小企業の財務政策に明確な変化が起き、自己資本比率を高める経営に一気に変わった、ということである。同じ傾向は大企業でも2001年以降見られるが、彼らはバブル崩壊の直後から自己資本を充実させてきた。それに遅れて中小企業も1999年ごろからはっきりと舵を切ったのである。

そして自己資本比率の改善は、中小企業ではリーマンショックでいったん頓挫するのだが、2011年をすぎるころからまた自己資本比率改善のピッチが高まっていった。やはり、世界的な金融危機の影響は日本の中小企業の財務政策にも影響を及ぼしたのだろう。

その結果として到達した**日本の中小企業の自己資本比率の高さは、大企業とほとんど変わらないレベルにまでなった。この水準は、実は超高収益企業として有名なアメ**

図1-5　自己資本比率

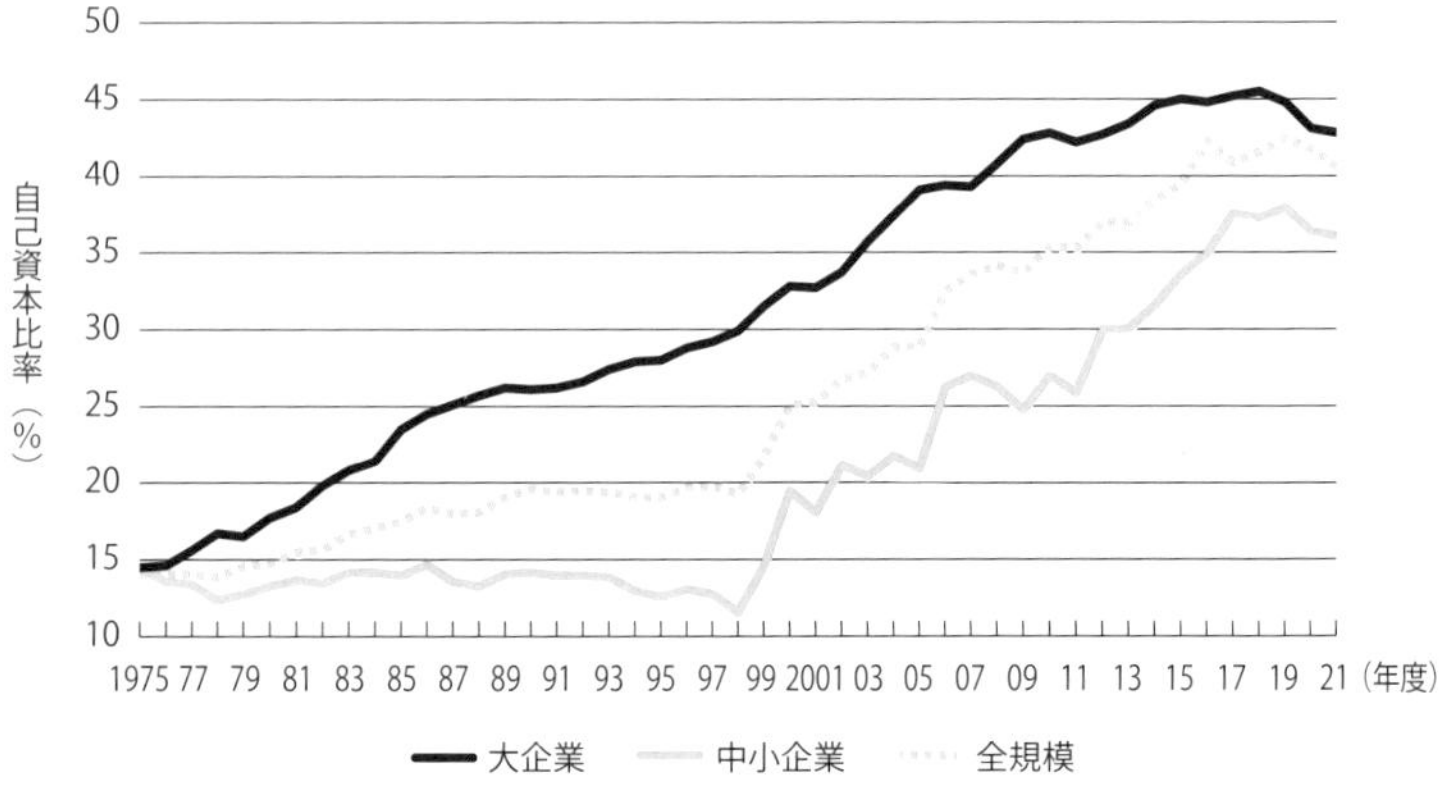

出所：法人企業統計調査

リカのアップルの2020年前後の自己資本比率と同じ高さなのである。驚くほど高い水準というべきだろう。

自己資本は、投資の財源にもちろんできるが、現預金などの流動性の高い資産という形で保有していざというときの資金繰りへの余裕としても使える。実は、自己資本が積極的な設備投資の財源とはなっていそうにないことが、これまでの設備投資の長期的低迷からうかがえる。したがって、いざというときの自己資金としての自己資本という色彩が、1999年以降に強くなってきたと思われる。

後の項でくわしく述べるが、バブル崩壊のあおりで日本の銀行が大規模再編によって生き残りを図ることになったのが、1998年の金融危機後の日本の銀行システムの変化であった。その結果、**もはや「メインバンクによるいざというときの支援」が期待できなくなったため、企業側の防衛策としての自己資本の充実と自己資金の準備だった、**という可能性が高い。

つまり、**日本企業は全体として負債をテコとして使って積極的な投資をする、というレバレッジ（テコ）経営をしなくなってしまった。**安定成長期には、低い自己資本比率、かなり大きな設備投資、それで成長、というパターンだったものが、よりリスクを回避する経営に変わってしまったのである。

では、日本企業の「いざというときのための自己資金による流動性確保」はどのようなパターンで起きてきたのか。それを示すのが図1-6である。現預金残高と流動資産として分類されている有価証券の残高の合計値（手元流動性と呼ぼう）の推移である。

明らかに、バブルの崩壊で日本企業は手元流動性を減らさざるを得なくなった。収益力の低下のあおり、不良債権処理の悪影響、ということであろう。しかし、2001年をすぎるころから、手元流動性の積み増しが大企業でも中小企業でも始まっている。そして、リーマンショック以降にその積み増し傾向は加速している。

特に中小企業の動きはめざましい。2001年ごろから自己資金による流動性（手元流動性）の確保が急ピッチで進んできたことがわかる。そして、こうした**手元流動**

図1-6　現預金・流動有価証券残高

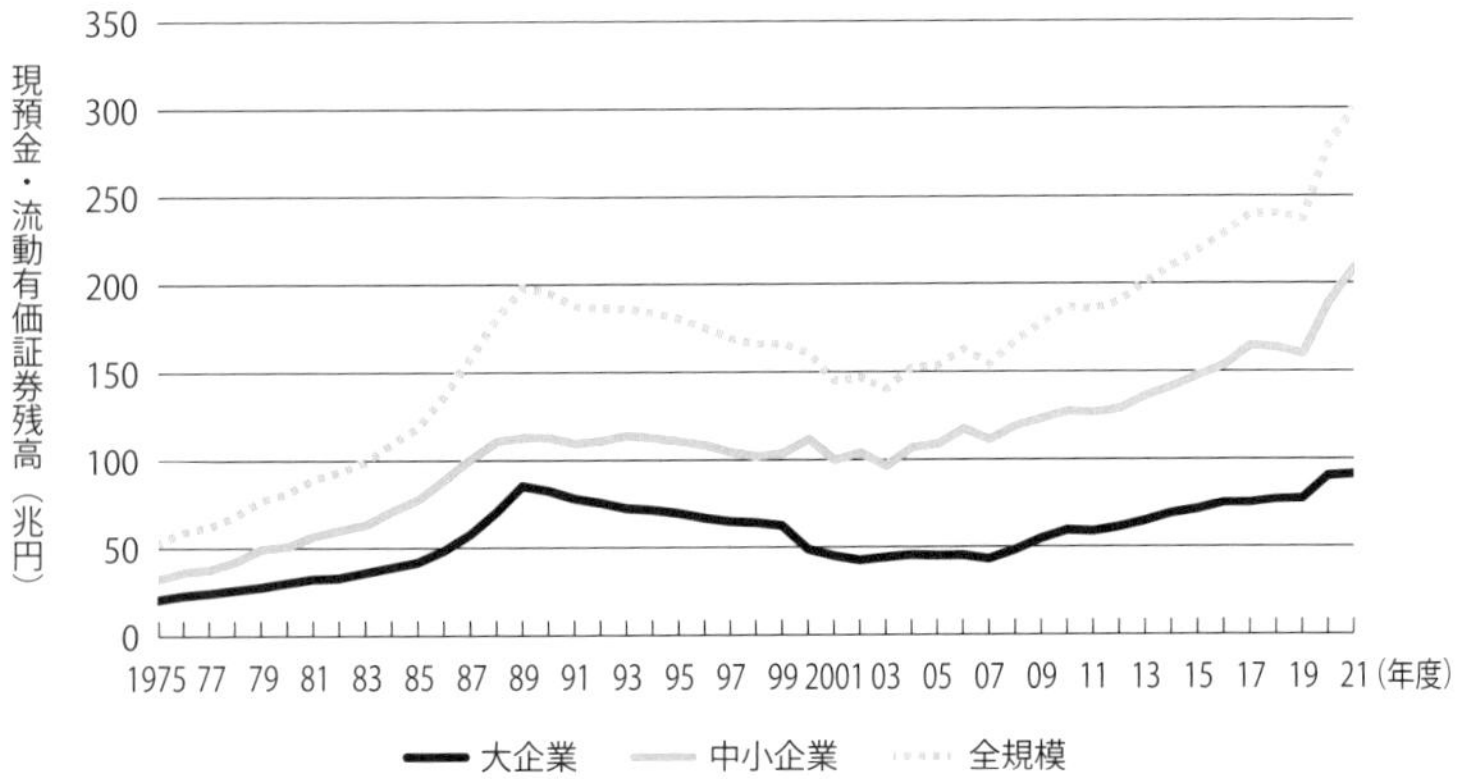

出所：法人企業統計調査

性の自己資本に対する比率は、特に中小企業では驚くような高さになっている。

たとえば、直近の２０２１年のデータを紹介すると、現預金・流動有価証券残高は、大企業で91兆円、中小企業で２０９兆円。同じ年度の自己資本額は、大企業が４３４兆円、中小企業が３４５兆円ほどだから、中小企業は自己資本の６割近くを手元流動性としてため込んでいるのである。しかも、自己資本の充実水準が大企業よりも低い中小企業が、はるかに巨大な手元流動性をもっている、というのは悲しい事実である。

もっとも大企業でも２００１年以降の20年間で、「手元流動性を積み増す」という動きが50兆円規模で起きている（中小企業では１００兆円規模）。２０２１年の水準が2001年の水準の2倍ほどになっているのである。この2倍という数字は、中小企業の同じ時期の積み増し幅と同じ大きさなのである。そして、大企業の手元流動性積み増しの大半がリーマンショック後に起きているのも、注目されていい。やはり、大企業にとってリーマンショックは厳しい事件だったのである。

当然のことだが、日本企業全体でも、やはり2倍程度、額にして150兆円規模の手元流動性の積み増しが2001年以降の20年間で起きた。これだけ流動性の高いカネを貯めておかなければならないとなんらかの理由で日本企業が考えたとすれば、積極的な設備投資は難しくなるであろう。

つまり、**利益率を上げて自己資本を積み上げ、それを手元流動性という形で保有する、利益が増えても設備投資は積極的には行わない、というリスク回避姿勢の強い経営に変わってしまった**のが、「失われた三〇年」の日本企業全体の姿なのである。

バブル崩壊の経済的インパクト

前項までの大きな見取り図の描写でも明らかなように、日本企業の成長にとって大きなマイナスインパクトをもったのは、バブル崩壊とリーマンショックであった。

それは、売上成長でも、労働生産性でも、設備投資でも、利益率でも自己資本比率でも、手元流動性でも、すべての変数の動きにとって2つの危機が大きな転機になっていることから明瞭である。したがって、この章の残りの部分では、この2つの経済的大事件がなぜ日本企業の動きを大きく変えたか、それを振り返ることにしよう。

まず、**バブルの崩壊のインパクト**から。

バブルの本格的崩壊が始まったのは、日本の地価がピークをつけて大きく下落を始めた1991年ということになっているが、株価がピークをつけたのはその1年以上前、1989年の年末だった。この年の大納会での日経平均株価はその後33年間も破られることがない、歴史上の最高値（3万9000円弱）であった。しかし、年が明けるとすぐに大きな株価下落が始まった。

株価のピーク水準はバブル直前の1987年の年間平均株価のほぼ倍であった。しかし、地価の値上がりもすさまじく、株価の暴落の後も1年半以上も上昇を続けた。そして、1991年のピーク価格（全国公示平均価格のピーク）である241万円は、株価がピークをつけた1989年末の価格よりも50万円（率にして20％以上）高かった。

これだけの資産価格の急上昇が、大蔵省・日銀による貸付の大幅規制（1990年3月）を契機に一気に急下落に転じたのが、バブルの崩壊である。バブル期の銀行による過剰貸付が異常な株式や土地への投機の原因だったから、当たり前の経済メカニズムが働いた、と今となっては解釈できる。

しかし、株式と土地の価格急落によって発生したキャピタルロス（株と土地の資産価値の評価損）は超巨大だった。株価暴落開始の1990年からバブル本格崩壊後の1992年までのたったの3年間だけでも、評価損の大きさは711兆円にも達した。その大きさは当時の日本のGDPの1・5倍ほどもあり、日本人全員が1年半かけて稼ぐ金額だけのキャピタルロスが発生してしまったのである。

このキャピタルロスは、実際には株や土地の投げ売りによる実損としてすべてが顕在化したわけではない。しかし、株式や特に土地は銀行貸付の担保になっていたので、日本中の至るところで担保割れの貸付が巨大な規模で生まれることになった。これが不良債権問題である。

その処理が、銀行システムを痛めつけることになる。バブルそのものが銀行による過剰貸付が原点だっただけに、銀行にしわ寄せがいったのは仕方がないことだが、しかし市場経済におけるカネの取引の根幹をなす銀行システムの危機は、国の経済全体の危機となっていったのである。それは、アメリカ発のバブル崩壊の結果であるリーマンショックでも、世界的規模で再現されることになるメカニズムであった。

こうした**バブル崩壊は、日本企業に2つの大きな財務的な傷を残した。**ひとつは、**不良資産や不良債権の負担の巨大さ**である。価値が大きく下落した資産をどう処理するか。また資産価値の減少の結果として生まれた担保割れになった債権への追加担保の提供をどうするか。その負担ゆえに、平たくいえば、カネが詰まりだした。だから、設備投資もできない、ということになりそうだ。

もうひとつは、**バブル期が生み出した過剰需要、過剰投資、過剰な雇用の処理**である。過剰需要とは、たとえばバブル期に自動車の国内販売が急激に増加したのがそのいい例で、いわば先々出てくるはずの需要の先食いをバブル期にしたことになってしまったことである。そんな過剰需要がいろいろな産業でバブルの幻想の結果として生まれていた。バブル崩壊後には、その分だけの国内需要の減少を覚悟しなければならない。

これら3つの過剰の処理は、積極的な経営をしようとする姿勢をなくさせたであろう。

バブル崩壊が残した心理的な傷と日本企業の漂流

しかし、財務的な傷よりも、バブルの崩壊がもたらした心理的な傷のほうが中長期的なマイナスインパクトとしては大きかったかもしれない。これには2つの大きな心理的傷があった。

ひとつは、**内なる自己疑問**である。「内なる」とは日本人の心の中という意味で、自分たちの経済や経営の仕組みになにか大きな欠陥があるから、こんなバカなことが起きるのではないか。さらに、多くの人が豊かさの実感が薄い一方で、時間もないほど働いている。地価の高騰で持ち家が絶望的になった人も多い。自分たちは一体なにをやってきたのか。そういった疑問である。

このころ、ある保険会社の会長が、「自分は戦死した友だちに、どういう日本をつくったんだといえばいいのか。みんなが一生懸命働いても、家一軒買えないような日本をつくりましたと、そういうのか」とある雑誌で嘆いていたのが、強く私の印象に残っている。

もうひとつの心理的傷は、**日本の外から突きつけられた「日本に対する疑問」**である。**日本異質論**である。**外からの自己疑問への圧力**、といってもいい。

バブルのピークのころから、アメリカ発の「日本異質論」が日本に向けて、そして世界の多くの国に向けて、語られるようになっていた。異質な日本は世界のスタンダードにしたがうように構造改革すべきだ、という議論である。

その典型が、1989年9月に始まった日米両政府の間の、日米構造協議（SII）である。日本語名は日米構造協議だが、英語の名称はStructural Impediments Initiative。日本の貿易障壁を正すための議論、という意味である。

その同じ1989年9月から、ソ連邦主導の共産主義体制が崩壊への道を歩み始めていた。この9月に、当時は共産圏だったポーランドで、共産圏はじめての非共産党政権が誕生したのである。そして早くも同年11月にはベルリンの壁が崩壊してしまった。非共産化へのヨーロッパの動きは巨大な津波となり、ついに1991年12月に本家本元のソ連邦自体が連邦解散を声明するまでになった。

ソ連邦崩壊の1991年というタイミングは、日本のバブル崩壊と時期的に完全に重なった。しかし、2つの崩壊に因果的な連動関係などない。まったくの偶然の一致である。そして、ソ連邦の崩壊は共産主義の敗北と資本主義の勝利ということになり、さらには東西冷戦に勝利したアメリカが主導する「アメリカ型資本主義の勝利」という世界的な世論になってしまった。

つまり、すでに内なる自己疑問を感じていた日本人にとっては、「日本の経済や経営のあり方はおかしい」という外からの疑問を突きつけられた形になってしまったのである。

さらにいえば、ソ連邦の崩壊は日本という国の安全保障の不安定化をも意味した。それまでの日本はアメリカにとって共産主義体制への太平洋の防波堤という位置づけがあった。だから、アメリカにとっても日本を大切にする意義があった。その意義が、ソ連邦の崩壊と冷戦構造の崩壊で、ほとんどなくなってしまったのである。

日本の安全保障をこれからどうすればいいのか。それもまた、外から突きつけられた自己疑問のひとつであったといっていいだろう。

こうして、2つの自己疑問という心理的な傷は、**「アメリカ流にしたがうことが正しい道ではないか」という方向感覚を半ば無自覚のうちに多くの日本人に植えつけた**のではないか、と私は感じている。

しかし、経済のあり方や企業経営の基本的なところで日本はアメリカとはたしかに異なった面をもっている。それが、日本が成功してきた原因のひとつではないか、と考える人たちも(私もそのひとりだが)少なからず存在した。その「日本という原理」を信じる気持ちに陰りが生まれ、日本企業が漂流し始めた。その結果として自分たちの経営に自信をなくせば、経営に積極性がなくなるのも無理はない。

それは、**中途半端にアメリカ流を取り入れるという漂流**である。それが、バブルの崩壊がソ連邦の崩壊と同時期だったという歴史のもたらした、後世への大きなインパクトだったようだ。

たしかに、株主による経営者のチェックを中心としたコーポレートガバナンスの議論がマスコミで大きく取り上げられ始めたのは、1992年ごろからなのである。さらにアメリカの機関投資家からの日本企業の経営への注文も、このころから多くなったようだ。

バブル後の金融危機と銀行システム大再編

しかも、そうした歴史的状況の中で、バブルの崩壊でガタガタになった日本の銀行システムの立て直しという大きな仕事が、日本にはまだ残っていた。銀行の抱えた不良債権が、巨大すぎたのである。

その仕事が「待ったなし」の緊迫度をもって日本にのしかかってきたのが、1997年から1998年にかけて大手銀行や大手証券会社が次々と破綻するという金融危機の時期であった。1997年のアジア通貨危機と1998年のロシア国債の債務不履行を発端とする国際危機がこの両年に表面化したことの影響があったものと思われる。北海道拓殖銀行、三洋証券、山一證券、日本長期信用銀行、日本債券信用銀行、などの経営破綻が表面化したのである。

しかも、破綻の予備軍がまだまだ多いということで、大手銀行が実質的に国家管理の体制に入るのと同じような意味をもつ、大手銀行15行の株式資本へ約7兆5000億円の公的資金の注入（つまり増資）が1999年には行われた。この資本増強は、東京証券取引所上場企業によって行われた、この50年間の「増資による資本拡大」累積金額において、かなりの部分を占めている（これは後に触れるが、証券市場における自主的増資による資本増強は、実はそれほどまでに少ないのである）。

それだけではなく、政府主導で銀行の統合と大再編が行われることになった。バブル崩壊で生まれた巨大な不良債権処理に必要な銀行の自己資本を準備するためには、大規模な自己資本ベースをもつ銀行をつくる必要があった。その上、大蔵省が１９９８年には金融ビッグバンを宣言し、日本の金融システムを国際競争力のあるものにつくりかえる、という政策を始めた。その方向性にのった、銀行の統合であり、証券との兼業を認める金融持ち株会社の設置許可であった。

具体的には、１９９９年にみずほ銀行（第一勧業銀行、富士銀行、日本興業銀行の統合）、２００１年に三井住友銀行（住友銀行とさくら銀行）、２００２年にＵＦＪ銀行（三和銀行と東海銀行）、２００３年にりそな銀行（大和銀行とあさひ銀行）、２００６年に三菱ＵＦＪ銀行（東京三菱銀行、ＵＦＪ銀行）と経営統合が進んでいった。

すべての統合は証券との兼営ができる金融持ち株会社方式で行われ、１９９８年には10行あった都市銀行がすべて、２０２３年現在では、みずほ、三井住友、三菱ＵＦＪ、りそなの４つのフィナンシャルグループに再編されたのである。

こうした銀行システムの大再編の日本企業への効果は、大別して２つあったようだ。ひとつは、銀行システムが安定することによる経済全体の安定化効果によるプラスである。２００１年ごろから労働生産性、利益率など企業のパフォーマンスがバブル崩壊後の混乱から脱出する動きを見せている。

もうひとつの効果は、バブル以前のように「メインバンクがいざというときには企業を助ける」という常識が通用しなくなったことであろう。

銀行といういわば下支えが小さな存在感しかもたない存在になってしまったために、企業が財務的に自助努力に頼らざるを得ない、ということになった。それはそれで自主独立のよさはあるのだが、リスク回避へと企業行動を方向づけてしまうというマイナスも大きかった。

だからであろうが、図1-5や図1-6で見たように、特に中小企業を中心にして、自己資本比率を高める経営、現預金やそれに近い有価証券でいざというときの手ガネ(手元流動性)を準備する経営に企業がひたすら走り始めるのである。それ以前はまったくなかった、この動きが1999年ごろから急に始まったのは、金融危機と銀行大再編の影響であろう。

こうした銀行の企業に対する「最後の支援」がもはや大きく期待できない、ということを象徴するような出来事が、この1999年に起きている。日産自動車がフランスのルノーの傘下に入ったのである。実質的な買収金額は8000億円程度で、「それほどの安い値段で」ルノーは日産を手に入れることができた。

それまでの日産のメインバンクは日本興業銀行であったが、興銀自身がバブル処理もあってみずほへの統合を決めたほどで、もはや日産を助ける体力は残っていなかった。だから、長年の経営の甘さゆえに大きな損失を出すようになっていた日産は、ルノーからの資本注入がないとやっていけないような状態になったのである。

リーマンショックという2回目の金融危機はきつかった

日本の銀行システムの再編が2002年ごろにほぼ終わり、金融システムが安定性をかなり取り戻すと、日本企業のパフォーマンスは回復し始める。日本は輸出をかなりの原動力とする回復をし始めたのである。しかしそれもつかの間、2008年には**リーマンショックという「もうひとつのバブル崩壊」**がきた。

リーマンショックは、たしかにリーマン・ブラザーズというアメリカの投資銀行の破綻を象徴的な事件として起きた経済の大変動なので、「リーマン」という名前で呼ばれるが、本質は世界的な金融システムの機能不全である。アメリカでの住宅ローンバブル崩壊をきっかけに、多くの欧米の金融機関が破綻の危機に瀕した。その中で実際に破綻してしまったのがリーマン・ブラザーズだったが、それ以外にも破綻直前の大手金融機関が欧米に数多く生まれてしまった。

その破綻危険が、金融システムの機能不全を呼び、それが世界的な実体需要後退をもたらしたのである。海外需要に頼る部分が大きくなっていた２００８年前後の日本企業にとって、大きな需要蒸発が起きたようなものであった。このころに私は、操業率が5割や3割になってしまった工場の話を、あちこちで聞いたことを覚えている。まさに非常事態だった。

しかも不思議なことに、リーマンショックの世界最大の被害者は、震源地であるアメリカでなく、日本だった。日本の経済はアメリカよりも大きく落ち込んでしまったのである。バブル崩壊のあおりでまだ体力が十分に回復していなかった日本経済にとって、アメリカ発とはいえ、「2回目の金融危機」はきつかったのであろう。

ただし、リーマンショックからの直接的な財務的な傷は短期間のものだった。不良債権のようなものを日本の企業や金融機関があまり抱えることがなかったために、バブル崩壊後よりは傷は軽かった。ただ、世界的な需要収縮が輸出を中心に大きな傷をもたらしたのである。

数字でいえば、リーマンショック直後に日本の輸出総額は２００８年の81兆円から２００９年の54兆円へと、たった1年で27兆円も減った。率にして、33％減である。これだけ巨大な輸出減は、日本経済はこれまで経験したことがない。というより、比較可能な減少率がないほどに、並外れて大きな輸出減であった。

しかしその傷も、世界的な景気回復とともに癒えていく。２０１１年の東日本大震災という自然災害をも乗り越えて、日本企業はゆるやかな成長を取り戻していったのである。

しかし、リーマンショックという世界的な金融危機、金融システム自体の機能不全が原因の金融危機に見舞われたことは、「またしても金融システム危機か」という思いを日本企業に抱かせただろう。バブル崩壊は日本国内の金融危機、リーマンショックは世界的な金融危機、という違いはあるが、金融危機という点では同じだったのである。その危機の原因をつくった金融機関の暴走もまた、同じだった。

それは、心理的な傷としてバブル崩壊後の苦しみというトラウマを思い出させたのであろう。今回は、日本企業が自己疑問を突きつけられたわけではない。しかし、他国発の金融危機でこうも簡単に日本企業への需要が縮小するのか、という思いは十分に理解できる。

だから、国際的な事業の比重がより大きい大企業セクターほど、リーマンショックに激しく反応した。たとえば、次の図1-7にあるように、設備投資を急減させたのである。

図1-7と図1-8は、図1-2で日本企業全体の設備投資と労働生産性の動きを示したグラフと同じものを、大企業セクターと中小企業セクターにデータを分けて描いたものである。大企業と中小企業の間に、リーマンショック後の行動に驚くような違

図1-7　労働生産性と1人当たり設備投資：大企業

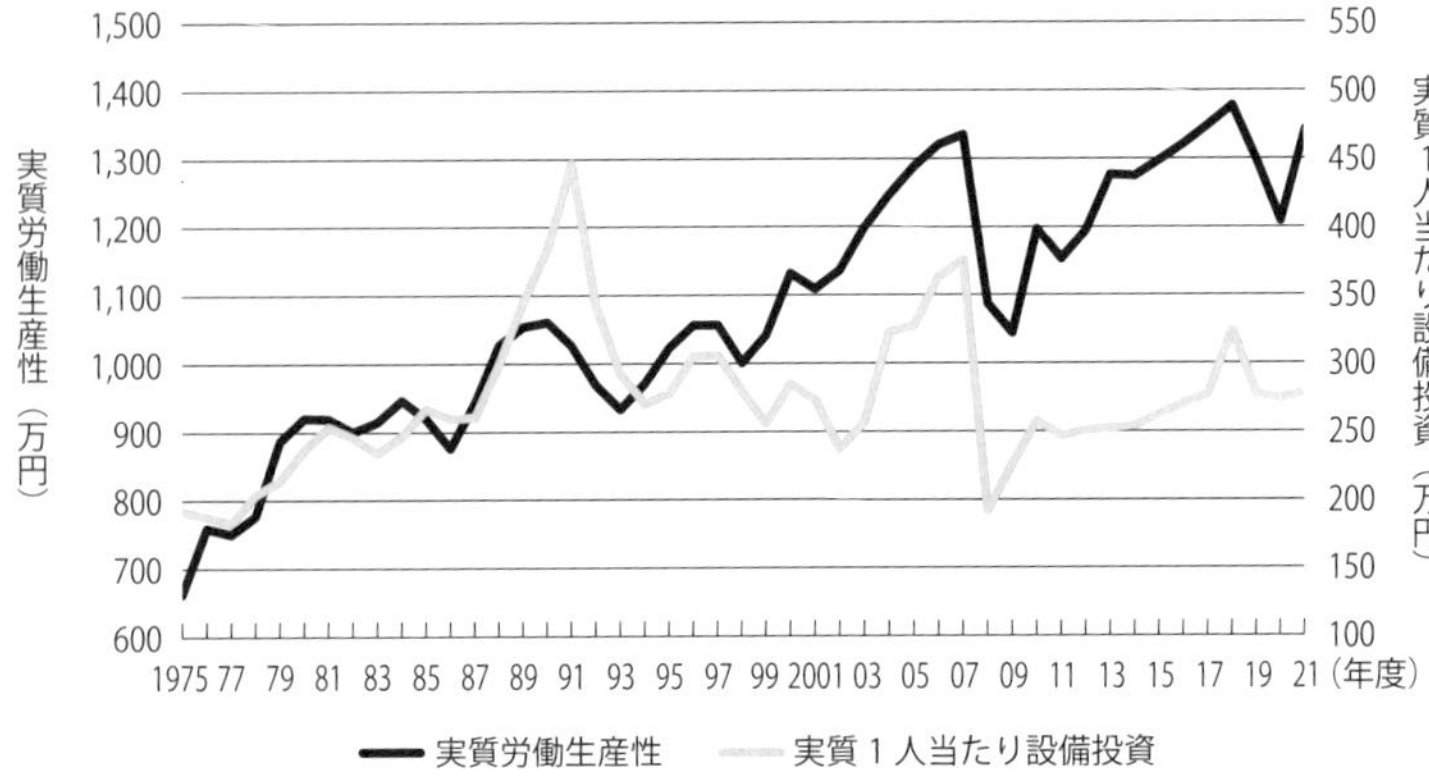

出所：法人企業統計調査

いがあることが、よくわかる。

大企業はリーマンショックで設備投資を急減させた（1年で3割近くの巨大な、かつてない規模の減少）が、中小企業がもともと小さい設備投資をあまり削ることはなかった。それどころか、リーマンショック後は2010年ごろから設備投資をかつてない勢いで増加させている。しかも、その到達水準はリーマンショック以前の低成長期の倍近い水準である。その結果、バブル崩壊後は横ばいを続けていた労働生産性が、見事に上昇していくのである。

一方、大企業のほうは、設備投資はリーマンショック直後の急落から回復していくものの、リーマンショック以前の低成長期と同じ水準に戻ったにすぎない。

労働生産性と1人当たり設備投資：中小企業

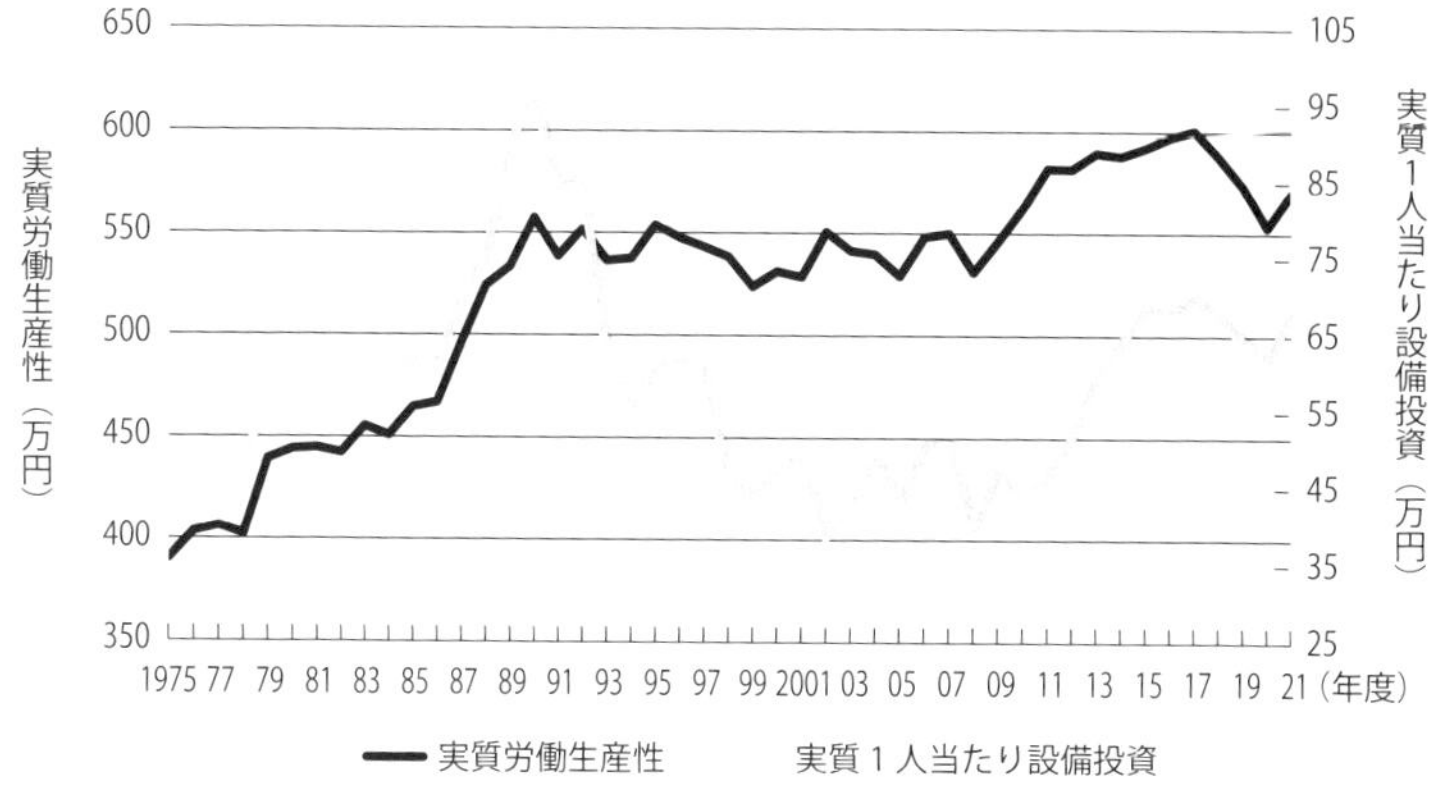

出所：法人企業統計調査

したがって労働生産性は、世界的な景気回復の追い風を受けた部分によって、リーマンショックで急落した部分を取り戻す程度に回復しただけであった。

ひとことでいえば、リーマンショック直後の対応、その後の回復期の行動、そのいずれの面でも、中小企業のほうが大企業よりもかなりまともな経営をしているように思われる。つまり、設備投資をして生産性を上げる、という成長のための基本的行動をより明確にとっているのである。

しかも、中小企業のそうした成長のための行動は、図1-5と図1-6でわかるように、自己資本比率の改善と流動性の高い手ガネの確保という、「次の金融危機への備え」と思われる資金確保行動をとりつつ行われたものである。利益率を上げて資金源を確保し、それを手元流動性の向上に使い、さらに積極的な設備投資も行う、という「けなげ」ともいえる経営であった。

それでも、配当を増やし続ける大企業

それに対して大企業は、リーマンショック後の利益率の向上には中小企業以上に熱心に取り組んで成果をあげるのだが（図1-3参照）、それによって得た資金源を投資にはそれほど使わずに、手元流動性を増やすことと配当を増やすことに使った部分が大きい。それを示すのが、図1-9の配当金支払額の推移を示すグラフである。

大企業の大半は上場企業であるために、昔から大企業の配当金支払額は中小企業の倍程度の大きさだった。数字を示せば、バブル崩壊の1991年の大企業配当金は3兆円ほどで、中小企業の1・5兆円のちょうど2倍だった。しかし、2021年には大企業の配当金は22・2兆円まで膨れ上がり、中小企業の配当金7・7兆円の3倍にまでなっている。

グラフを見ると、大企業の配当支払い増加は、コーポレートガバナンス改革の声が大きくなってきた2001年前後（銀行システムの大再編期）から加速し、しかしリー

図1-9　配当金の支払額

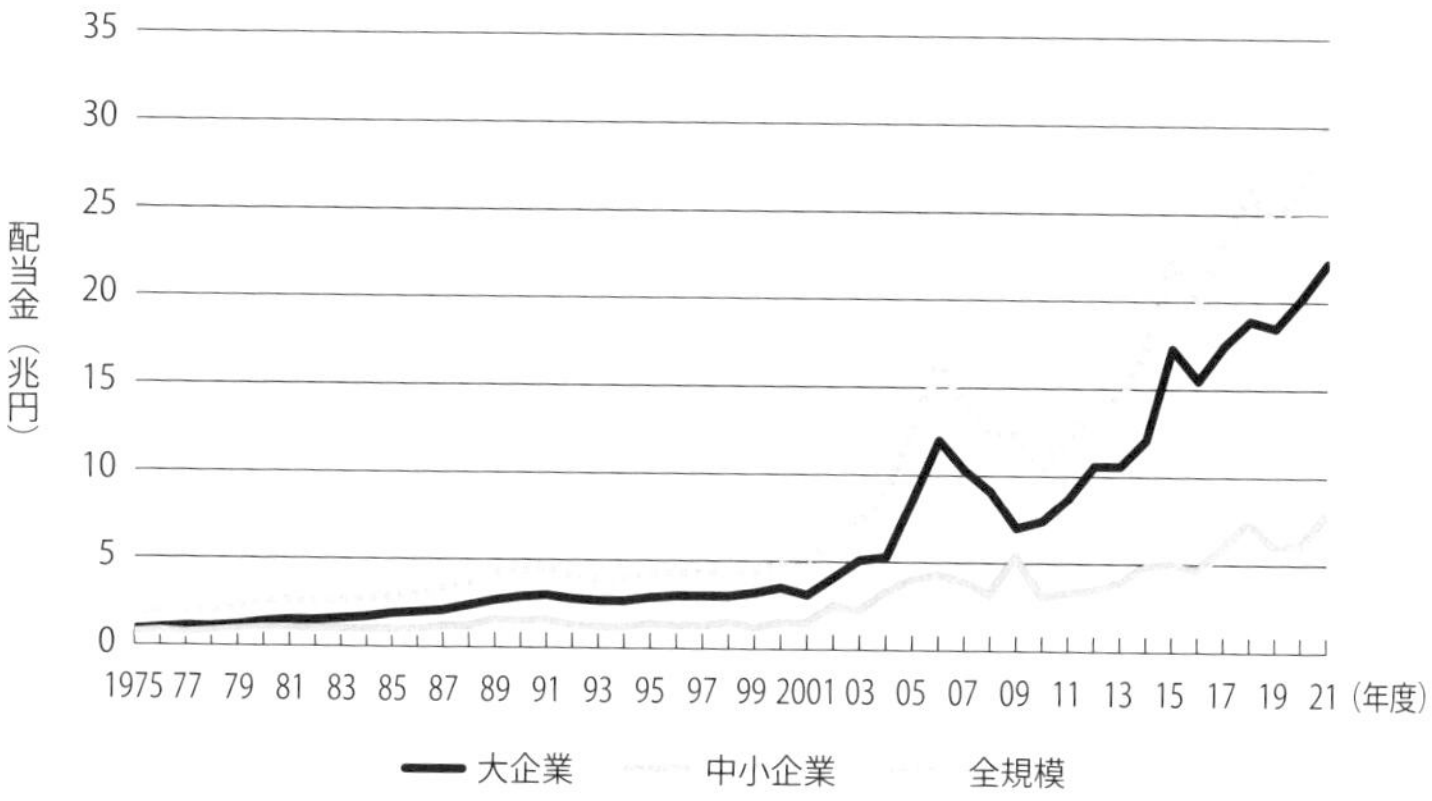

出所：法人企業統計調査

マンショック直前にはややその勢いが鈍化していた。だが、リーマンショック後の不況で配当金が当然のごとく大きく減少した後は、２０１１年ごろからどんどん加速して増加してきているのである。ちなみに、２０１０年の配当金は大企業が７・４兆円、中小企業が３兆円ほどで、大企業はまだ中小企業の2倍強程度だった。それが２０２１年には3倍である。

先に述べた中小企業の手元流動性の確保も、ここで説明している大企業の配当の増加も（配当だけでなく手元流動性もリーマンショック後に積み増しているが）、いずれも「次の金融危機への備え」という解釈が可能であろう。

自社の財務体質の改善（そのための手元流動性の確保）、資本市場からの好感度の確保（そのための配当増大）という行動をとって、将来の金融危機でのマイナスインパクトを少しでも小さくしたい、という動機である。

それは、バブル崩壊のトラウマとして、金融危機への恐れという心理的傷をリーマンショックが思い出させた、ということなのかもしれない。リーマンショックはたしかに需要の縮小という直接的な財務的な傷はもたらしたが、国内バブルの処理のための負担というような長期的な財務的傷はもたらさなかった。しかし、金融危機への恐れという心理的傷を残したようである。

そこから生まれるリスク回避の姿勢が、日本企業の成長にとってはリーマンショックの最大の影響だったかもしれない。

ちなみに、2021年の大企業の設備投資額は21・2兆円と大きな額ではなく、この年はデータのある範囲内で歴史上はじめて、配当額（22・2兆円）を下回る設備投資しか大企業がしなかったという年になった。まだバブル前夜だった安定成長期の1987年の大企業の設備投資と配当はそれぞれ15・3兆円と2・1兆円で、配当の7倍以上の設備投資をしていたのとは、まったく対照的である。

この年にはコロナショックの影響があったとはいえ、異常事態というべきであろう。それほどの設備投資の抑制と配当の増加である。

この大企業の配当の増加ペースの異常さは、人件費総額との比較で見てみると際立

図1-10　配当・人件費率

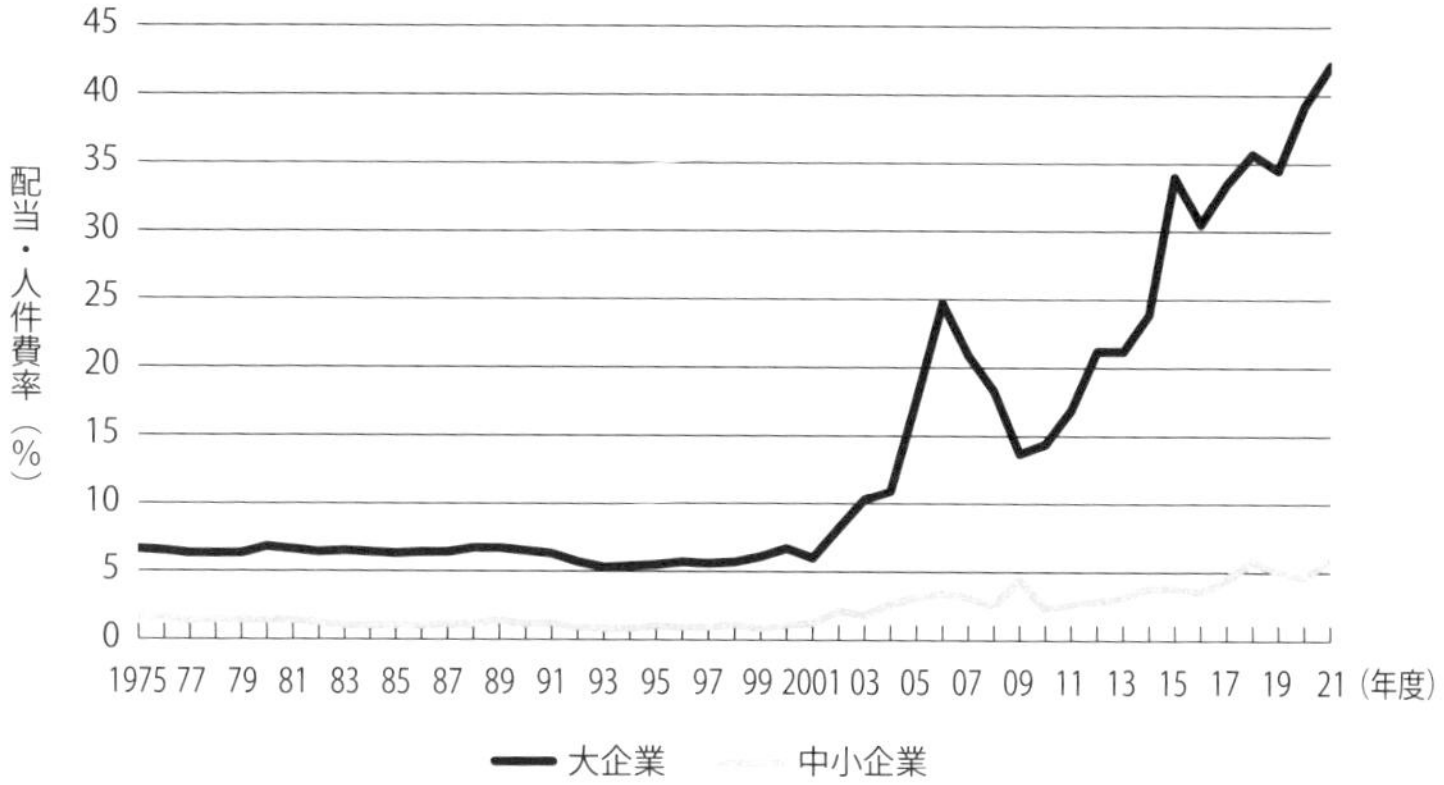

出所：法人企業統計調査

ってくる。それを、図1-10の配当・人件費比率（配当／人件費、％）のグラフが示している。

実は、２００１年以降、大企業の人件費総額はほとんど増えていない（中小企業のそれは少しだけ増えてきてはいるが）。それでいて、図1-9のように大企業の配当は急増している。

だから、大企業の人件費と配当の比率（配当／人件費、％）が２００１年以降に急上昇し続けるのである。２０２１年の数字だけを紹介すると、大企業の配当・人件費比率は42・２％、中小企業のそれは６％。大企業は実に中小企業の７倍の規模で配当を優遇している。

そして、グラフは２００１年を境に様変わりしたような大変化である。一体、

日本の大企業は誰のための経営をしてきたのであろうか。20世紀の日本企業とはまるで違って、株主への配当を増やすための経営をしてきたのだろうか。まさに、漂流する日本企業というべきであろう。

日本の中小企業の経営のほうがかなりまともなものに映るのは、私のゆがんだ感覚なのだろうか。

第2章

投資の過剰抑制という大きな間違い

3つの投資の過剰抑制が起きてしまった

第1章では、「失われた三〇年」の間にほとんど成長しなくなった日本企業、生産性も上がらなくなった日本企業、という姿を描いた。特に第1章の最後で述べた「設備投資が配当よりも小さくなってしまった日本の大企業」という姿は、序章でも紹介したが、読者の多くにとって驚きであったろう。分析した私自身、まさかここまで設備投資の抑制が起きているとは、と驚いた。

しかし、過剰抑制が起きてしまったのは、設備投資だけではない。海外展開投資でも、人材投資でも、かなりの規模の投資抑制が「失われた三〇年」の間に、それも特に後半に起きてしまった。それをこの章で明らかにしていこう。

そうした投資の過剰抑制は、日本企業が成長するための基盤をみずから小さくしたようなものである。それが、日本企業はどこで間違えたか、という本書の問いへの最大の答えである。つまり、投資抑制をしすぎて自分の首を自分で絞めている、という間違いを日本企業は犯したということである。

たしかに、バブルの崩壊とリーマンショックという金融危機に端を発する大型不況は、日本企業の投資マインドを冷やす方向に機能しただろう。投資抑制はある意味で自然な企業行動という面はある。しかし、それにしても、「ここまで抑制しなくても」と思わざるを得ないデータが、この章で紹介するように、次々と見つかる。

この**30年の日本企業の歴史は、投資という面から見ると、3つの「過剰な」投資抑制（設備投資、海外展開投資、人材投資）の30年間であった。**そしてそれが改善していくという気運が2023年の現在もあまり見られない。だから、私のような企業観察者がきちんとその危険を指摘して、企業経営者がもっとリスクをとって投資をすべき、と声を大にする必要があると思われる。

イギリスの著名な経済学者ケインズは、人間というものがクールな経済計算を超えて、ときに行動することを、アニマルスピリッツという言葉で表現した。彼の主著*The General Theory of Employment, Interest and Money*で、ケインズはこう書いている。

「人間が前向きのなにかをしようと決めるとき、その前向きの行動のもたらす結果は長い時間の後にしかわからないものだから、その意思決定はアニマルスピリッツ（動物的精神）の結果としてのみ取られるのである。それは、動くことへの湧き上がるような衝動であって、数量的なベネフィットを数量的な確率でかけ算をした加重平均にしたがってとられる、というような決定ではない。……したがって、アニマルスピリッツがしぼんで湧き上がるような楽観がなくなっていくと、つまり結果としてわれわれが数学的期待値のみに頼るようになってしまうと、新しいことを興すという動きは衰え、死ぬであろう」（原著、161ページ、訳は伊丹による）

ここでケインズの頭の中にあるのは、投資という未来への行動であったろう。投資をするかどうかを最後に決めるのはアニマルスピリッツだ、というのである。非科学的だ、と批判すべきではない。ケインズは確率論の本も書いているほど、数学的な素養が深い人だった。その碩学は、一方で人間という存在をしっかり見つめた人だった。

まさに**この30年間の日本企業の歴史は、「アニマルスピリッツが湧き上がるような楽観がなくなり、新しいことを興すという動きが衰えた」歴史だったのではないか。**企業がそんな状態では、いくら政府が財政出動をしても、経済が成長するわけがない。経済を成長させる原動力は、企業成長なのである。

投資抑制とは、自分ができる投資の「限界」を下回る投資しかしないことである。そこに、大きな機会損失が生まれることになる。せっかく成長できるポテンシャルがあるのに、それを十分に活用しないという機会損失である。

ただし経営者としては、**投資をゼロにしたわけではないし、投資の方向性も間違っていないことも多い。ただ、自分たちができる限界まで投資を大きくしていないのである。**だから、**「大きな間違いを犯した」という自覚は生まれにくい**のかもしれない。

そこが厄介なところである。

　そして、それぞれの投資抑制には、もっともらしい理由があることはある。たとえば、バブル崩壊でとても資金的余裕がない、といった理由である。しかし、その理由は、バブル崩壊後に10年も15年も続くものなのか。

　あるいは、これからの日本は人口減少社会になり、国内需要に大きな期待がもてない、という設備投資抑制へのもっともらしい理由もある。しかし、高齢化社会で増えていくシニア人口にめがけた新しい需要を開発するためのイノベーション投資をすればいいではないか。デジタル需要をめがけた投資をすればいいではないか。

　さらには、国内需要の成長見込みが小さいなら、日本よりは将来需要の期待の大きな地域への海外展開投資を増やせばいいではないか。アメリカ、中国、東南アジア、インド、アフリカ、と地域の候補は次々と出てくる。

　そう議論し始めると、「いや、そうした投資を、海外にせよイノベーション分野にせよ、きちんと実行していけるような人材が必ずしも十分でない」というもっともらしい理由が反論として返ってくることがある。しかしそれなら、そうした人材が育つように人材育成投資をすればいいではないか。

　しかも、そうした人材育成のための投資は、単に研修とかリスキリングだけではない。実は、設備投資を勢いよくやる、海外へ思い切って展開する、そうした投資の実行現場で、ヒトが育つのである。ヒトは仕事の現場で磨かれる。投資は、その現場をつくる絶好の機会なのである。

つまり、設備投資や海外展開投資の最大の長期的効果は、ヒトが育つことである。投資実行のプロセスが、ヒトに新しいことをさせ、考えさせ、努力させる。その「考え、努力する」プロセスがヒトを育てるのである。そこで育つヒトが、次の成長機会を発掘していく。そうした投資からヒトが育つ論理を私は、「投資が生み出すヒトの論理」と呼んで、この章での鍵概念としたい。

したがって、設備投資、海外展開投資、人材投資の3つの面での投資抑制が過剰に起きてしまったということは、二重三重に、日本企業の成長力を小さくしてきた恐れが大きい。物理的な成長基盤のみならず、ヒトの論理がきちんと展開することを妨げることによって、人的能力の基盤が大きくならない、あるいは弱体化してしまうのである。

設備投資の過剰抑制

日本企業の設備投資がバブル崩壊以降はかなり不十分であったことについては、すでに第1章で従業員1人当たり設備投資の推移がはかばかしくないことを指摘したことから、投資抑制の程度を見てみよう。ここでは、毎年の減価償却費に対する設備投資額の倍率を見る（図1‒7、図1‒8）。

最近の日本企業の設備投資の基本スタンスとして、「既存設備の減価償却の範囲内で投資する」という方針を聞くことが多い。その方針を明示している、ある企業の事業部長氏が、「そんな減価償却範囲内の投資で、どうやって成長しろというのか」と不満をいっているのを聞いたことがある。まことにもっともな不満である。減価償却程度の設備投資ということは、もとある設備を「補充するだけの投資」というイメージだからである。

しかし、毎年の減価償却費の大きさが本社の認める設備投資の上限、という姿は、残念ながら、この20年間ほどの日本企業の普通の姿だった。図2‒1の設備投資・減価償却倍率（設備投資／減価償却）のグラフが、それを物語っている。設備投資の抑制に走ってきた日本企業、という姿である。

安定成長期には減価償却を5割程度超える（150％）の設備投資を大企業も中小企業もしていた。だからこそ、労働生産性も上がり、売上規模も拡大できたのである。

それが、バブル崩壊直後からこの倍率はすぐに下がり始め、1997年の金融危機のころには100％を切り、その後も大きく下落してとうとう2002年には80％程度になってしまった。その後、そのボトムからやや回復したが、大企業がリーマンシ

図2-1　設備投資・減価償却倍率

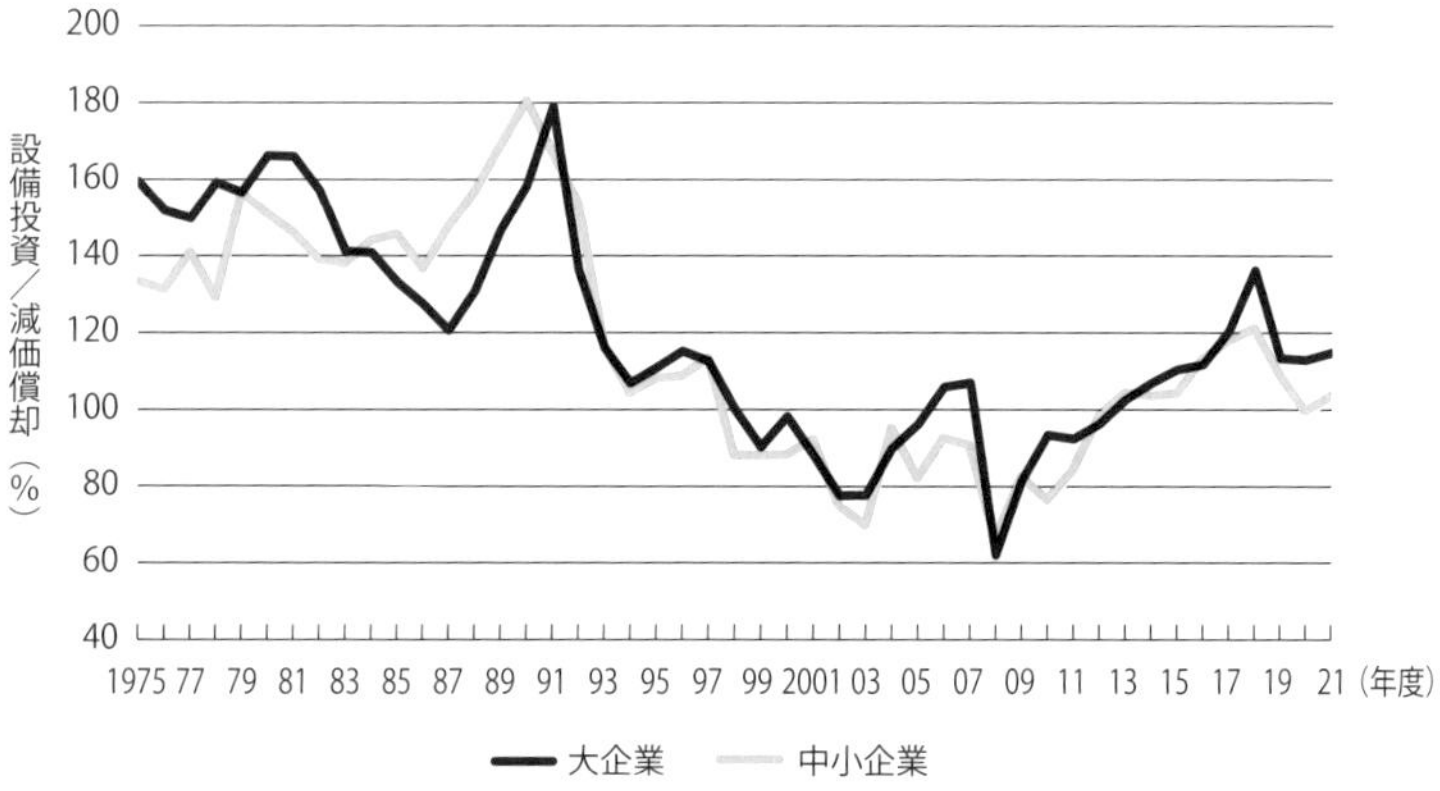

出所：法人企業統計調査

ョック直前に１００％に戻った程度であった。

　そして、またリーマンショックで設備投資は大きく下落し、対減価償却倍率は60％程度まで落ち込んだ。恐ろしいほどの設備投資の少なさである。その後は持ち直して、やっと２０１３年から１００％をほんの少し超えるようなった。もちろん、安定成長期の１５０％という水準にはほど遠い。

　つまり、１９９７年の金融危機のころから２０１２年のリーマンショック後回復までの15年間、設備投資・減価償却倍率はほぼ連続して１００％を切り続けている。すでにバブル崩壊後の５年間以上もの長い期間に設備投資が急落していたのを受けての、さらなる投資抑制である。

この15年にわたる投資抑制は、実に痛かった。技術革新投資も、新分野への開拓投資も、十分にできなかった期間がそれだけ長かった、ということだからである。この間、日本企業は多くの機会を逃し続けていたのだろう。

しかも、２０１２年以降にこの倍率が１００％を超え始めたといっても、とてもきちんとした投資のパターンに戻ったとはいえそうにない。なぜなら、倍率のベースになっている減価償却額自体が、それまでの15年間の投資抑制のせいで伸び悩んだ設備総額に対して計算されているもので、償却費自体がそれほどは大きくないのである。その小さい減価償却の１００％を超えたといっても、とても胸を張れるようなものではないだろう。それでは、15年間逃し続けた機会を取り戻すことにはなりそうにない。

その上、図１−３で見た通り、２０１２年以降は売上経常利益率が大きく改善し続けていたのである。つまり、利益状況が改善しても減価償却をやや超える程度の小さな設備投資しかしない日本企業、という姿なのである。かなり設備投資に消極的でリスクをとらない経営のあり方であり、だから設備投資の過剰抑制といいたくなるのである。

図２−１の倍率のグラフが大企業も中小企業もほとんど同じパターンということは、驚くべきことかもしれない。資金力の弱い中小企業が、彼らなりにがんばっている（大企業と同程度の負担の設備投資をきちんとしている）ということを意味しているからで

である。

しかも、この倍率のグラフの2012年から後の部分で大企業は中小企業とほとんど同じ水準で同じ形なのに、第1章で示した従業員1人当たり設備投資のグラフ（大企業の推移を示した図1-7、中小企業の推移を示した図1-8）で見ると、2012年以降の時期の大企業の設備投資の増え方があまり大きくない。中小企業の設備投資のほうが増えている。

減価償却倍率のグラフと1人当たり設備投資のグラフで2012年以降の大企業の改善のパターンが中小企業と違う大きな理由は、大企業のほうが従業員数を増やしてきたからである。従業員数が増えているから、設備投資がある程度増えても1人当たりではあまり大きな増加にならない。つまり、大企業は設備投資を抑えて人員増で売上の若干の成長に対応しようとしてきたのである。

それも、1人当たりの人件費は横ばいに抑えて、である。図1-4を見ればわかるが、リーマンショック後の回復過程で、中小企業の1人当たり人件費は上昇しているが、大企業のそれは横ばいのままである。つまり、低賃金の人員増で売上増加に対応するという、設備投資に消極的な大企業の姿がここからも見てとれる。

キャッシュフローを十分に使わず、設備投資を抑制

そうした大企業のリスク回避の姿は、減価償却以外の、利益がもたらす設備投資の財源を考えると、より明瞭になる。

経常利益という数字は、借り入れへの金利支払いをした後の、もちろん減価償却費を差し引いた後の、利益の数字である。この経常利益に減価償却費という現金の支出をともなわない計算上の費用を足し戻してやると、企業がその年に生み出したキャッシュフローの大まかな数字となる。それが、投資などに使える企業内部の財源である。

このキャッシュフローと設備投資の比率（設備投資／キャッシュフローという比率）を示したのが、図2-2である。企業内部で利用可能な投資財源のうち、何%を設備投資に使ったかという指標である。

このグラフは減価償却倍率のグラフ（図2-1）が示すよりも、さらに厳しい投資抑制がバブル崩壊以降に続いてきたことを示している。大企業のグラフはバブル崩壊後に一貫して右肩下がりで、中小企業のグラフは2001年以降にやっと横ばいになった。

1980年代の安定成長期には、大企業も中小企業も、キャッシュフローの60%か

図2-2　キャッシュフローからの設備投資比率

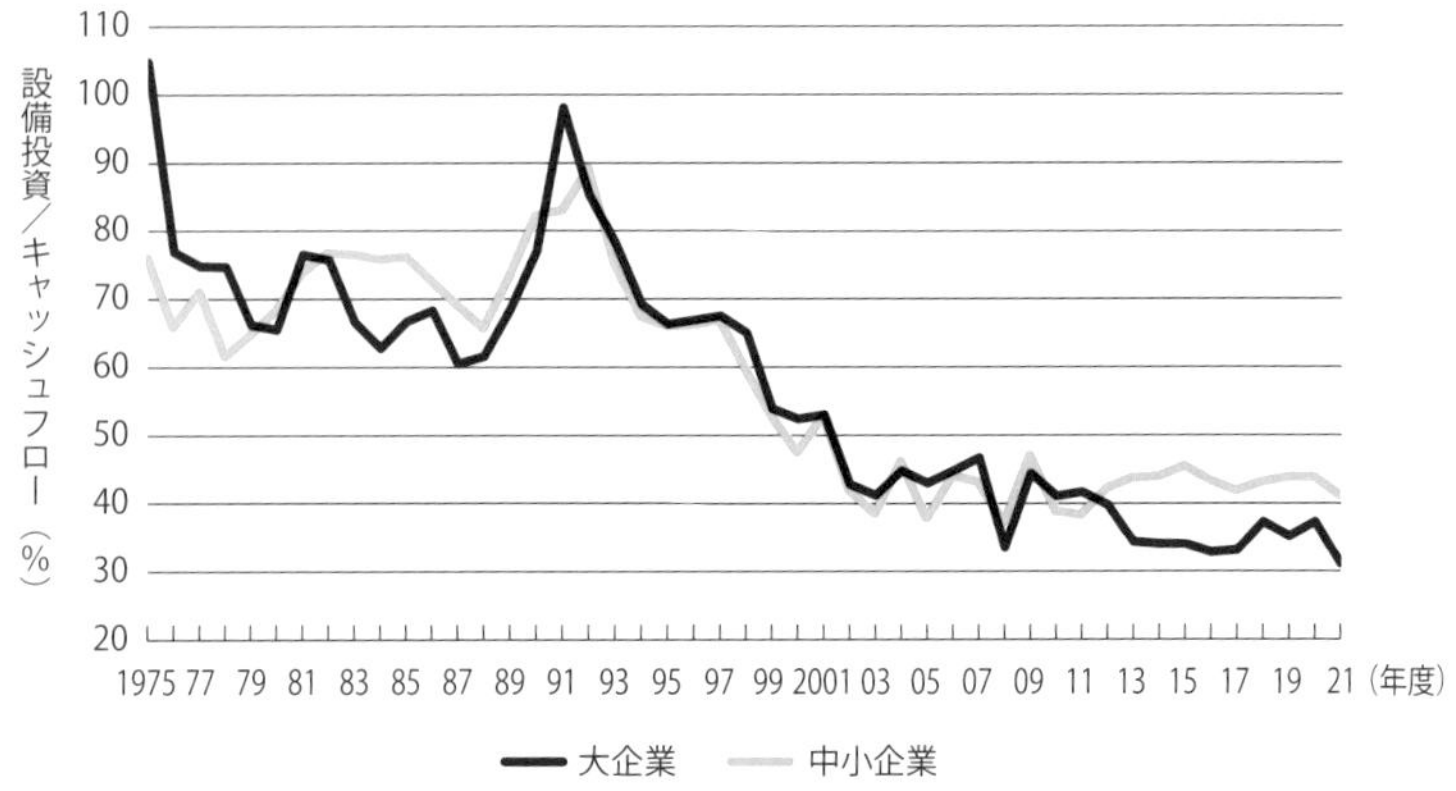

出所：法人企業統計調査

ら70%程度を設備投資に回していた。しかし、バブル崩壊後は2001年の銀行大再編の年まで大企業のグラフも中小企業のグラフも10年間、長い落ち込みを続けた。そして、リーマンショック直前の回復期にやや持ち直したものの、リーマンショックでまた急落してしまい、とうとうリーマンショックの年には35%程度まで落ち込んだ。安定成長期と比べるとほぼ半分である。それだけ、**大企業も中小企業も、設備投資をしなくなってしまった。これで成長を期待するのは都合がよすぎる。**

そして、リーマンショック後の急落から持ち直した後も、大企業のグラフは低下傾向を続ける。中小企業はまだ横ばいだから、よりましである。そして、**中小**

企業のほうが大企業よりはほとんどの期間を通してまだ設備投資に積極的であることも、この図から読み取れる。それは、安定成長期もリーマンショック後の回復期である２０１２年以降も、中小企業のグラフがほぼ一貫して大企業のグラフよりも５％から７％程度上にあるのである。

中小企業のほうがキャッシュフローから設備投資に回す比率がそれだけ高いのである。中小企業の利益は大企業よりも小さいだろうから、小さいキャッシュフローからより大きな額を投資に捻出してきたのが、日本の中小企業なのである。

実は、日本企業全体の設備投資を実際の水準から30％程度増やすのに必要な追加資金量は、それほど大きくない。

仮に日本企業全体が、安定成長期のような60％から70％ものキャッシュフロー設備投資比率は無理としても、金融危機が起きた１９９８年ごろのキャッシュフロー設備投資比率（53％ほど）にまで２０１０年代で引き上げようと考えたとすると、２０１０年代のこの比率は40％弱だから、13％ほど設備投資比率を上げることになる。そうすると、この時期の日本企業全体のキャッシュフロー額は１００兆円前後だから、設備投資が13兆円ほど増えることになるだろう。

この13兆円の設備投資の上乗せは、この時代のキャッシュフロー水準からして、決して無理のある資金量ではない。なにせ１００兆円のキャッシュフローが２０１０年代にはあったのである。2010年代の設備投資総額は40兆円前後だから、13兆円の資金量を設備投資に上乗せするだけで、設備投資を30％以上（13兆円は40兆円の32・5％）も増やすことができるのである。

そうした資金の追加投入を日本企業はやらずに、キャッシュフローを貯め込んだ、あるいは配当として支払ってしまった。なぜここまでリスク回避的な経営になるのか、じっくりと考えるべき問題であろう。この問題には、第4章で戻りたい。

銀行システムの機能不全？

さらにいえば、設備投資のための財源は決して内部のキャッシュフローだけではない。必要ならば、銀行からの借り入れをすればよい。実際、それが安定成長期の設備投資の財源確保の有力手段だった。しかし、バブルの後始末として2002年ごろに固まった日本の銀行システムの大再編と銀行の経営スタンスの大きな変化は、銀行借り入れを投資の有力な財源とする発想を日本企業から奪ったようである。

第1章で2001年ごろからの異常ともいえる自己資本比率の上昇ペース（図1‐5）と手元流動性の確保のペース（図1‐6）を解説した際に述べたように、銀行はいざというときに頼りにならない存在になってしまった。

金融機関借入金（固定負債）

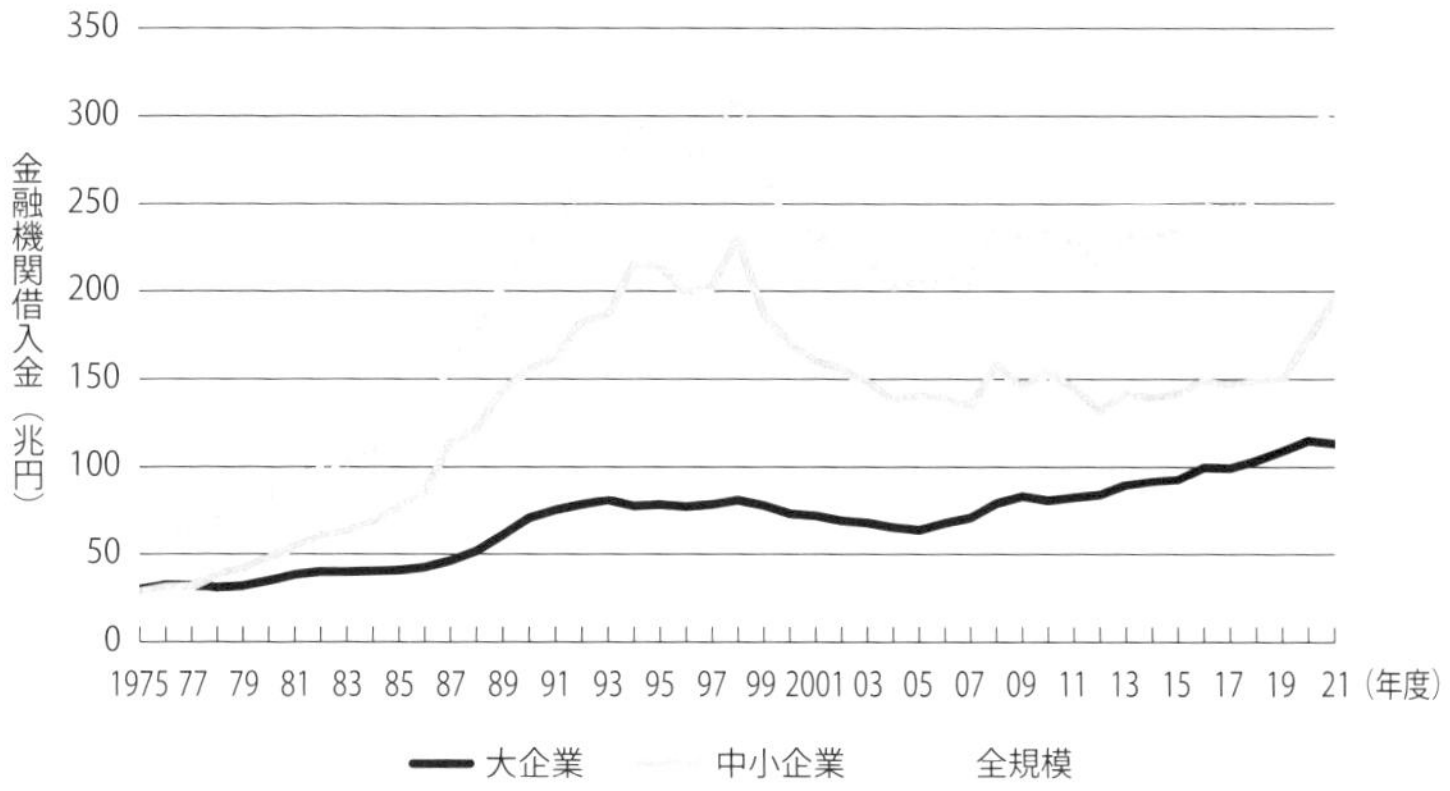

出所：法人企業統計調査

それだけ銀行への信頼性が失われてしまったのは、バブル期に銀行がむしろ先導して過剰な投資あるいは土地と株の投機をさせたからであろう。それへのリアクションとしての「銀行離れ」である。それを示すのが、図2-3の金融機関からの借入金残高のグラフである。

特に中小企業にとって、バブル期の銀行借り入れの増加はすさまじかった。たった5年ほどで、100兆円もの借り入れ増加を日本の中小企業はしている。だから、バブル崩壊後の借入金水準の急降下になるのである。いわゆる銀行による貸し剥がし（貸付の強制的引き上げ）が起きたのである。

ただ、大企業の借入金増加はバブル期でもそこまでの激しさはなかったし、バブル崩壊後の貸し剥がしも中小企業ほどには起きなかったかもしれない。しかし、第1章で日産自動車がメインバンクの日本興業銀行からの支援を受けられずに実質身売りをせざるを得なくなった例を説明したように、大企業にとっても銀行は「いざというときの頼み」にはならなくなっていた。

それだからであろうが、2000年代半ばから借入金の金利がかなりの低水準になっても、日本企業は借入金を増やそうとしなかった。特に中小企業にその傾向が鮮明である。図2-3の中小企業の借入金のグラフが、2002年から2019年までの長い期間にわたって150兆円水準で横ばいを続けるのである（2020年からの増加は、コロナショック対策の政府の中小事業者向けの緊急融資のためであろう）。

金利がきわめて低くなっても設備投資を大きく増やそうとしない日本企業、自己資本と手元流動性の確保に走り続ける日本企業、という悲しい姿がここにはある。安定成長期に、当時の利益率が現在の水準よりはかなり悪かったにもかかわらず、減価償却をはるかに上回るような設備投資を日本企業が行ったのも、銀行システムからの資金供給への信頼感があったのが大きな要因だったろう。それが、すっかり変わってしまった。

バブル期の銀行自身の行動がその信頼感を壊し、その傷が30年後の現在もまだ癒えていない。その上、2002年前後の銀行システムの大再編が、実は企業にとって銀行システムを使いづらいものにしてしまったかの如くである。

銀行システムが国全体の企業金融の基盤として機能不全に陥ってしまっている、と思われる。経済全体に対する銀行システムの意義はきわめて大きいはずなのに、これは深刻な問題である。

海外展開投資も抑制

設備投資の抑制は、将来の国内需要への不安が大きいために、大きな投資を避けたいからだ、という意見がしばしば聞かれる。

しかし、企業として成長を続けたいのなら、国内向けの設備投資は抑えても、海外展開へと投資を大きく回す戦略がありうるはずである。輸出拡大であり、海外での事業展開（現地生産と現地販売、あるいは現地でのサービス提供）である。いずれも、かなりの投資を必要とするはずである。

たしかに、経済産業省が毎年行っている海外事業活動基本調査のデータから、海外での現地法人の売上も従業員数もこの30年間かなりの成長を見せてきたことがわかる。それが、図2-4である。

ここでいう現地法人（以下、現法）には、さまざまなタイプのものが含まれる。日

図2-4　海外事業の成長：現法売上と従業員数

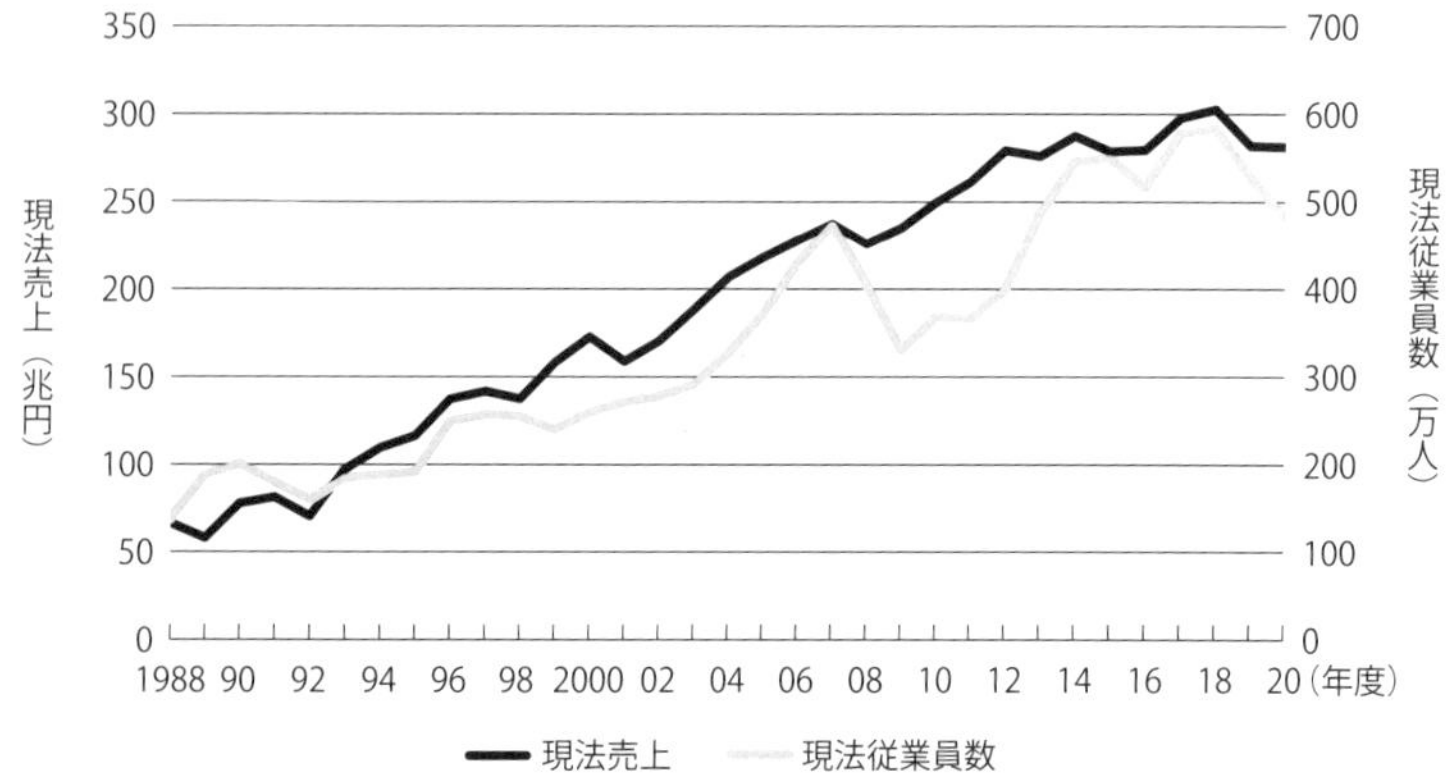

出所：海外事業活動基本調査

本からの輸出を現地販売するための販売法人、現地生産と現地販売を行う法人、さらには現地生産をしてその現地から輸出する法人（輸出先は日本のこともあるし、第三国のこともある）などである。つまり、日本企業の海外展開活動のすべてのタイプが入っている。

この図からわかるように、日本企業の海外展開活動のピークは２０１８年で、現法売上は約２９１兆円、現法従業員数は約６０５万人であった。同年の法人企業統計による国内法人売上が１５２９兆円、従業員数が４３０７万人だから、日本との比率は売上で19％、従業員数で14％の規模にまでなっている。

また、グラフの傾きを見ても、２０１５年までは（リーマンショックでの落ち込みを除けば）ある程度は順調に成長してきているといえるだろう。また面白いことに、売上が下落しても雇用は減らさないという「雇用の安定」という特徴が、第1章では国内のデータで見られたが、図2－4の海外現法のデータでも見られるのである。**日本企業は雇用の安定を海外の労働市場でも、現地の雇用慣行とかなり関係なく維持しようとしている**と思われる。

ただこのグラフから懸念されるのは、日本企業の海外事業の成長が早くも２０１５年辺りで頭打ちになっていることである。売上のグラフも従業員数のグラフも、この辺りで横ばい気味になっている。２０２０年に向けての下降はコロナショックの影響として理解できるとしても、その5年ほど前から海外での成長はすでに停滞気味だったのである。

つまり、日本企業の海外展開、あるいはグローバリゼーションの度合いは、あまり活発ではない危険がある。投資という観点に置き換えていえば、十分な海外展開投資をしてこなかったために、早くも２０１５年あたりで（それは黒田日銀による円安誘導政策の最盛期である）成長に陰りが出ている、と見ることもできる。

その懸念は、海外現法での設備投資のデータや海外への直接投資のデータからも浮かび上がってくる。図2－5は、法人企業統計の設備投資（国内設備投資が大半であろう）、海外事業活動基本調査の海外現法設備投資、そして国際収支統計の対外直接投

図2-5　国内と海外の設備投資、対外直接投資

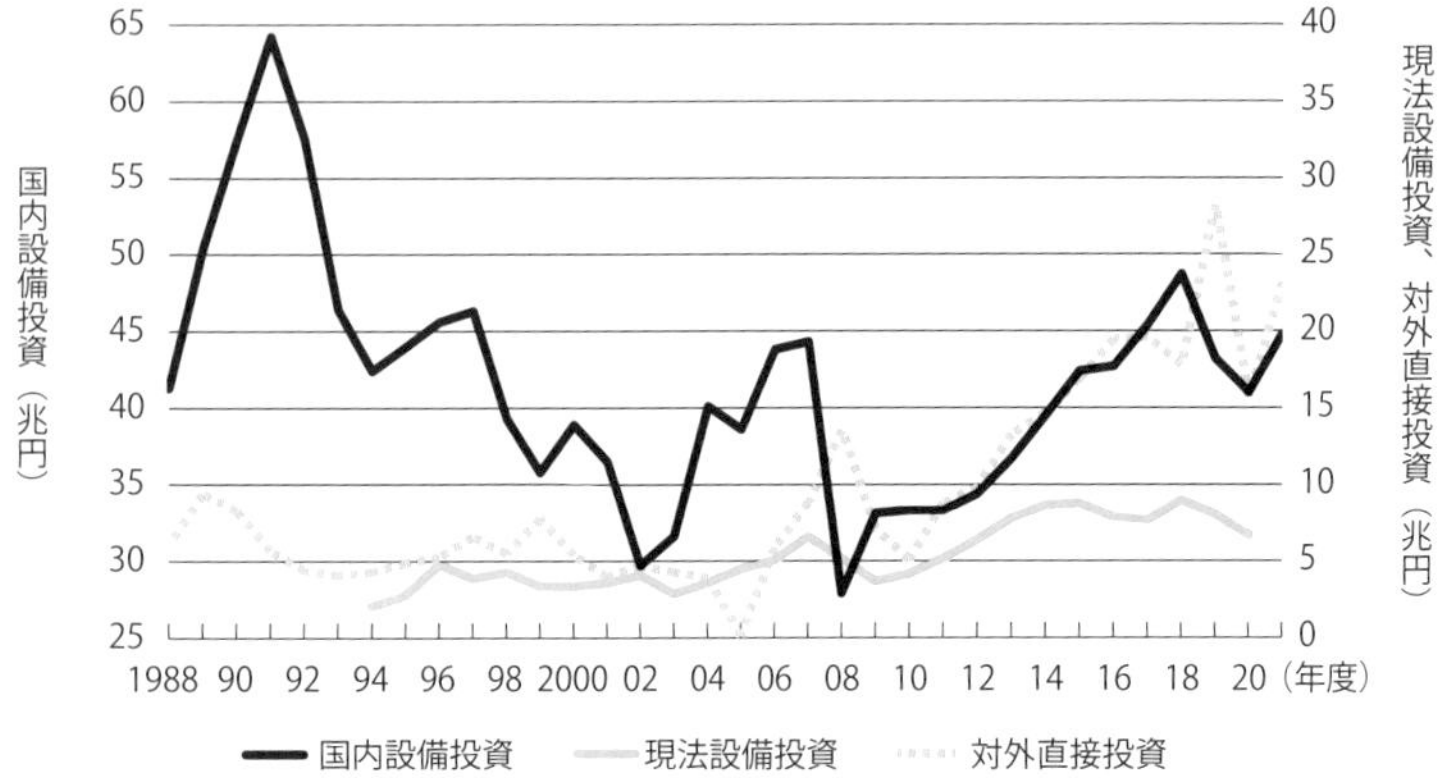

出所：法人企業統計調査、海外事業活動基本調査、国際収支統計

資のこの30年間のグラフである。いずれも、日本企業全体の数字である。

左右の2つの軸の目盛りは、3つのグラフの増減の様子が視覚的に同じように映るように、同じ5兆円刻みにしてある。

たしかに、海外現法の設備投資は2010年くらいから増加はしているものの、9兆円に届かない水準で2013年ごろから頭打ちになっている。2013年以降は円安へと為替が動いた時期で、輸出を伸ばすための海外現法での投資がもっと増加してもいいはずの時期である。それがやれていない。図2-4の現法売上の頭打ちと同じパターンである。

しかも、現法設備投資の伸びは国内設備投資の伸びよりもかなりペースも遅く、決して「国内市場が有望でないから海外

へ」という勢いが見えるような数字ではない。むしろ、国内よりも「軽視」とすらいえるだろう。

その背景のひとつには、日本の設備投資の過半を占める中小企業の海外展開不足があるのだろう。海外派遣人材の不足もあり、日本の中小企業の多くでは輸出に十分な目が向いていない。だから、海外での成長のポテンシャルがあっても、海外向けの設備投資という発想も十分にないのだろう。

この点については、大企業でも事情は実はさほど変わらないかもしれない。海外市場の需要を、現地生産にせよ日本からの輸出にせよ、貪欲にとりにいくという発想が十分にないのである。

日本企業のグローバリゼーションの遅れ

ただし、現法設備投資の代わりかもしれないが、対外直接投資がリーマンショック後に現法設備投資よりもかなり速いスピードで増加している。２０１７年以降はその平均的金額は20兆円強にもなり、同じ時期の国内設備投資の45％ほどにも達している。それはおそらく、この時期の日本の大企業による海外企業の買収事例の増加によるものであろう。

この直接投資増加から、日本企業の海外展開投資の主流が現法の設備投資ではなく、海外企業の買収戦略に変化した、とはいえるであろう。しかし、それが「国内よりも海外で発展しよう」という覚悟を決めた大きな投資といえるかどうか。

現法をつくり、時間をかけて海外市場を開拓していく、そこに大きな投資をするという戦略（これがトヨタ自動車の戦略である）が成果を生むスピードは、たしかに遅い。そこで、「手っ取り早く見える」買収戦略に舵を切っただけ、とも思えるのである。しかも、海外企業の買収が実際に大きな成果をもたらしている事例はかなり少なく、むしろ失敗の事例のほうがかなり多い、というのが私の現場観察である。

そして、海外展開へと直接投資を注ぎ込むつもりなら、直接投資は国内設備投資よりももっと速いペースで増加してもいいのに、抑制気味の国内設備投資と同じペースでしか増加していない。一方、海外現法設備投資は、もっと抑制気味である。どちらも、国内需要の将来の不安を補うには、投資不足といってよさそうだ。

こうした日本企業の「海外展開マインド」の不足は、日本企業のグローバリゼーションの遅れという悲しい現実となっているようだ。たとえば、国全体の輸出の大きさも対外直接投資の大きさも、主要国と比べてかなり低い水準に２０１０年代になってもとどまっているのである。

表２−１、表２−２の２つの表は、毎年の輸出の対ＧＤＰ比率と対外直接投資の対

輸出GDP比率（%）

年	日本	アメリカ	ドイツ	韓国
2010	14.9	12.4	42.6	47.1
2015	17.4	12.5	46.9	43.0
2020	15.5	10.2	43.4	36.5
2021	18.6	11.0	47.0	41.7

出所：貿易統計、IMF統計

対外直接投資GDP比率（%）

年	日本	アメリカ	ドイツ	韓国
2010	1.0	1.8	3.7	2.5
2015	3.1	1.4	3.0	1.6
2020	1.9	1.1	1.6	2.1
2021	3.0	1.7	3.6	3.4
参考：対外直接投資残高（兆ドル）				
2021	2.0	9.8	2.1	0.6

出所：国際収支統計、IMF統計

GDP比率を、アメリカ、ドイツ、韓国と比べたものである。

まず輸出について考えると、「輸出立国日本」というスローガンは、実は必ずしも国際比較での日本の姿とは一致していない、ということが表2-1からよくわかる。企業の海外展開が活発なドイツや韓国と比べて、はるかに小さな輸出しかしていないのである。国内市場が巨大で輸出にそれほど頼る必要がないアメリカと比べても、多少はましな程度である。

そのアメリカは、輸出よりも対外直接投資（つまり海外での事業活動）で海外展開を図ってきた国である。最近でこそ毎年の対外直接投資額はGDP比で日本よりもかなり小さいが、なんといっても過去の直接投資の累積（残高）が大きい。

2021年の数値で、日本のほぼ5倍である。アメリカは21世紀に入る前に、世界各国へ直接投資ですでに進出済みなのである。ドイツや韓国と比べても、日本の対外直接投資は見劣りする。表2-2の4カ年の数字を見てもドイツより上回ったのは2カ年、韓国より上回ったのは1カ年である。

仮に輸出と対外直接投資の対GDP比率を足したものをその国の企業活動のグローバリゼーションの指標と考えると、日本はドイツや韓国にかなり劣っているのである。そうした現状は、日本企業の海外展開投資が国内市場の不透明な将来を補うにはかなり不足・抑制気味で推移してきた、ということの結果だと思われる。

ただし、為替に振り回された30年ではあった

以上で見たような海外展開投資の抑制の背景には、国内設備投資の抑制の際にも言及した、企業としての投資マインドの弱さ（あるいはケインズ流のアニマルスピリッツの弱さ）という根本的な問題があると思われる。リスク回避志向がバブル崩壊以降の長い期間、強すぎるのである。

しかし、日本企業をめぐる環境にも同情すべき余地がある。海外展開への投資の抑制につながってしまう要因があるのである。それは、為替変動の大きさと海外派遣人材の不足、という状況要因である。

まず、図2-6をご覧いただきたい。グローバリゼーションの程度の比較にも登場した、日本・アメリカ・ドイツ・韓国の実効為替レート（各国の他国との貿易額の比重で加重平均した他国通貨との為替レート変動値）を、バブル入り口の年である1989年を100として指数化したグラフである。指数の上昇が通貨価値の上昇（円高）を、下降が通貨価値の下落（円安）を意味している。

「為替に振り回された三〇年」と日本企業に同情したくなる図である。日本のグラフだけが、他の3カ国のグラフとかなり異なった動きをしている。日本だけ、ほとん

図2-6　主要国実効為替レート指数

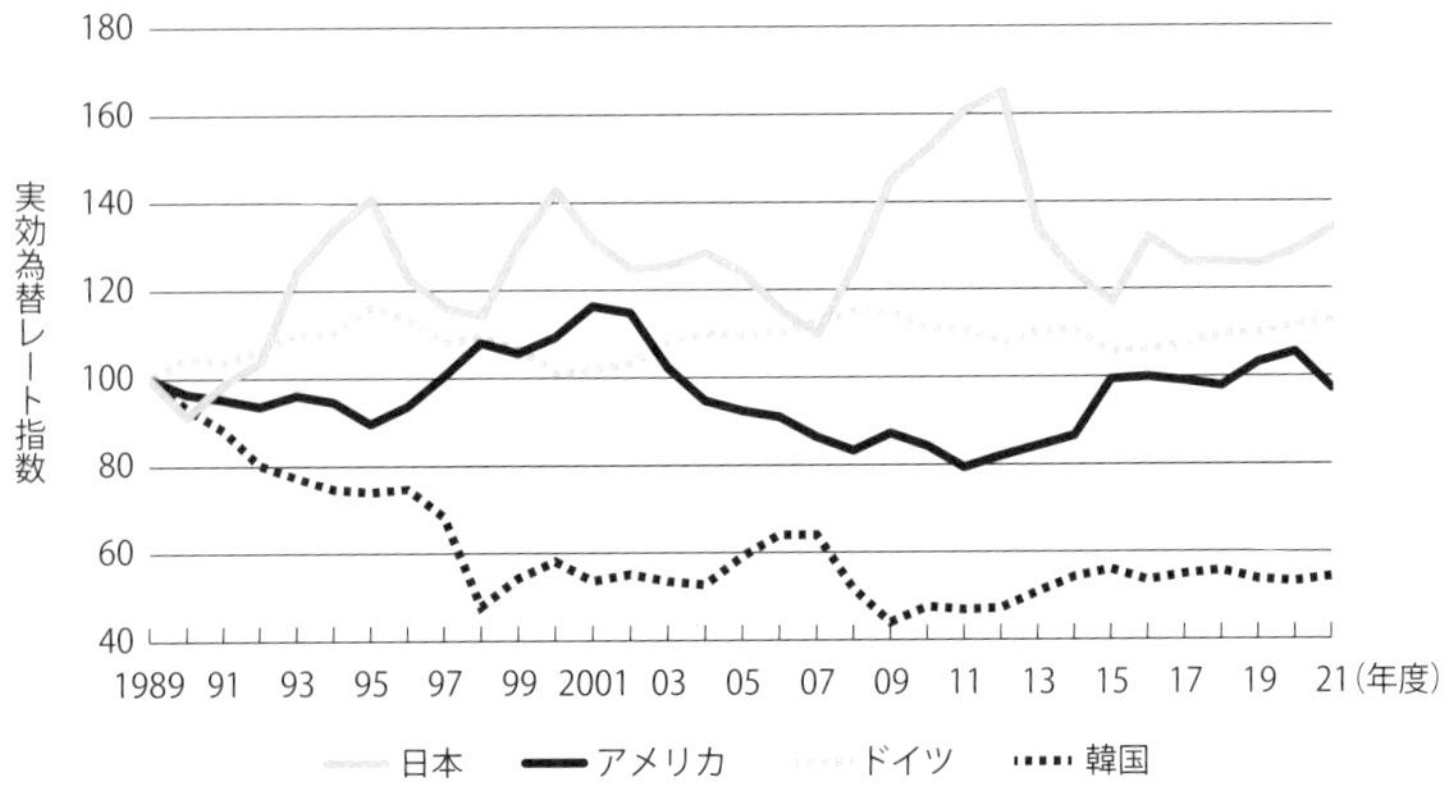

注：実効為替レート指数は1989年のレートを100とする
出所：BIS統計

ど周期的といっていいような上下変動、しかもかなりの大幅な上下動を繰り返してきた。

この大規模な周期変動はきわめて厄介で、そんな為替レートに日本企業は振り回されてきたのである。

ドイツは一貫してきわめて変動が少ないし（ユーロという通貨の枠の中に入ってしまっていることの恩恵でもあろう）、韓国は1998年のいわゆるIMF危機まではウォン安に振れたがそれ以後の変動幅は小さい。アメリカがゆったりとした変動をしているが、日本と比べれば変動幅もはるかに小さく、変動周期は長い。

日本の実効為替レートでは、こうした周期変動の繰り返しがこの30年間で少なくとも3回起きている。円高への動きが始まる起点の年を見ていくと、1991年、1998年、2008年となり、バブルの崩壊、バブル処理の金融危機、リーマンショックの年にぴったり一致している。

危機になれば、その国の通貨は割り引かれる（円安になる）のが、普通の常識である。しかし、日本の場合はその逆が起きている。だから、円高がよけいにきつかった。ただでさえ日本経済が危機的な状況になっているときに、円高への上昇運動が3年間から5年間も続くのである。それも、3割も4割もの円高になってしまうという、大幅な円高である。

そしてその後、円安へと為替変動の方向が真逆に変わり、それが4年から7年の間も続く傾向となる。だからグラフで見ると、ある周期の大きな揺れ動きを日本の円だけが繰り返しているのである。この周期変動が終わり、為替が安定的に推移するようになったのは、黒田日銀による異次元の金融政策がとられるようになってからである。

こうした大きな為替の上昇と下降の繰り返しは、企業の海外展開戦略を考える経営者の立場になってみると、きわめて厄介である。

大きな円高に対応してなにかの行動をとると（たとえば、生産基地の海外移転）、海外事業の展開期間としては3年から5年間という短期間の間に、次に大きな円安の時期がきてしまう。それは、海外での生産活動の魅力を国内との比較でより小さなものとしてしまう。たとえば海外生産基地からの日本への輸入は円ベースでコスト高になってしまうのである。しかし、それでもなんとかその円安に対応しようと努力していると、また大きな円高が来る。

だから日本企業の多くは、正反対の為替変動対応策を行きつ戻りつ何度もとらざるを得なかった。それは、それだけ人間のエネルギーとカネを消耗させ、また過去の戦略の意義を打ち消すような行動をとらざるを得ないことを意味している。

平たくいえば、「海外展開でかなりのムダな動きを強いられた三〇年」だったのである。だから、日本企業が海外展開投資を抑制したくなる動機も理解はできる。度重なる為替の周期変動から、為替の怖さを日本企業は学んだ。それが一種の心理的トラウマとすらなって、海外展開に及び腰になっているのではなかろうか。

特に、リーマンショック後の大きな円高（円高の程度も期間の長さも大きかった）とその後の円安への急降下はきつかった。それは、及び腰でグローバリゼーションをやってきた日本企業の心をかなり折ってしまった可能性がある。為替は怖い、海外展開は慎重にせねば、という萎縮心理である。

第1章でもこの章でも、日本企業の投資がリーマンショックで急降下することをたびたび指摘してきた。そして第1章では、それが金融危機起点の景気の急暗転だっただけに、バブルの崩壊のトラウマを蘇らせ、それが設備投資をことさらに抑制的にさせた可能性を指摘した。ここでは、大きな為替変動がもたらす海外展開へのトラウマ

（あるいは萎縮心理）の可能性を指摘すべきであろう。

海外派遣人材の不足

日本企業の海外展開がこの20年ほどかなり活発になってきた背景で、日本企業を悩ませてきた為替変動以外のもうひとつの状況要因は、海外事業活動に日本国内から派遣できる人材の不足である。

実は、この20年間ほど、経営の現地化をすべき、というほとんどスローガンに近い言葉が多くの日本企業で語られてきた。日本からの派遣者の派遣費用が現地で経営人材を雇用する場合に比べて高すぎる、というのがしばしばいわれてきたことだった。

しかし、各国現地での人件費がそれぞれの国の経済発展とともに上昇し、さらに２０１２年以降の円安傾向もあって、現地の経営人材のコストはもはや日本国内と比べて大幅に安いとは決していえなくなっている。それでも、経営の現地化の必要性が語られ続ける。

その理由はもちろん理解できる部分もある。現地人材のほうが現地の事情にくわしいから、より効果的に活躍できる、というのである。しかしそれだけで経営の現地化を主張するのは、多くの日本企業の海外事業活動が日本国内の活動とかなり密接な関連をもって行われ（たとえば、主要部品の国内生産とその海外への企業内輸出）、したがって国内のオペレーションと海外のオペレーションの間の綿密な調整を必要とする企業が多い、という事情を忘れた議論である。

グローバルな企業活動「全体」の円滑なマネジメントのために、日本と現地の間のコミュニケーションと現地での日本側の事情をよく理解した上での判断は、多くの日本企業にとって重要である。それをきちんとこなせるだけの能力をもった人材は、日本国内から派遣される人材になる可能性が高い。しかし、そうした海外派遣人材は、それほど簡単に育つものではない。

だから、派遣可能人材が少ないから、海外展開投資は抑制的にせざるを得ない、という論理が成立しそうにみえる。しかし、論理展開の順序としてはむしろ逆で、まず投資を多少の無理を承知でしてしまい、その後の現地経験からヒトが育つことを期待するのが、本筋であろう。つまり、多少海外に不慣れな人材でも現地に派遣してしまうこと自体でそうした人材の育成プロセスとしよう、という発想が重要と思われる。

とすると、海外展開投資を抑制するということは、そうした海外で活躍できる人材の育成プロセス自体も抑制することにつながってしまう。意図せざる結果であろうが、そうした海外派遣人材の不足が、実は２０１５年ごろから深刻になってきたのではないか。

そうした不足の顕在化の理由として私の現場観察の結果として感じるのは、リーマンショック以降に日本企業が新入社員採用を絞り始め、しかしリーマンショック後の回復プロセスで、必要な人材の量が国内で増えたことである。そうした新人が何年か後に現場で活躍できる時期にさしかかったときに、海外派遣と国内での事業展開で、人材の取り合いが起きてきたのではないか。

それに加えて、それまでの海外展開投資の抑制ゆえに育つべき海外人材が思うように育っていなかった。だから、2015年ごろから海外派遣人材が不足するようになってきた。

それを示しているのではないかと私が思うのが、海外事業活動基本調査での海外現法への日本側からの派遣者数のデータである。このデータは、しばらく前までは毎年は調査に入っていなかったのだが、データが入手可能な2007年以降の日本側派遣者数と現法売上を同じ図にグラフ化したものが、図2-7である。

日本側からの派遣者数は、海外現法の売上がまだ成長していた2014年に早くもピークを迎え（6万6000人ほど）、その後は基本的に右肩下がりで下がってきている。それとともに、因果関係は必ずしも明瞭ではないが、海外現法の売上もこのころから伸び悩みが顕著となり、ついに2019年から下降を始めてしまった。2014年という年は、図2-5の海外現法設備投資もほぼピークとなる年である。海外現法

図2-7　現法売上と日本側派遣者数

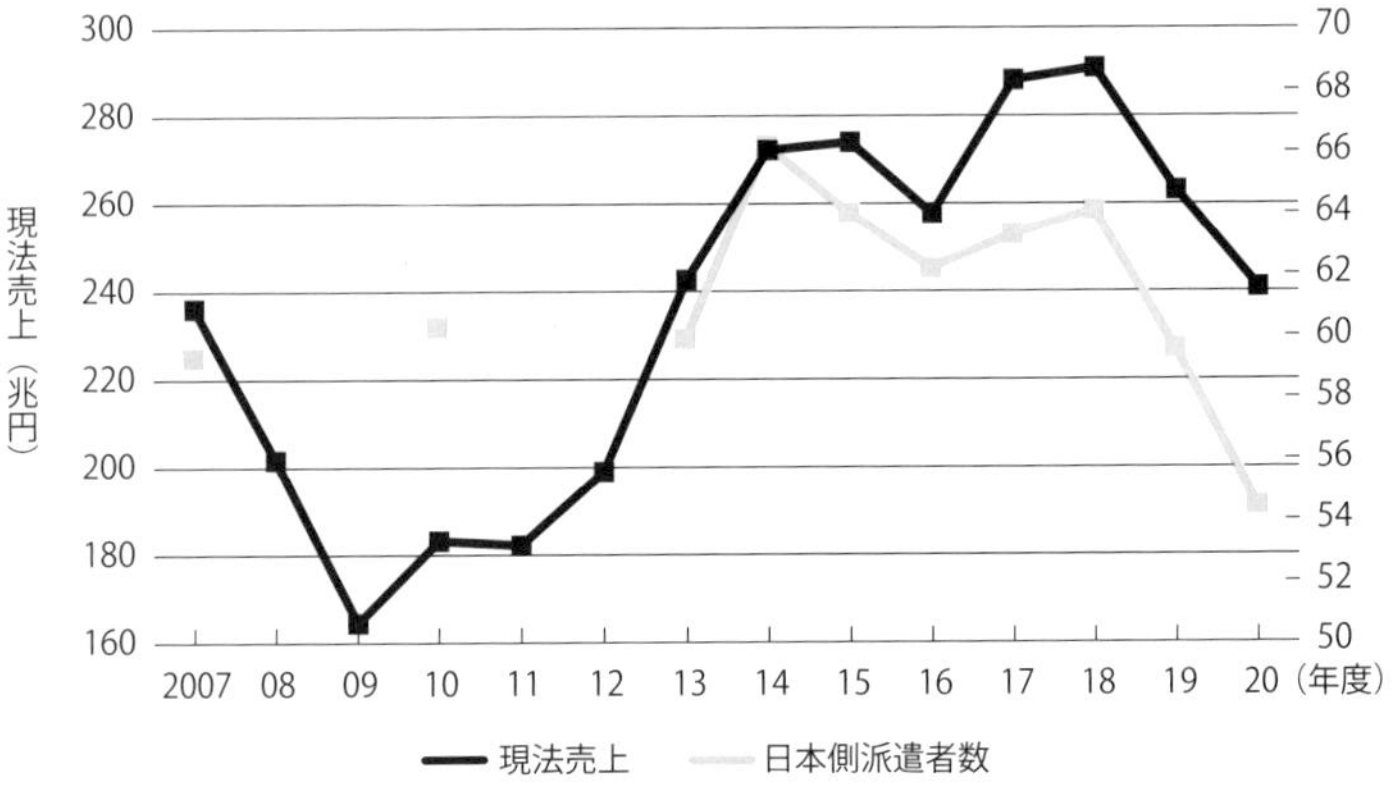

出所：海外事業活動基本調査

での設備投資もそれ以降は横ばいになっていくのである。

あたかも、日本企業のグローバリゼーションが２０１５年前後をピークに、低迷から縮小の局面に入っているかの如くである。いかにも早すぎるピークアウトである。まだまだ日本企業のグローバリゼーションは進展していかないと、伸びの期待できない国内市場では日本企業の成長を担保できないのに、といわざるを得ない。

海外派遣人材の不足という壁のさらに背後には、英語という言語の壁がありそうだ。アメリカ企業なら本国の人間はそのまま母国語（つまり英語）を使って現地での事業展開のかなりの部分をすぐにこなせる。世界中に英語を使える、あるいは使いたい現地人材が多いから、彼らを相手にすればいいのである。

英語が国際標準語になったのは、別にアメリカ企業の努力の成果ではない。大英帝国が英語を国際標準語にしていたという歴史的状況の恩恵を、アメリカ企業が受けているのである。

しかし、日本企業は言語という面ではハンディキャップをもって海外展開を行わざるを得なかった。日本語がローカル言語だからである。

その言語の壁を考えれば、実は人材育成のためにも海外展開投資を特に活発にする必要性を日本企業はもっている。その日本企業が海外展開投資を「可能である限界までできちんと行わない」という投資抑制をしてしまうと、それが将来の人材不足の原因にもなってしまう。

さらに、国際標準語である英語が使える日本人社員の数を大きく増強するという戦略を、もっと早くからとるべきだった。その中から、海外展開投資を担える人材が育ってくるはずなのである。

ここでは、実は投資と人材育成のイタチごっこが起きている。海外展開投資を行うための人材が十分ではない。そこで無理をしてでも海外展開をしないと、将来の人材が育たない。だから将来も海外展開投資を抑制せざるを得なくなる。

前項とこの項で扱った「為替変動の大きさ」と「海外派遣人材の不足」は、海外展開投資のあり方を決めるきわめて基礎的な要因である。そこに課題を抱えていることを十分に認識した上で、日本企業の海外展開戦略は練られる必要がある。英語対策も含めてである。だからこそ、ことさらそうした課題を意識して投資戦略を**長期的視野**でつくる必要があるのである。

厳しいいい方になるが、そこまでの長期的視野の戦略を、多くの日本企業はつくってこなかったのではないか。トヨタなどの例外はもちろんかなりあるだろうが。

人材投資の過剰抑制

日本企業による投資の過剰抑制の第三は、全般的な人材育成のための投資の抑制である。企業内の研修や教育、あるいは大学での基礎人材教育への企業としての関与不足（あるいは資金提供不足）などさまざまな形での人材投資が、失われた三〇年の日本企業では少なすぎた。

ある経済評論家が2022年に、「日本企業は『人材』に投資しなさすぎ……これでは経済成長できなくて当然だ」と題する記事を書いているのを読んだことがある。まったく、同感である。

半分冗談のように、経済が不況になると企業が削りたくなる3つの費用を3Kといったりする。教育、広告、交際費、というローマ字にするとKで始まる３つの費用項目である。その費用の抑制がまさに、特に教育については、大規模にこの30年間にわたって起きてきたようだ。設備投資の抑制よりもさらに人材投資の抑制度は強かったように思う。

ただし、企業の人材投資の日本全体の総額を把握するのは難しい。法人企業統計にも、「研修費用」や「教育活動経費」のような項目はない。したがってさまざまな方法で推計するしかないのだが、幸いにも１９９５年以降については信頼できる研究者である宮川努氏と滝澤美帆氏による推計が利用可能である。私も彼らの成果を使って、以下の分析をしている。

図２-８が、２人の論文（宮川努、滝澤美帆「日本の人的資本投資について」経済産業研究所ＲＩＥＴＩポリシー・ディスカッション・ペーパー 22-P-010、２０２２年５月）にあるグラフである。

データがないのでバブル期の日本企業の人材投資額がどの程度だったかはわからないのだが、１９９５年以降の日本企業の人材投資額は、リーマンショックまでは２兆円前後でゆるやかに増減を繰り返していた。

設備投資が40兆円前後だったことと比較すると、その５％程度であった。それほど小さすぎる割合とも思えないが、そもそも設備投資が抑制されていたことを考えると、

図2-8　人材投資額の推移

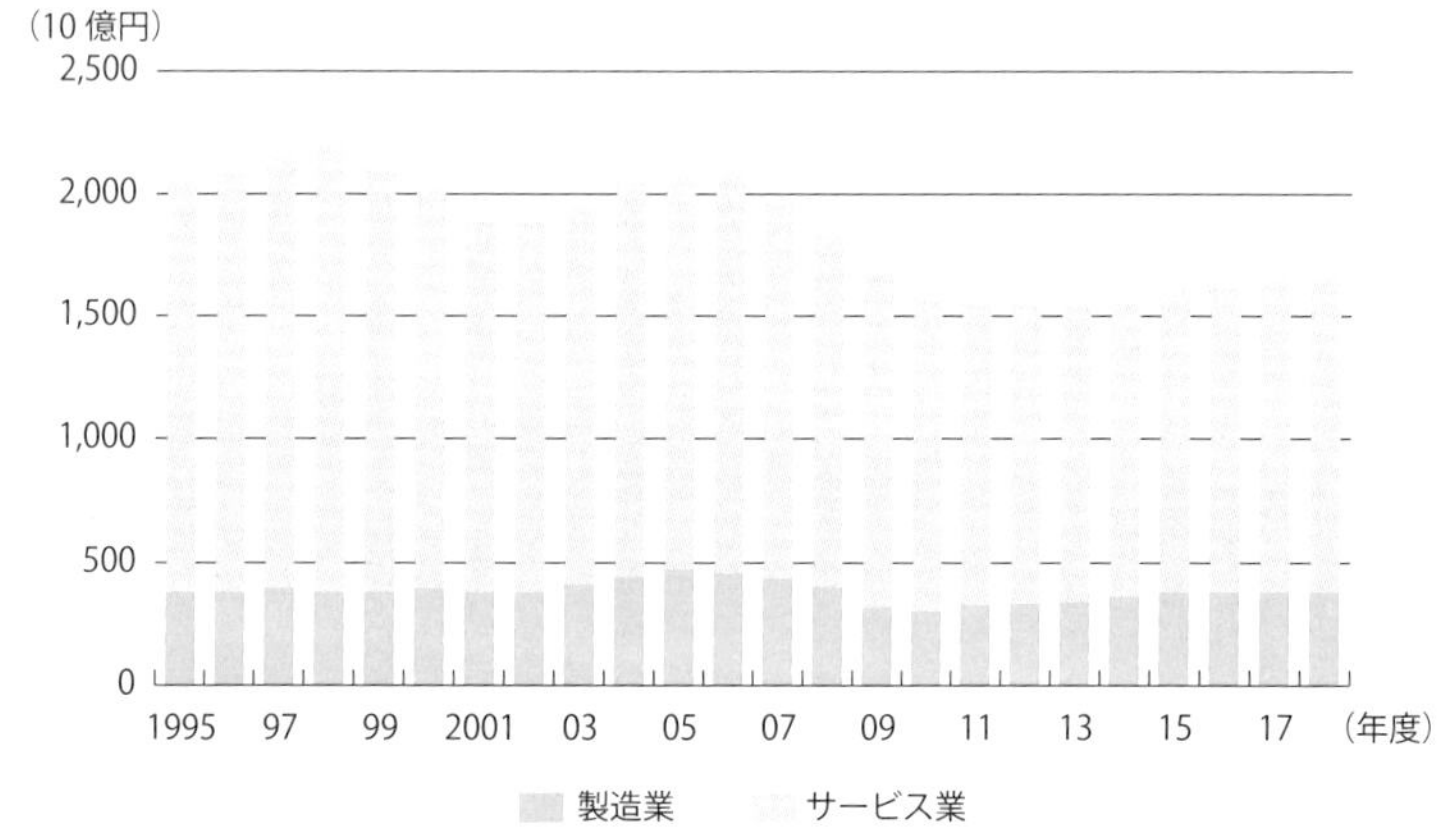

出所：「JIP2021」データベース

人材投資も抑制されていたと思うべきであろう。

しかし、問題はリーマンショックの後のグラフの動きである。

日本の人材投資がピークとなったのは、金融危機の１９９８年とリーマンショック前夜の２００５年であった。そこから、リーマンショックで２０１１年のボトムまで下がり続け、減少幅は５０００億円ほど（つまりピークから25％減）にもなった。しかも、そのボトムから２０１８年まで２０００億円程度しか回復しない。結果として到達できた２０１８年の人材投資のレベルは、１９９５年以降のピークの77％程度しかないのである。

それは、図２-５にある設備投資のグラフが見せる回復とは、かなり異なる。

設備投資もボトムは２００８年から２０１１年ごろまでなのだが、その後の回復はかなりのもので、２０１８年にはバブル期を除いて過去最高水準にまで戻るのである。１９９５年以降の設備投資のピーク（リーマンショック直前）を10％以上も上回るところまで回復した。

この回復すら、私は設備投資抑制の分析をした項では、「まだまだ不十分」と評価した。それと比べれば、リーマンショック後の人材投資の回復はもっと不十分で、「まったく不十分」というべきであろう。少なくとも、設備投資（あるいは対外直接投資）よりもかなり鈍い回復しかしていない。

人材が企業成長の源、としばしば日本企業の経営者たちはいう。しかし、実際に彼らの育成のために使っている資金量を見れば、その言葉を額面通り受け取るわけにはいかない。むしろ「人材が大切といいながらも、設備投資よりもかなり軽視している」といわざるを得ない。

さらにいえば、２０２１年の日本企業の設備投資額が配当額（22兆円ほど）を下回ってしまった、と序章の冒頭部分で書いたが、２０１８年の人材投資（１・７兆円ほど）はその巨額の配当の８％を下回る程度の金額でしかないのである。

配当を増やし続けて、設備投資はそれほど増やさず、人材投資は緩慢にしか増やさない日本企業、という姿が、図２‐８が見せる２０１０年代の日本企業の姿である。

国際的な比較でも、日本企業の人材投資はかなり少ないと思われる。

人材投資金額の算出が国によって違う（たとえば、オンザジョブ（仕事の場での）の訓練費用を日本のデータは算入していないし、オフザジョブ（仕事の場を離れた）の研修の費用計算でも海外のデータはその研修期間中の人件費（つまり失った労働の価値）を算入したりしている）ので厳密な比較は難しいのだが、宮川、滝澤論文の国際比較データははっきりと日本の大きな劣位を示している。

たとえば、オフザジョブ研修費用を中心とする人材投資のＧＤＰ比率でいえば、２０１０年代のアメリカの人材投資比率は０・99％だが、日本のそれは０・34％にすぎない。２０００年代の日本の数字はそれより少しよかったが、ほぼ同じような数字である。

つまり、日本の人材投資レベルはこの20年間にわたってアメリカの３分の１程度、ということになる。ドイツの人材投資はさらに大きく、日本の数字はドイツの４分の１程度にしかならない。

つまり、国際比較でも人材投資に熱心でなくなった日本企業、バブル崩壊後に人材投資を抑制し、そして２０１０年代にそれ以前よりもさらに人材投資を抑制してしまっている日本企業、そんな姿が浮かび上がる。

しかも、抑制している設備投資よりもさらに人材投資を抑制している。過度な投資抑制が日本企業の人材投資でも起きてしまっている、と結論するのが適切であろう。悲しい姿である。これでは、将来への成長の議論はどこかウソの議論になってしまいかねない。

私は1987年に『人本主義企業』（筑摩書房）という本を出して、日本企業のそれまでの成長の背後には「ヒトのネットワークを大切にして、そこに成長の源泉を求める」という原理があった、と書いた。しかし**2010年代の日本企業では、人本主義は死んだ、と結論しなければならないのだろうか。**

人本主義が死んだかどうかは別にして、日本企業がかなり経営を間違えてきた、だから成長できなくなった、という仮説は否定できそうにない。それは、この本で私が「漂流する日本企業」と呼んでいる現象の、シリアスなひとつの側面である。

デジタル人材投資の巨大な遅れ

コロナショックで、日本のデジタル化の遅れがきわめて明瞭になった。そして、同じコロナショックをかえって追い風にして、アメリカのインターネットプラットフォーム企業が世界を席巻している。俗にＧＡＦＡＭ（Google, Apple, Facebook（現社名Meta), Amazon, Microsoft）とイニシャルで呼ばれるアメリカ企業である。

この5社の株式時価総額が東京証券取引所上場の日本の全企業合計の時価総額よりも大きい、という報道があったのは2021年のことだった。それほどこの5社の世界的パワーが強い、という印象を与える報道であった。

たしかに、日本の普通の企業のデジタル化が遅れているだけでなく、この5社に匹敵できるような日本のインターネットプラットフォーム企業は皆無である。

その基本的理由は、日本企業のデジタル化投資戦略やインターネット関連企業の事業戦略自体にもないわけではないが、それよりも深刻な理由は、日本企業へのデジタル人材の供給、特にインターネット関連事業のためのソフト開発を行えるコンピュータサイエンス人材の供給の大きな遅れである。特にアメリカ企業と比べて極端なほどの遅れがあり、それが長期間にわたって続いている。

したがって、企業が利用可能なそういう人材量が日米で違いすぎる（アメリカが圧倒的に多い）。そのために日本企業はアメリカ企業のようなデジタル戦略、インターネット事業戦略をとうてい実行できないのである。

それは、日本企業の人材投資が大きく遅れた象徴的な分野がインターネット分野だった、ということである。しかもその背後には、「企業の責任がすべて」とはとてもいえないような深い問題があった。

日本企業へのデジタル人材の供給が特にアメリカと比べてきわめて弱かった原因は、

2つある。ひとつは、日本の大学システムが大量の人材を供給してこなかったこと。アメリカとのすさまじい差については、後にくわしく述べよう。だから、日本企業としては日本語でこの分野の仕事ができる（つまり日本企業にとっては言語的に都合のいい）人材の獲得に大きく遅れざるを得なかった。

第二に、日本企業が海外のデジタル人材供給源に積極的に獲得の手を伸ばさなかったこと。ここでは、主に英語圏（特にアメリカやインド）からの人材獲得にもっと投資すべきだったのに、それが大きく遅れた。

実は2つの理由とも、日本企業にその全責任を負わせるのはフェアではないと思われる。第一の理由では、第一義的な責任は日本の大学システム（さらにはその背後の日本政府）にあるし、第二の理由での背後には、日本語というローカル言語を母国語とするという壁が日本企業に立ちはだかっているからである。

まず、日本国内のコンピュータサイエンス人材のすさまじい供給不足問題を考えてみよう。

しばしば大学院教育をも必要とするＩＴソフト基礎人材（より具体的にはコンピュータサイエンス分野の人材）の供給源は、どこの国でもまずその国の大学セクターである。その大学セクターから企業への供給量で、日本は圧倒的にアメリカに負け続けてきた。この分野で日本が国際的に戦おうにも、兵隊さんの数でアメリカに圧倒されてきた、ということである。

日米のコンピュータサイエンス人材の供給量の差は、およそ10倍の違いが30年間続いてきた、という巨大なものである。その差は、毎年累積されて、人材のストック量の差として積み上がっていく。気の遠くなるような差である。

アメリカの大学統計（Digest of Education Statistics）を見ると、昔からコンピュータ・情報科学、という分類が工学と並んで存在していた。1986年のこの分野の学士卒業生は4万2000名、修士卒業生は8000名だった。そして30年後の2015年には学士卒業生は6万人に、修士卒業生は3万1000人に増えている。特に修士レベルの巨大な増加が注目される。この間の30年間、これだけ大量のIT・インターネット人材がアメリカでは大学から社会に供給され続けていたのである。

ところが日本では、コンピュータ科学とか情報工学という分類すら文科省の大学統計（学校基本調査）にはない。近いとすれば経営工学であろうか。あるいは電気通信工学の分野のかなりの学生がコンピュータを専門としている可能性もあるし、工学分野でその他と分類されている専攻のいくつかがコンピュータ関連である可能性もある。

そこで、正式の統計がないところでの私なりの推定のために、仮に経営工学の6割、電気通信工学の2割、その他の学生の1割が、コンピュータを専門にしていたとやや多めに仮定すると、日本の大学が社会に供給してきたコンピュータサイエンス人材の総量は、１９８６年で学士８４６０名、修士６５３名程度と推定される。２０１５年でも、学士９９９０名、修士３０２４名である。

この大学からの供給数の日米倍率（アメリカが日本の何倍になるか）を計算してみると、１９８６年で学士5倍、修士12倍となり、２０１５年には学士6倍、修士10倍である。アメリカとの差はまったく縮まっていない。ということは、この30年間、学士で5倍程度、修士で10倍程度の人材の供給量格差が日米の間で続いていた、ということになる。インターネットプラットフォームの開発のためには、修士レベル以上の人材がしばしば重要となるので、私は先に「日米の間には、10倍の格差が30年間続いてきている」とまとめ的に書いたのである。

ちなみに、日本のエレクトロニクス産業がアメリカを追い抜いて世界で大活躍していた時代（１９７０年代から１９８０年代）では、その10年ほど前の１９６０年代から日本の大学が供給する電子工学分野の学士数がアメリカの2倍以上という時期が10年以上も続いていた。

大学を出て10年ほどで現場の本格的戦力となることを考えると、その人材供給量の差がエレクトロニクス産業で日本がアメリカを凌駕できたもっとも基礎的な理由であろう。

それとはまったく逆の現象が、平成の時代を通じてＩＴ・インターネットの分野で起きていた。日本企業がこの分野で遅れるのも、当然なのである。決して、アメリカでベンチャーが盛んだという理由が主因ではない。

たしかに、ＧＡＦＡＭはすべてベンチャーとしてスタートした企業ではある。アメリカ型のベンチャーの仕組みが彼らの成長を助けたことを否定しないが、しかしそれをもって日本がこの分野で大負けしている本質的な理由だとは思えない。

国内の大学からの人材供給量の差に加えて、海外からの供給量にも、日米の間には差がある。アメリカのデジタル企業では、海外で教育を受けた人材がたくさん働いている。特にインド系の人が多い。英語を話せれば、アメリカ企業で働けるからである。また、１９９１年の米ソ冷戦の終焉の後には、ロシア・東欧の優秀な人材でアメリカに移住した人も多かった。その中には、コンピュータサイエンスの教育を受けていた人も多かっただろう。アメリカがそうした人を優先的に移民として受け入れたと思われるからである。

インド系や中国系など、アメリカを舞台に世界的な勝負をしたいと思う海外人材は、アメリカにとっては豊富にあった。ここでも、英語というアメリカの言語が彼らのアメリカ社会への受け入れを容易にした。

日本企業には、こうした海外からの人材供給の道がないわけでないが、日本語という世界的にはローカルな言語を母国語とする日本企業は、英語という国際標準言語を母国語とするアメリカ企業に対して、人材採用の面で大きく不利にならざるを得ない。日本企業だからというよりは、日本語の壁というべきであろう。

以上、日本のデジタル化の遅れの原因となった人材獲得の圧倒的な弱さの2つの根源的理由（大学システムによるコンピュータサイエンス人材供給量の小ささと英語という壁による海外からのコンピュータサイエンス人材獲得の遅れ）を述べたが、すでに先に書いたように、それをすべて日本企業の責任にするのはフェアではない。大学システムからのデジタル人材供給の少なさは、国のデジタル人材投資の巨大な遅れというべきであろう。

しかし、企業として責任を感じるべき部分もまたあると思われる。日本の大学システムからの供給不足については、政府や大学にその是正の必要性を激しく訴えるという道もあり得たはずである。

海外からの人材獲得については、これは海外派遣人材の不足の際にも述べたことだが、日本語の壁を乗り越え、英語を企業内で使う人材を大きく強化する戦略をもっと早くからとるべきだった。日本語というローカル言語を母国語とするという日本企業のハンディキャップを、もっと深刻に早い段階から意識すべきだったのである。

第3章 カネは配当へ流れた

投資抑制で「節約した」カネは、どこへ行ったのか

3つの投資（設備投資、海外展開投資、人材投資）で日本企業が過剰な抑制をしてきたことは「失われた三〇年」での日本企業の大きな間違いだった、と前章で指摘した。それは、**投資という成長にとってもっとも基本的な判断での、「漂流する日本企業」と呼ぶべき哀しい現実**である。

ただし、そうして投資抑制すれば、その分だけカネの節約にはなっている。**では、その節約されたカネはなにに使われたのだろうか。カネはどこへ行ったのか。**

将来への投資を節約するくらいだから、他のさまざまな費用もかなりムダなく使っていると想定していいだろう。そうすると、投資節約によって浮いたカネの使い道は、基本的には3つであろう。ひとつは、働くヒトに分配すること。つまり、人件費を増やすこと。第二に、株主への配当を増やすこと。そして第三に、どこにも外部流出させずに、企業内部で貯めておくこと。

この章で明らかにする日本企業のカネの使い道の特徴は、大企業も中小企業も第一の道（人件費増加）にはあまり使わなかったことであり、そして大企業は第二の道を優先し（第三の道も使ったが）、中小企業は配当増という道はとらずに第三の道（内部

留保確保）に走った、ということである。

残念ながらここにも、日本企業が犯してしまった大きな間違い、漂流があったようだ。

経済は循環している。企業がなんらかの形でカネを使えば、それが自社の外に流れて、そこでの経済活動を刺激する。その刺激が、日本経済としての成長につながりにくいカネの使い方のパターンを、日本企業全体としてとってしまったようだ。

たとえば、人件費を日本企業全体が増やせば、その大半は日本での従業員に支払われることになるだろうから、それが彼らの家計所得となり、彼らの消費を刺激する。消費が経済全体に占める比重は高いから、それが日本としての経済成長となり、それはまわりまわって個々の企業を潤すことになるだろう。

もちろん、株主への配当を増やしても、それも経済を刺激するだろう。配当増加を享受する株主が投資活動や消費活動を活発化させることは十分ありうる。ただし、株主のかなりの部分が外国人株主であることから、配当増加は日本国外へのカネの流出とつながる可能性がかなりあり、日本経済への刺激のインパクトは人件費増加のときよりも小さいであろう。

さらに、企業が内部留保を増やせば、その留保されたカネが設備投資以外の投資に回ることもあるだろうが、現預金などの流動資産を増やすだけに終わることも多く、

図1-7　労働生産性と1人当たり設備投資：大企業

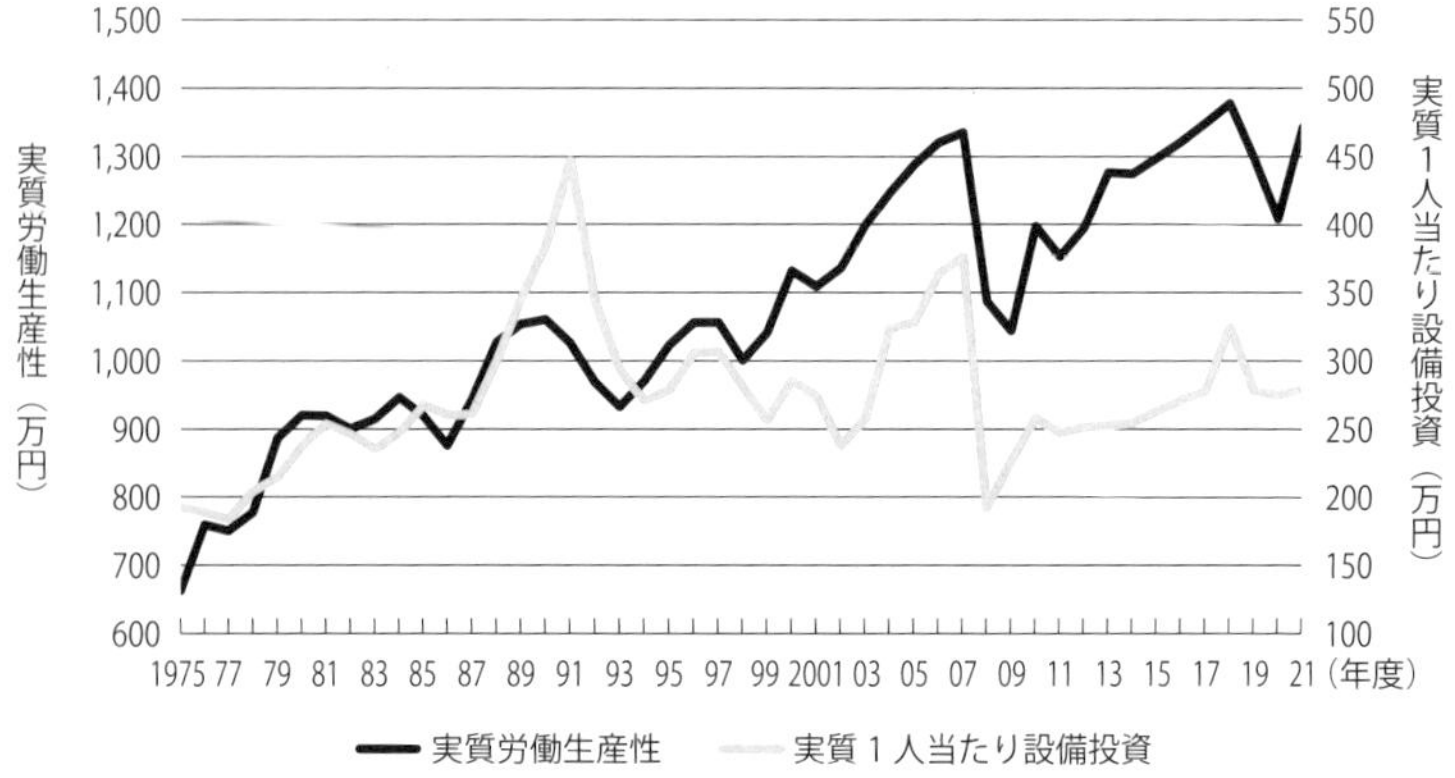

出所：法人企業統計調査

経済の循環へと回る部分は家計所得増加の道ほどは大きくないだろう。

もちろん、日本企業が、特に日本の大企業が、株主への配当を増やし、内部留保の確保に走る背景にはそれなりの理由があるにはあった。

それもこの章で検討するが、結論的にいえば、「本当にそこまでの配当増加や内部留保確保が必要であったか」と私は疑問を抱いている。バブルの崩壊と銀行システムの大再編の後、日本企業が過度にリスクに敏感になり、また過度に株主志向になり、過剰な反応をしてしまったのではないか。

たとえば、日本の大企業の設備投資の抑制がリーマンショックの直後にかなり極端な大きさ（つまり設備投資の大幅落ち

金融機関借入金（固定負債）

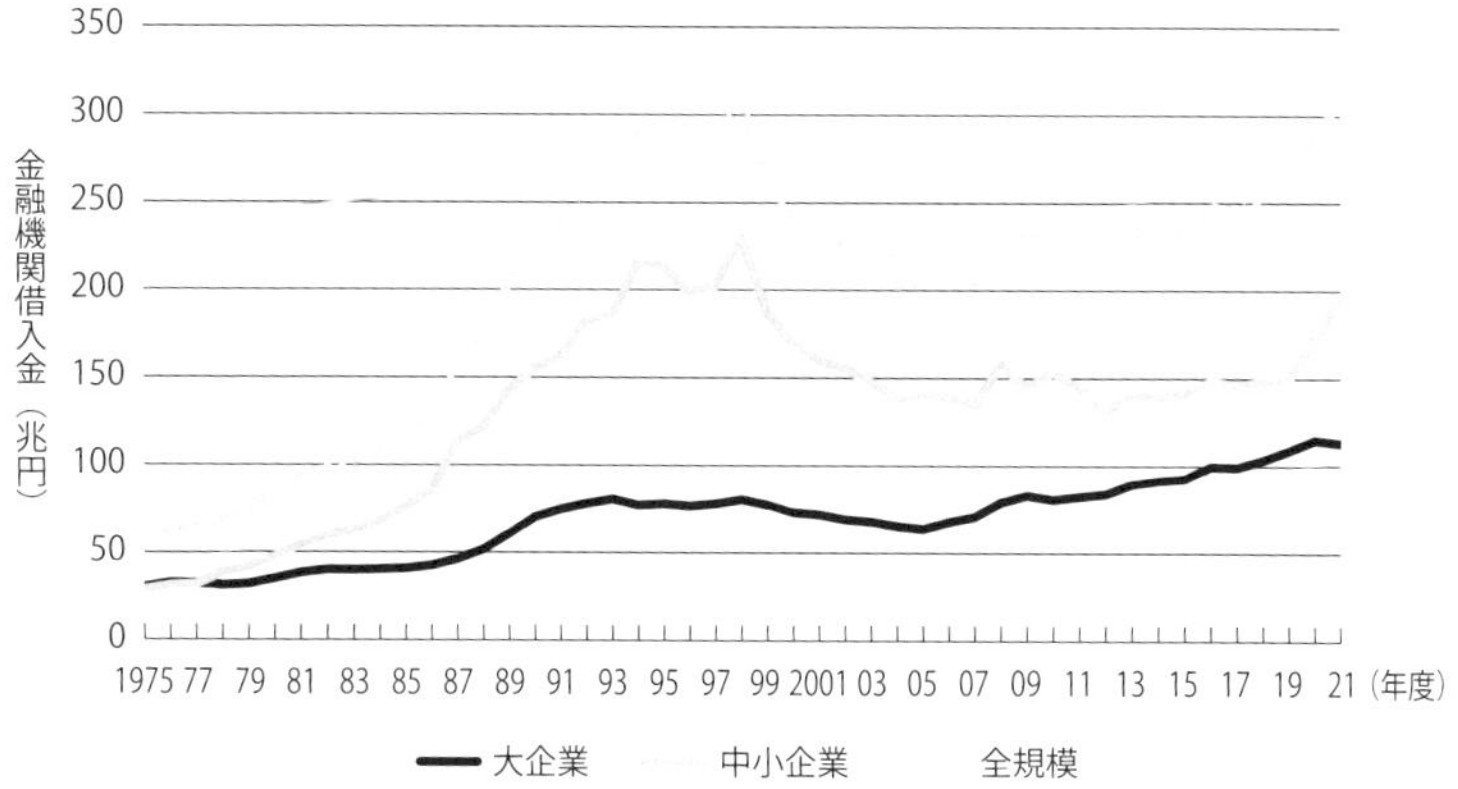

出所：法人企業統計調査

込み）だったことは、再掲図1-7ですでに見た通りである。しかし、リーマンショック後の回復過程での日本の大企業の行動パターンには、やや不可解な点がある。

再掲図2-3で明らかにしたように、借入金残高はある程度増やしている。しかも経常利益率が大きく改善して内部のキャッシュフローが増えたにもかかわらず、キャッシュフローからの設備投資の比率はむしろ低下していった（再掲図2-2）。つまり、キャッシュフローが増えても、借り入れが増えても、設備投資はそれほど増やしていない。

その増えたカネは主に配当の増加に使われた、というのが後に示す図3-2が示すかなり衝撃的な事実である。そして

再掲 図2-2　キャッシュフローからの設備投資比率

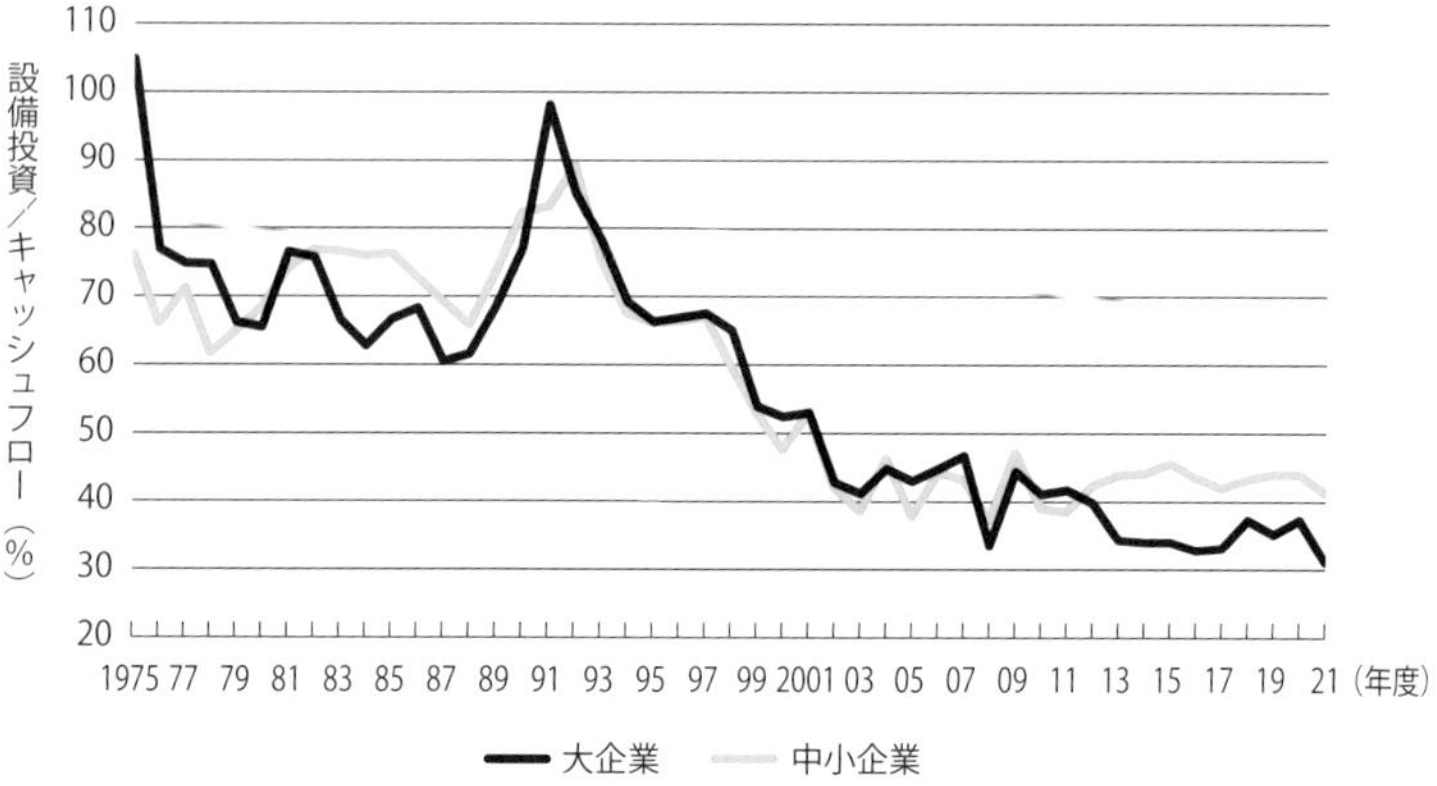

出所：法人企業統計調査

２０２１年には、配当が設備投資を上回るほどにまで増えてしまった。なぜ、投資を抑制してそこまで配当を大きく増やす必要があったのか。それも以下で検討するが、説得的な理由を私は見出せなかった。ただ、**株式市場からの「糾弾」を避けるために配当を増やしていった日本の大企業**、というのが私の推論結果である。

株式公開をしていない、つまり株式市場からの圧力にさらされていない日本の中小企業がほとんど配当増加という行動をとっていないことが、その推論の正しさのひとつの証拠である。

同じ日本経済の中の企業なのに、これほど大きな差が２００１年以降の日本の大企業と中小企業の間にはあったのである。分析してみてはじめて私自身も驚くような、あまりどこでもいわれていない結果であった。

さらにいえば、カネの配分は単に事業活動が生み出したキャッシュフロー（経常利益に減価償却を足し戻した金額）の配分だけが問題なのではない。そもそも企業は、市場経済の中で付加価値を生み出す存在として、存在意義がある。その付加価値から、労働の提供者への分配として人件費の支払いがあり、資本の提供者への分配として配当や銀行への利子支払いがある。さらに、社会インフラを提供する政府に対する付加価値からの分配として税金の支払いがある。そしてそうした支払いをして残った部分は内部留保として、いわば企業自身への分配となる。

こうした付加価値の分配も以下では検討する。そこでも、日本の大企業を中心に、この20年以上の間に労働への分配を下げ、株主への分配を大きく増やし、企業自身への分配もかなり増やしてきた、という姿が明らかにされる。それが、日本企業全体として成長していくために、本当に正しいカネの分配だったのか。

こうして、キャッシュフローの配分と付加価値の分配という観点から「失われた三〇年」の日本企業の行動パターンをくわしく見るのが、本章の前半の役割である。

そして、その前半で明らかになる日本企業の実態が、バブル崩壊後の日本企業、リーマンショック後の日本企業の行動として、企業成長のために本当に貢献するようなものだったのか、経済合理性がきわめて高いものだったのか。それを考えるのが本章の後半の役割である。

キャッシュフローの配分はどこへ？

日本企業全体のキャッシュフロー（経常利益＋減価償却）の総額は、2021年で125兆円ほどの大きさであった。そのうち、大企業が68兆円、中小企業が57兆円で、大企業が全体の約54％に当たる。この大企業と中小企業の比率は、この30年間にそれほど大きく変わってはいない。

キャッシュフローの使い道（配分）の最大のものは、成長する企業であれば普通は設備投資である。しかし一方で株主への配当の支払いもあり、内部留保として貯めるという使い道もある。あるいは、借入金の返済に充てる、という使い道もあるだろう。そうした配分の日本企業全体の姿を、設備投資、配当、内部留保に焦点を当てて描いたのが、図3-1である。

安定成長期には、圧倒的に設備投資への配分が大きかった。すでに前章でも見たように、70％前後だった。だから、企業は成長できた。しかしバブル崩壊とともに、設備投資への配分は大きく下がり（2001年まで）、40％前後にまで落ち込んで、そこ

キャッシュフローからの配分率：全企業

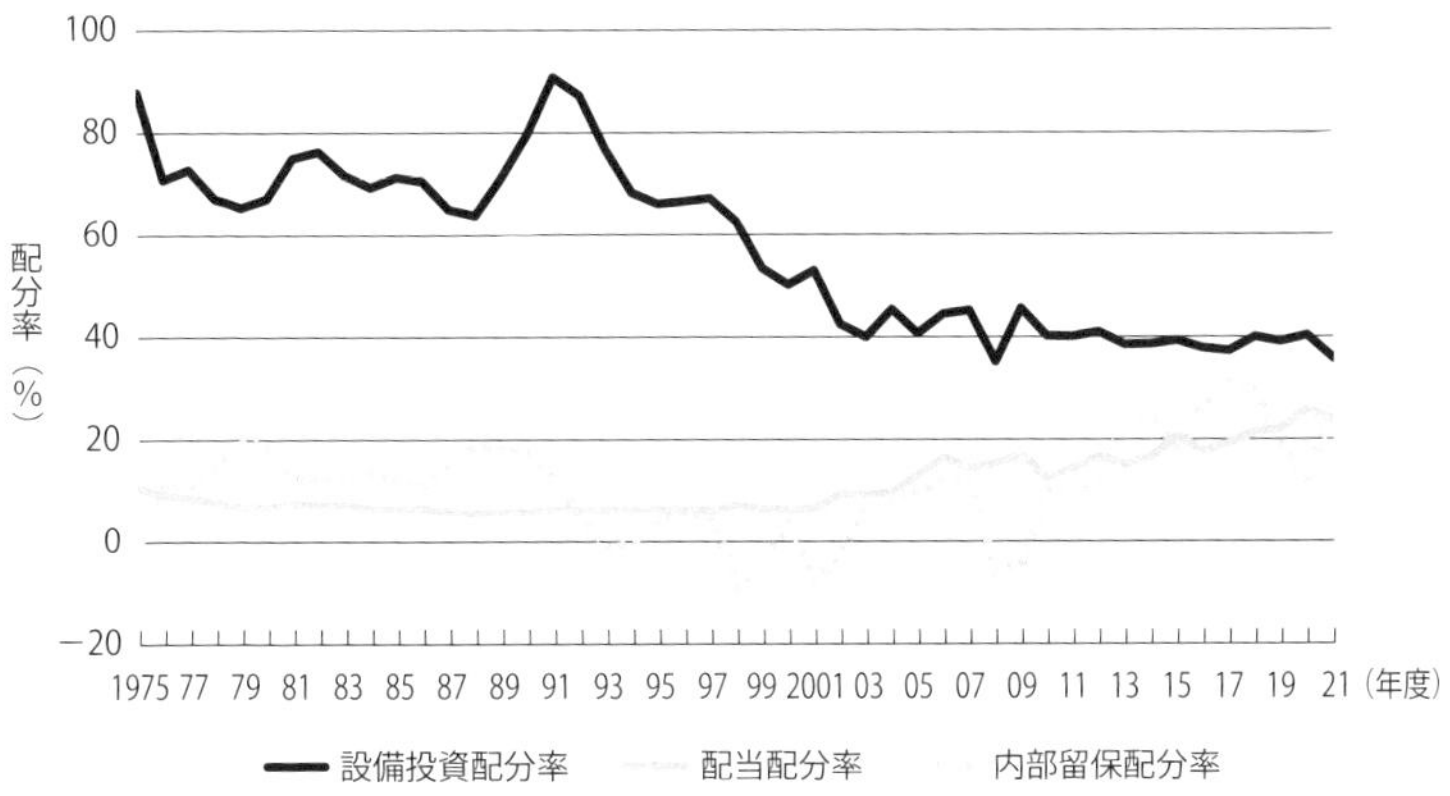

出所：法人企業統計調査

からはほぼ横ばいである。それが、成長しなくなった日本企業の姿の裏にある、キャッシュフローの使い方であった。

配当への配分率が２００１年ごろまで６％前後でほとんど安定しているのは、驚くべきことである。キャッシュフローはもちろん毎年増減するから、その増減に応じて一定割合の配当配分となるように、配当を調整していたということである。

しかし２００１年ごろを境に、配当の配分率はきわめて継続的に上昇していく。そして２０２１年には24％ほどにまでなっている。安定成長期の４倍の大きさである。

そして内部留保配分率を見てみると、２００１年以降はリーマンショックとコ

図3-2　キャッシュフローからの配分率：大企業

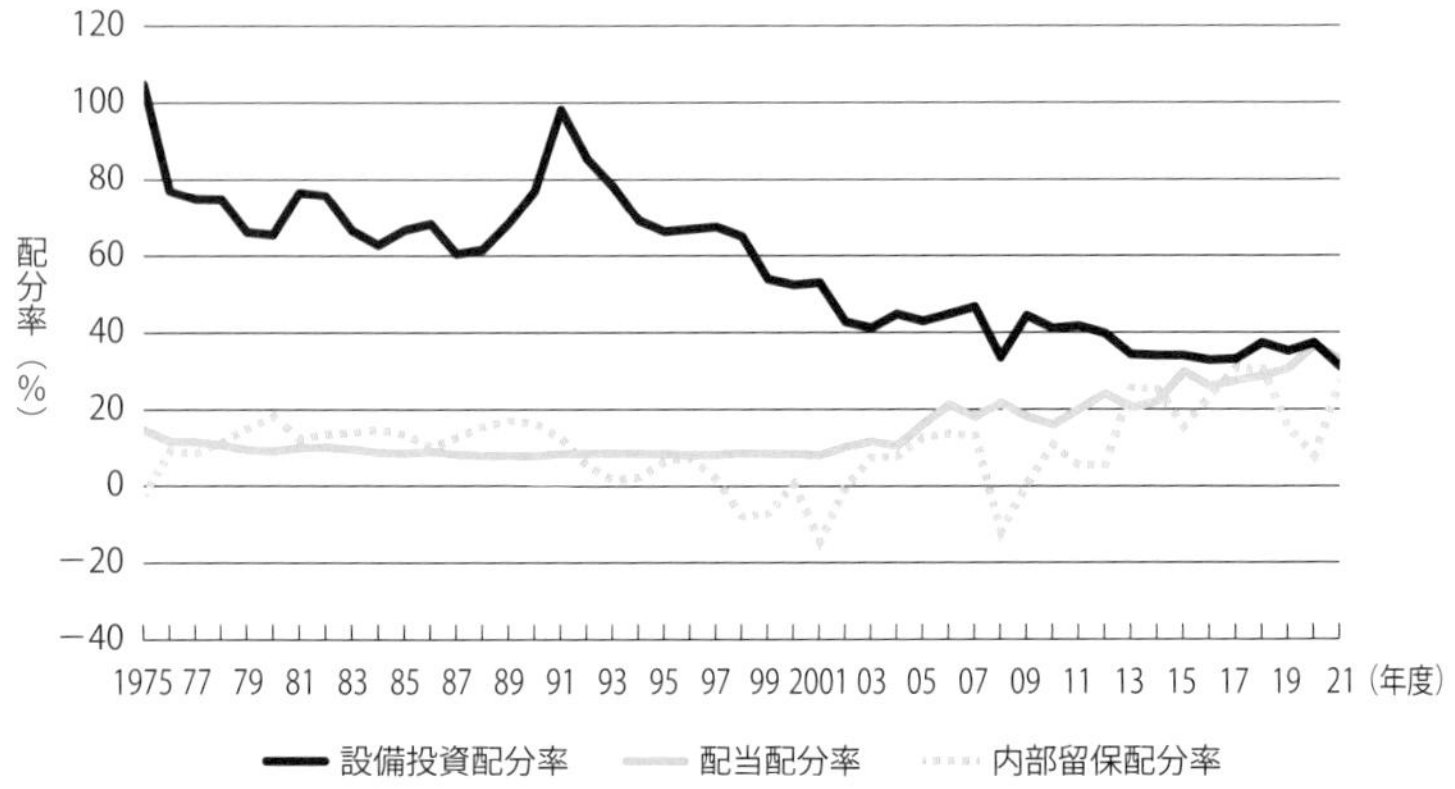

出所：法人企業統計調査

ロナショックでの大きな落ち込み（つまり利益が大きく下がったために内部留保をあまりできなかった）があるものの、傾向としては内部留保配分率を上昇させる行動がとられてきた、と考えていいだろう。

つまり、２００１年からの設備投資配分率が40％程度で横ばいを基本的に続けていることを考えると、設備投資を抑制して余ったキャッシュは主に配当、そして次に内部留保配分していた。しかも、配当の比重をきわめて一定したペースで上げていった日本企業という姿を図３－１は示している。

安定成長期に、内部留保への配分がつねに配当への配分よりも高かったのは、興味ある事実である。株主に配分してしまうよりは、企業内にとどめようとする

図3-3　キャッシュフローからの配分率：中小企業

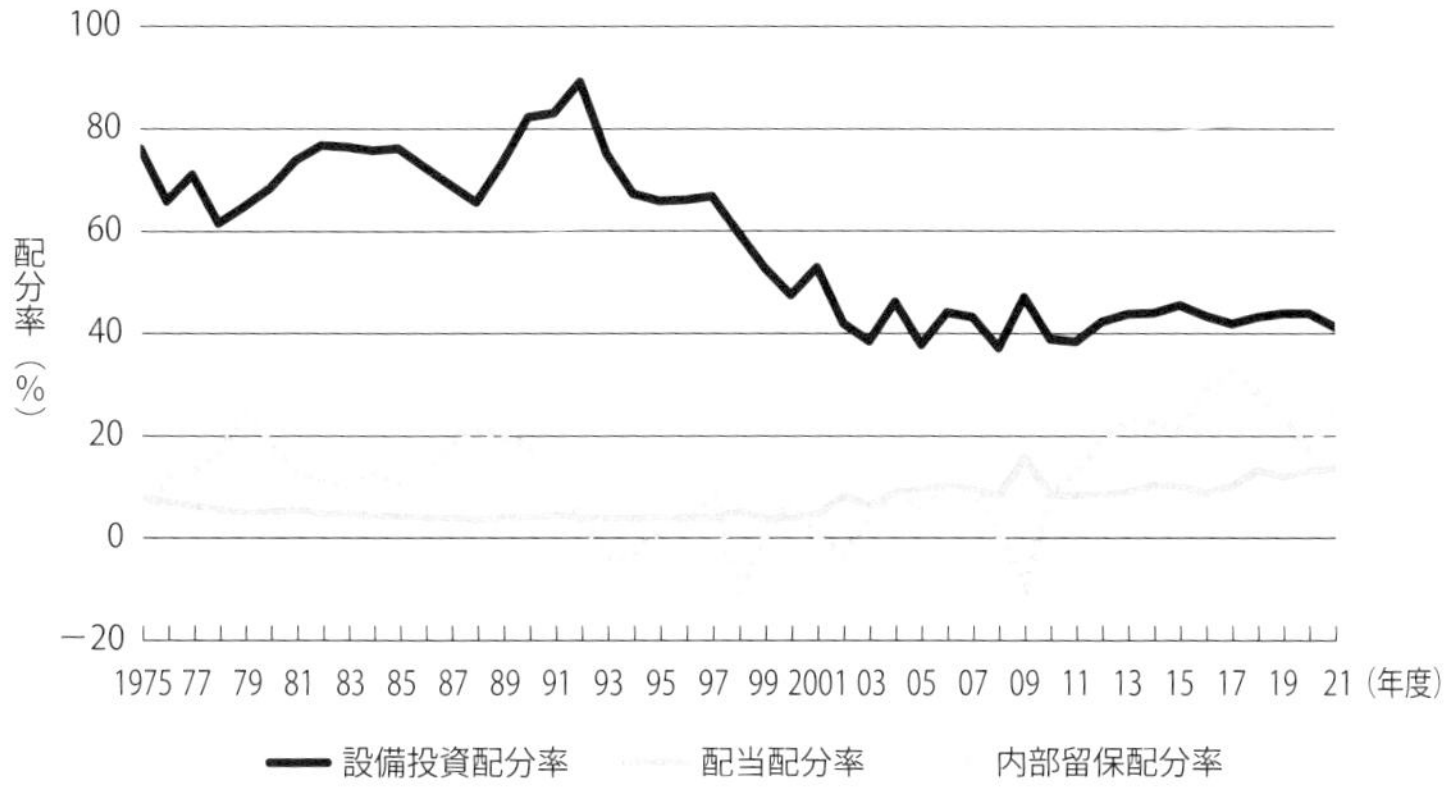

出所：法人企業統計調査

経営の意思の表れであろう。その姿勢は、２００１年以降は配当重視へと変わっていくのである。

ただし、キャッシュフローの使い道には、大企業と中小企業の間でかなりの違いがあることも、注視すべきであろう。それを見るために、図３-１の全体データを大企業分と中小企業分に分けたグラフを描いたのが、図３-２と図３-３である。

２つのグラフを比べてみてすぐにわかるのは、配当配分率の２００１年以降のパターンの大企業と中小企業の間の違いである。大企業は一貫して、かなり激しいペースで配当配分率を上昇させている。中小企業は、若干の上昇はあるものの、大企業よりはるかに低い上昇である。

その結果、大企業の配当配分率は２０１４年ごろから設備投資への配分率と似たようなレベルにまで大きくなり（コーポレートガバナンス改革の本格化は２０１４年からである）、とうとう２０２１年には設備投資より大きな配分となってしまう。

一方、中小企業の配当配分率は、２０２１年になっても設備投資配分率に近づきもせず、その４割程度のレベルである。

日本の大企業のグラフは衝撃的ですらある。最近のこれほどの配当重視では、とても成長はできそうにない。そして、中小企業の設備投資重視のパターンのほうがよほどまともな成長経営であろう。

この２つのグラフを比べてわかる、もうひとつの大企業と中小企業の違いは、設備投資配分率の推移のパターンの違いである。

大企業の設備投資配分率は、バブル崩壊の回復がある程度はできたと思われる１９９５年ごろにはいったん60％近辺で横ばいとなるが（この水準が実は安定成長期の水準）、１９９８年の金融危機の年から下げ始め、その後はほぼ一貫して低下していって、２０２１年には31・１％にまで落ち込む。この点、２０００年という早い時期から横ばい（40％前後）に変わる中小企業のパターンとは大きく違う。

しかも、２０１０年代の10年間の大企業の設備投資配分率は下げ気味で30％台半ばだが、中小企業のそれは40％台の前半を一貫してキープしている。中小企業のほうが大企業よりも設備投資に積極的だった2010年代、といえる。しかもその背景で、配当配分率の大きな差があったのである。

しばしば、「内部留保をしすぎの日本企業」とマスコミで評論されることが多いが、大企業については、バブル崩壊以降はほぼ一貫して配当への配分のほうが大きい。そして、中小企業の内部留保配分率が2010年代には一貫して配当配分率よりも大きいのである。

つまり、**リーマンショック以降の大企業と中小企業のカネの配分を比べると、配当を増やして設備投資を抑制する大企業、配当はあまり増やさずに設備投資をより積極的に行いまた内部留保も積み増す中小企業**、ということになるのである。

日本の中小企業の多くは、オーナー経営の企業であろう。つまり、主要株主が経営者自身あるいはその一族なのである。その中小企業では配当はそれほど重視されておらず、サラリーマン経営者が大半であろう大企業がこれほど配当重視の姿勢に2001年以降（特に2011年ごろから）になっている。それも、ついには設備投資を配当が上回るほどにまで。

なぜだろうか。それをこの章の後半で推論してみたい。

付加価値の分配を分析する意義

前項で問題にしたキャッシュフローからの設備投資や配当への配分という問題は、経営の意思決定として、それぞれの年に企業が生み出したキャッシュフローを将来のための設備投資か、現在の株主への配分としての配当か、そのいずれにどのくらいの大きさで配分するか、という問題であった。

その配分が大切な経営の意思決定である本質的な理由は、配当も設備投資もいずれも企業から外部へのカネの流出だが、その流出にともなって企業の成長への貢献があるかどうかが、かなり違うからである。

株主への配当の支払いは、支払い後は株主の自由にできるおカネとなる、という形で流出している。さらにその先の企業の成長への貢献は、あまりない、あるいは不確実である。不確実とは、将来の成長資金の調達のために増資を企業がしようとしたとき、配当を受け取った株主が増資に応じて成長に貢献するかどうか不確実だ、ということである。

なぜなら、将来の成長資金を資本金の増資という形で企業が調達しようとするかどうかも、また増資をしようと企業が将来決めたときに現時点で配当を受け取っている株主がその増資に応じてくれるかどうかも、配当支払いの時点ではわからないからである。

他方、設備投資の場合は、カネそのものはたしかに設備購入への対価支払いという形で企業から流出するのだが、そのキャッシュ流出の裏側で企業の将来の成長に貢献してくれる生産設備や研究開発設備が増強される。設備投資の内容の選択に大きな判断ミスがなければ、成長への貢献の可能性は高い。その意味で、設備投資にカネを使うというのは成長のための重要な手段、と一般に受け取られているのである。

つまり、前項でキャッシュフローの配分先として問題にした配当、設備投資、内部留保は、配当が完全なカネの外部流出、設備投資と内部留保はカネが完全に外部流出するのではなく、さまざまな資産に形を変えて（つまり設備や現預金あるいは有価証券）企業の内部にとどまり続けるのである。

平明にいってしまえば、完全外部流出すれば成長には貢献しない、企業内部で別な資産に形を変えれば将来の成長に貢献しうる。だから、企業成長への貢献という観点からすれば、設備投資がまず大切で、次に内部留保、ということに一般的にはなるのである。

もちろん、株主への配当支払いは、完全なカネの外部流出ではあるが、株式会社としては当然の、本来あるべき外部流出でもある。なぜなら、企業という経済組織体を構成するためにどうしても必要なカネとヒトという2つの基本要素のうち、株主はカネを返済期限などのない（つまり返済を求めないことを前提にした）資本金という形で提供してくれている存在だからである（返済を前提にした借入金という資本を提供してくれる銀行への支払いが、金利支払いである）。

しかし、企業という経済組織体を構成している2つの基本要素（カネとヒト）のうちのヒトを提供してくれている従業員に対しても、その提供への経済的見返りとして企業は人件費というカネを支払っている。そしてこの支払いも、企業という法人の観点からすれば、完全な外部流出である。従業員が受け取った人件費は、従業員が自由に使えるカネで、企業が企業の内部にとどめようとすることのできないカネの支払いである。

ただし、人件費の支払いの大小はしばしば、従業員の企業への参加意欲や実際の仕事のモチベーションに大きな影響を与えるだろう。大きな金額の人件費支払いを受けているほうが参加意欲や仕事の意欲の大きさにつながる、と一般的に想定できるからである。

配当の支払いも株主の企業への貢献意欲にはプラスの影響をもつだろうが、ただ株主の貢献は資本増強へのプラスの貢献が大きなもので、その貢献機会はそれほどしばしば訪れるものではない（この章の後半では、日本の上場企業の資本増強は驚くほど小さいことが明らかにされる)。

したがって、人件費が大きければ企業の成長にプラスの影響が生まれる可能性が高いが(もちろん、人件費支払いという意味ではカネのマイナスだが)、配当が大きくても企業の成長にプラスの影響が及ぶことはあまりないだろう。ただ、株式会社としては、当然に支払われるべき外部流出が配当なのである。

そこで、2つのカネの基本的外部流出先である配当と人件費が、企業の長期的存続や成長の可能性の観点からバランスのとれた比率になっているか、というのはきわめて大切な問題である。それを分析しようとするのが、以下のデータ分析で明らかにしようとする「付加価値の分配」である。

日本企業の付加価値分配パターン

企業が生み出す付加価値とは、企業が生み出すアウトプット(製品やサービス)の市場価値(つまり売上)から、そのアウトプットを生み出すために使ったインプットの市場価値(つまり外部から購入する原材料などの諸経費)を引いた差額である。つまり、市場で売ることで手に入れる金額と市場からインプットを買うために支払う金額の差額が、企業が生み出す経済価値、と考えるのである。

ただし、人件費は外部から購入しているものではなく、企業内部のヒトに支払われるべき分配額と考えて、付加価値計算の段階では差し引かれていない。したがって、おおよその概算として付加価値を営業利益などから逆算するためには、

付加価値＝営業利益＋人件費

と考えればよい。つまり、営業利益の計算ではすでに人件費が差し引かれているから、それを足し戻すと付加価値額が計算できるのである。

これが、企業が生み出す経済的価値の基本指標である。この概念は、一国の経済でいえば国民総生産に当たる。企業の「企業総生産」が、企業の付加価値なのである。

その付加価値から支払いを受ける資格のある人たちは、企業で働いている従業員たち、企業に必要な資本金を提供している株主、借り入れ資本を提供している銀行である。そして、国や地方自治体は社会インフラを企業に提供しているので税金の支払いを企業から受ける。そうした**さまざまな支払いを企業活動への貢献者たちにしてもまだ手元に残る残額が、企業の内部留保**である。

付加価値から従業員たちへの人件費の分配率を労働分配率（人件費／付加価値）、株主への配当の分配率を株主分配率（配当／付加価値）、銀行への金利支払いの分配率を

銀行分配率（借入金金利／付加価値）と呼ぶことにしよう。そして、内部留保は企業自身への付加価値からの分配と考え、企業分配率（内部留保／付加価値）と呼ぶことにする（政府への分配は、以下の分析では対象としない。通常はそれほど大きな重要性はない）。

日本企業全体の付加価値額は、２０２１年でほぼ３００兆円。そのうち、大企業が１０２兆円、中小企業が１９８兆円で、中小企業が日本企業の付加価値生産の66％を占めている。

その付加価値の分配パターンの日本企業全体の姿を描いたのが、図3－4である。この20年の動きを見やすくするために、グラフには銀行分配率は出さずに、グラフの数を３つだけにしてしばらく分析したい。のちに、銀行と株主の役割が逆転してきた歴史を見ることにしよう。

このグラフで、労働分配率は左軸、株主分配率と企業分配率は右軸で見てほしい。分配率の増減を３つの分配率の間で視覚的に比べられるように、両軸ともに目盛りを５％刻みにしてある。

このグラフが示すのは、次の３つの特徴である。

第一に、労働分配率が長期的にやや減少傾向にある。特に、リーマンショックの後は64％程度から２０１８年の56％程度までかなりの減少をしている（コロナショックでまた労働分配率は上がるが、これについては後に触れよう）。

図3-4　付加価値の分配：全企業

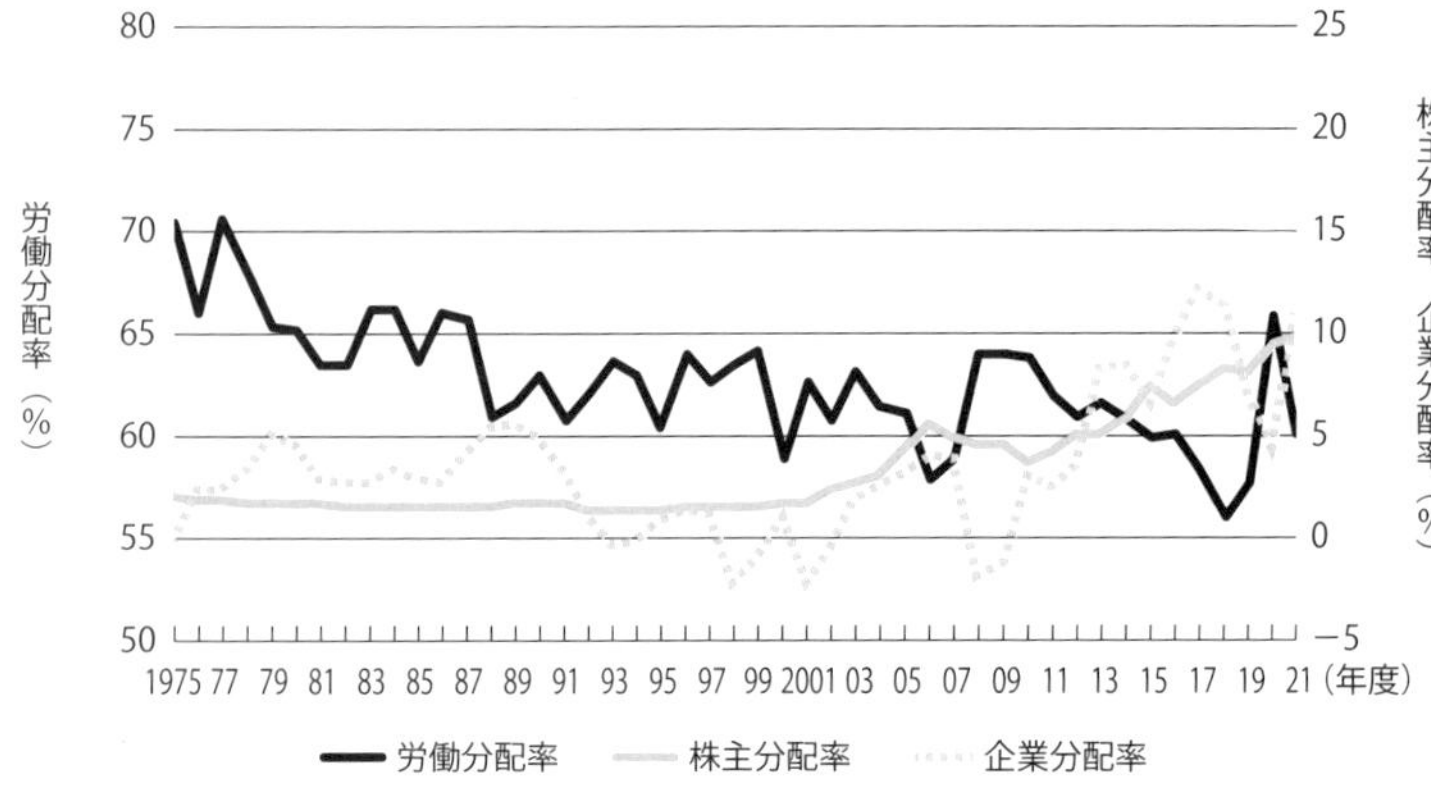

出所：法人企業統計調査

第二に、株主分配率が長期的にかなりの増加傾向にある。特に、２００１年ごろまでは１・５％程度できわめて安定していたものが、その後ほぼ一貫して上昇し、２０２１年には10％になった。すでにキャッシュフローの配分の際に見た２００１年以降の配当重視の長期的傾向が、付加価値の分配でも見られるのである。

第三に、労働分配率と企業分配率が逆の動きをする。つまり、景気がいいときには労働分配率が下がって企業分配率が上がり、景気が悪いときには労働分配率が上がって企業分配率が下がっている。

この第三の特徴は、日本企業が景気変動にかかわらず人件費を安定的に維持しようとする政策をもっていることを意味している。

景気が悪ければ、企業が生み出す付加価値額は伸び悩む、あるいは減少する。しかしそれでも人件費総額は維持しようとする（あまり首を切ったりしない）から、労働分配率は景気が悪いと上がるのである（これが、コロナショックの不況でも起きた）。

逆に景気がよくなっても企業は人件費をそれほど増やそうとしない。だから労働分配率は下がり、しかし好況で利益が増えて、したがって内部留保も増える。つまり企業分配率が上がるのである。

ここでは分析データは示さないが、アメリカ企業では労働分配率は景気とともにあまり変動したりしない。景気が悪くて付加価値額が減れば、雇用調整を企業がすぐに行って、人件費を減らすからである。したがって労働分配率は景気にさほど関係なく安定的に推移する。こうした雇用調整への日米企業の政策の大きな違いがあるから、アメリカの失業率は日本よりはるかに激しく上下に変動する（3％から10％超まで）のである。

付加価値の分配でも大企業と中小企業に大きな違い

前々項ではキャッシュフローの配分について、大企業と中小企業の間に大きな違い

図3-5　付加価値の分配：大企業

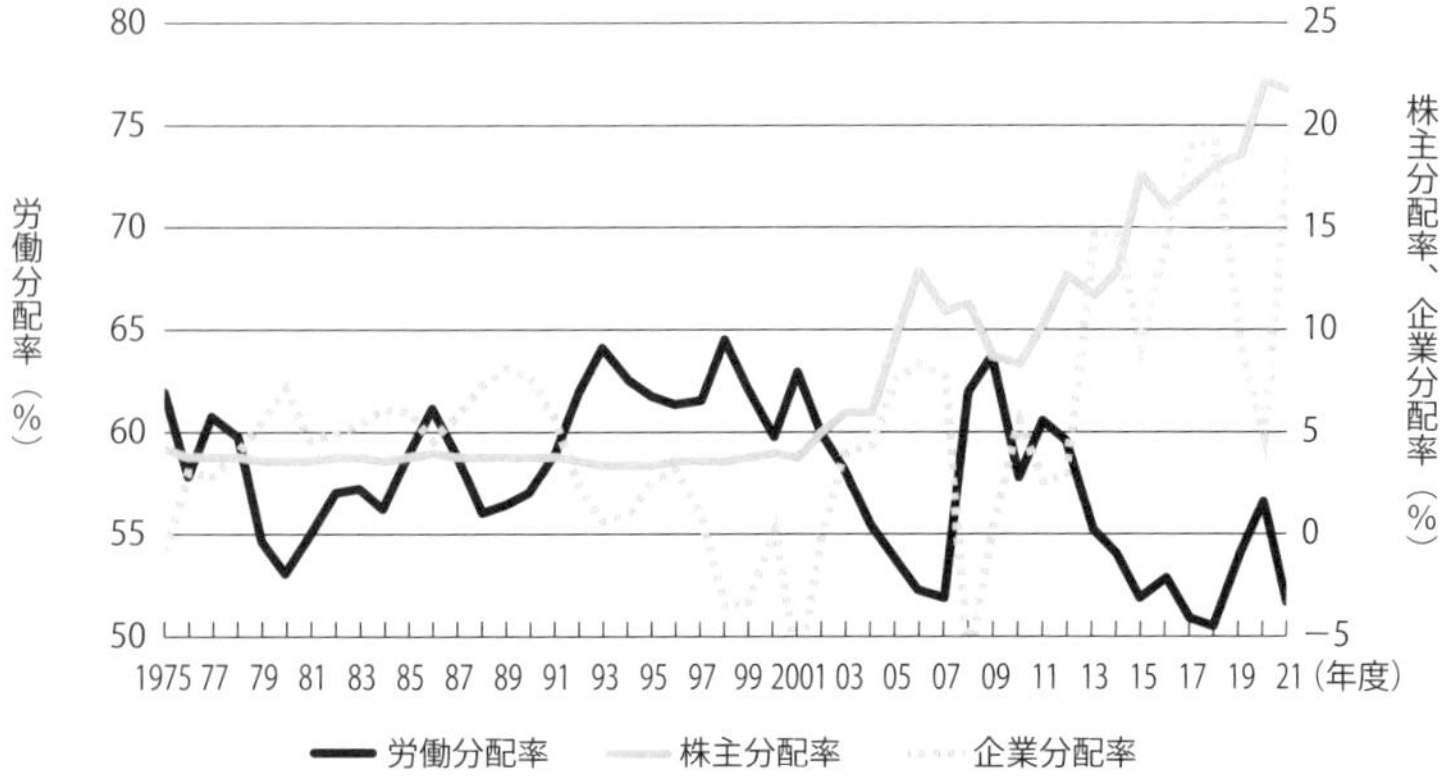

出所：法人企業統計調査

があることを指摘したが、付加価値の分配についても大きな違いがあることをこの項では指摘したい。

それを見るためのグラフが、図3-5と図3-6である。大企業と中小企業の図、そしてそれぞれの図での左右の軸のグラフ、それらが視覚的に比較可能になるように、2つの図の目盛りは、同じ幅、同じ5%刻みにしてある。

この2つの図を見比べると、大企業と中小企業の違いがかなりあることが一目瞭然である。実は前項の日本企業全体の付加価値分配の傾向は、この2つのかなり異なる企業群の平均的な姿だったのである。

特に、日本の大企業がかなり特徴的な付加価値分配をしてきたことが、2つの

付加価値の分配：中小企業

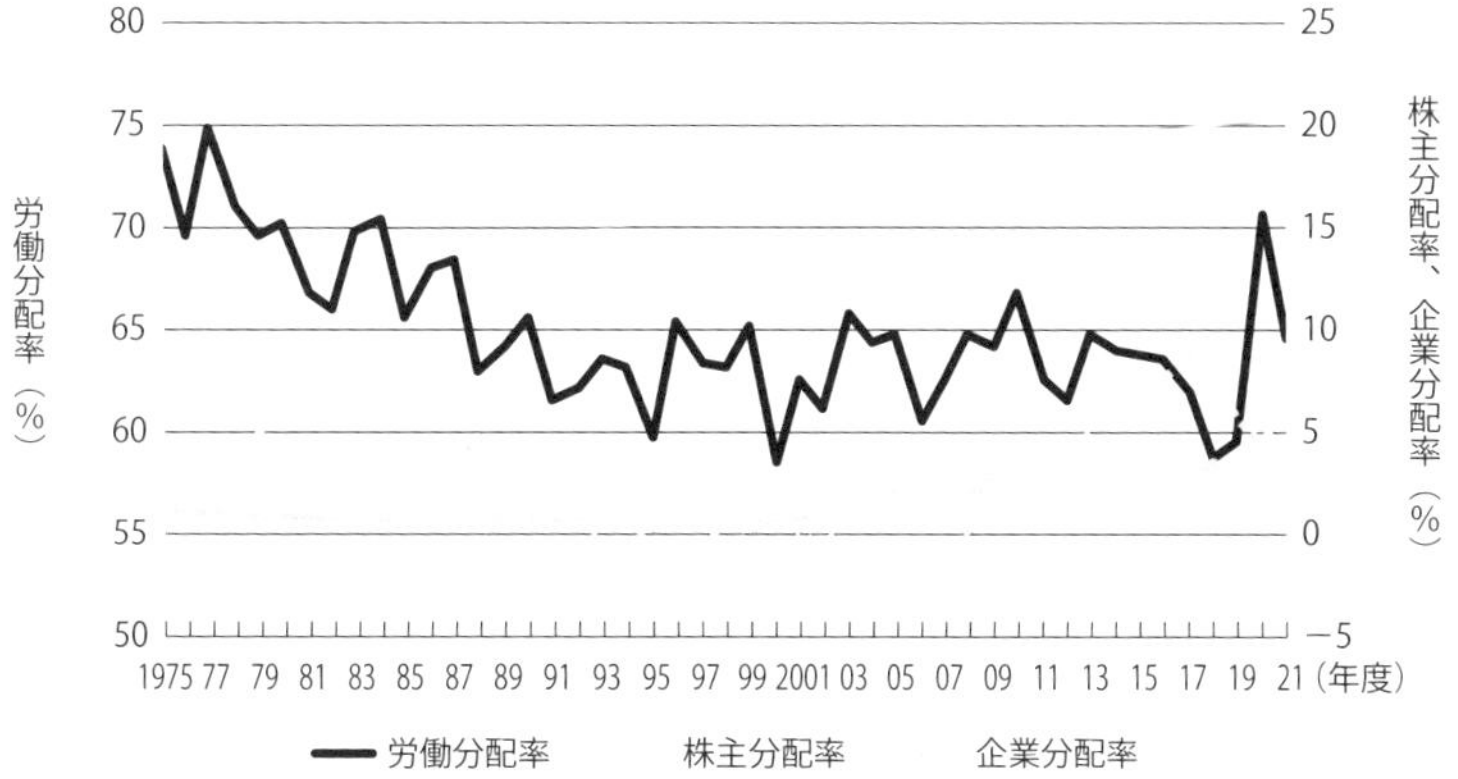

出所：法人企業統計調査

グラフの比較からわかる。中小企業との主な違いは3つある。

第一に、グラフの変動幅の違い。大企業のグラフの変動幅は中小企業の変動幅よりもかなり大きい。特に、労働分配率と企業分配率での大企業の変動幅は非常に大きい。

それは、好不況に左右されて分配率を大きく変える傾向が大企業では強いということである。そのメカニズムは、景気変動などによる付加価値額の変動に対して、かなり固定的あるいは安定的な分配項目（典型的には人件費）があるということである。

その安定的部分の大きさが大企業のほうがはるかに大きい。だから、付加価値を分母として人件費を分子とする労働分配率が、大企業では大きく変動するのである。中小企業のほうが、付加価値の変動に応じて人件費をより弾力的に変動させている。

第二に、大企業の株主分配率（配当／付加価値）が上下の揺れ動きをあまりせずに、2001年までは安定、2001年からはかなり一貫した上昇傾向を見せている。同じ傾向が中小企業にも多少はあるのだが、中小企業の株主分配率の上昇幅は大企業と比べるとはるかに小さい。

2001年から2021年までの大企業の株主分配率の上昇は、3・7％から21・8％へと、約18％も上昇したのである。その株主分配率の大きな増加のために、2021年には配当が設備投資を上回るまでになってしまったことはすでに前章で指摘した。

第三に、労働分配率を業績改善の時期に大きく下げようとする動きが大企業には顕著である。たとえば、2001年から2007年（リーマンショック前年）までの時期と2010年以降2018年までの時期である。中小企業にはそうした動きはそれほど見られない。この7年間ほどの2つの期間の間に、大企業の労働分配率は10％以上も下落してしまうのである。

つまり、2001年以降の大企業の利益業績の回復期の背後で、付加価値からの労働分配率を下げるように、人件費の抑制が行われていたということである。前章では投資の過剰抑制を特に大企業の傾向として指摘したが、日本の大企業は投資だけでなく人件費も抑制していたのである。そして、そうした費用節約の結果として浮いたカネは、配当に流れていったのである。

ただし、不況になって付加価値が減るようになっても、人件費は安定させたままだから、不況期の労働分配率はかなり上昇する。それが、バブル崩壊、リーマンショック、の2つの大きな不況期にはっきりと見られる。

そう行動すれば当然のように利益はかなり落ち込み、企業分配率は落ち込む。だから労働分配率と企業分配率（内部留保）は逆の動きをすることになる。それが、大企業のグラフには明瞭に見られる。

しかし、コロナショックの不況時の労働分配率の跳ね上がり度合いが、バブル崩壊やリーマンショックのときよりもかなり小さいのは、気になる傾向である。それは、大企業は利益をかなり犠牲にしても従業員の雇用の安定を図るような経営を2010年代に至るまでしてきたが、その雇用を大切にする姿勢が2010年代後半から弱くなっているのである。

以上のような大企業と中小企業の違いは、大企業の行動に焦点を当てた視点からの違いの指摘だが、中小企業の分配の特徴を、図3-6から読み取りまとめると、次のようになるだろう。

●各種の分配率の変動はそれほど大きくない
●株主分配率は、長期的にやや上昇したものの、それほど大きな上昇ではない
●労働分配率は、バブル崩壊以降はある小さな幅の中に収まっている（2020年の労働分配率急上昇は、コロナショックによる利益低下と政府の支援もあっての人件費の維持によるものだろう）
●労働分配率と企業分配率の逆連動の動きは、あまり大きくなく、大企業と比べるとかなり目立たない

こうした特徴をまとめて大企業と比較すれば、大企業ほどには極端な株主重視もせず、しかし、回復期の人件費抑制の動きも見られないことから雇用重視もかなりしている経営、ということになるだろう。

労働分配率の比較（大企業と中小企業の比較）をするためのグラフをつくってみると、先に説明した、それぞれの特徴がさらに明確に見えるようになる。それが図3－7である。

大企業の労働分配率は、全期間を通じて、中小企業よりも低い。その基本的な理由は、大企業のほうが資本設備をより必要とする事業構造であることであろう。決して

労働分配率：大企業、中小企業

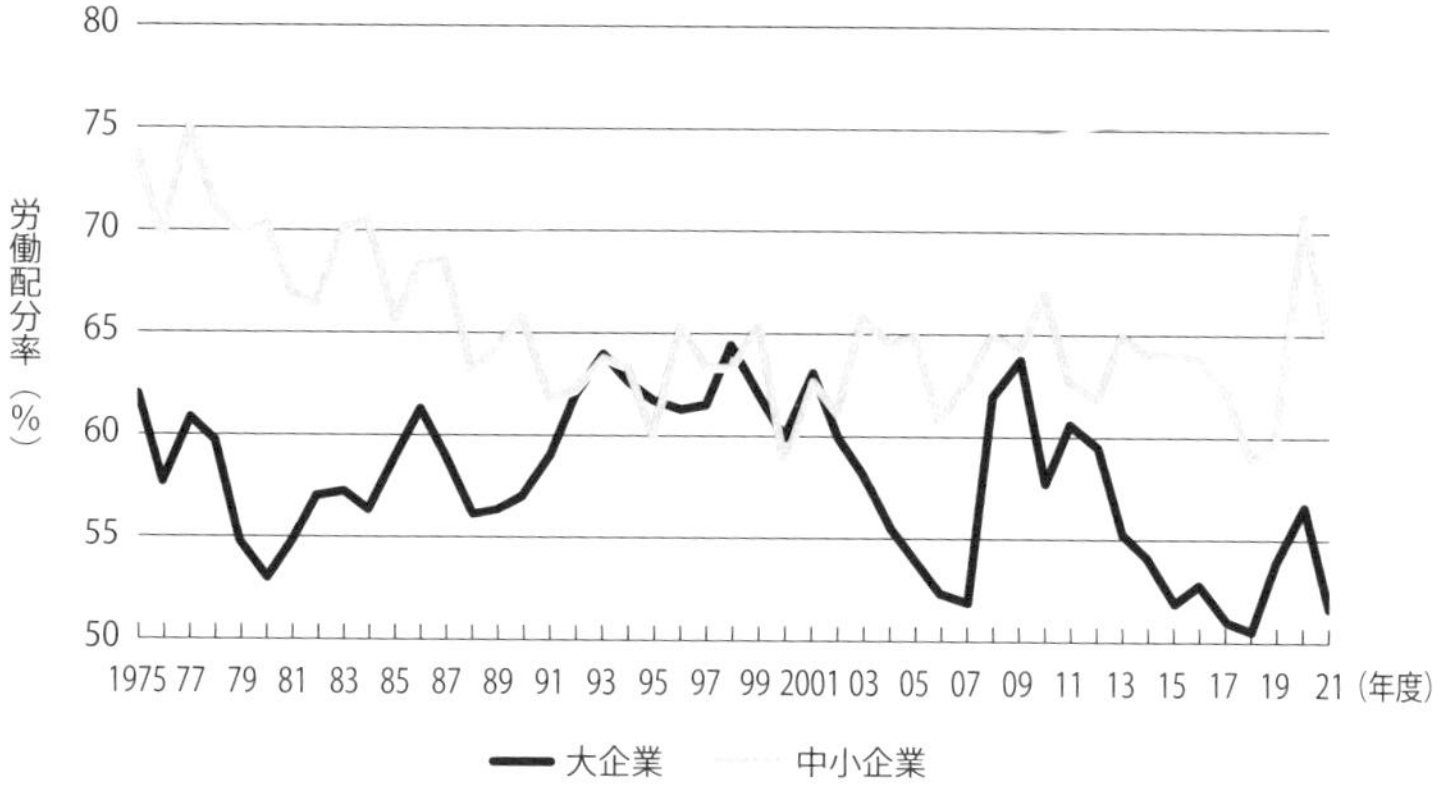

出所：法人企業統計調査

大企業が人件費をことさらにけちっているのではなく、資本設備に依存する技術形態の事業が多いのである。

　こうして労働分配率の水準そのものは事業形態を反映して決まるところがある一方で、長期的な推移のパターンにも中小企業、大企業に目立った特徴がある。

　中小企業については、バブル崩壊以降から現在に至るまで労働分配率がかなり安定的に60％から65％の間で推移していることが印象的である。しかし、大企業については、業績回復期の労働分配率の長期的低下傾向と、２０１８年の労働分配率が過去最低の50・４％という歴史的な低水準にまで落ちていることが印象的である。

　それは、労働分配率を下げて人件費抑

制的な経営をする、という姿勢が大企業ではこの20年間かなり強かったということを示唆している。

銀行という資金提供者の存在の軽さ

日本の大企業（特に上場企業）が株主傾斜の傾向を強くしてきたことを前項で述べたが、その一方で銀行というもうひとつの資金提供者の存在がきわめて軽いものになってきたことは、株式市場と銀行システムのバランスの問題として、懸念されることである。

２００１年ごろ以前の時代は、企業にとってのいざというときの頼みの綱としてメインバンクという存在があった。しかし、バブル崩壊後の金融市場の大再編の歴史の結果として、メインバンクの存在そのものが怪しくなり、そして全般的に企業にとっての銀行の存在感がきわめて軽くなってしまった。

その象徴的な例が、すでに第1章でも紹介したように、日本興業銀行をメインバンクとしていた日産自動車がフランスのルノーに実質的な買収金額８０００億円程度という安さで買収されたことである。バブル崩壊で大きな傷を自分自身が負っていた興銀には、もはや日産を助ける体力はなかった。

図3-8　銀行分配率と株主分配率：大企業、中小企業

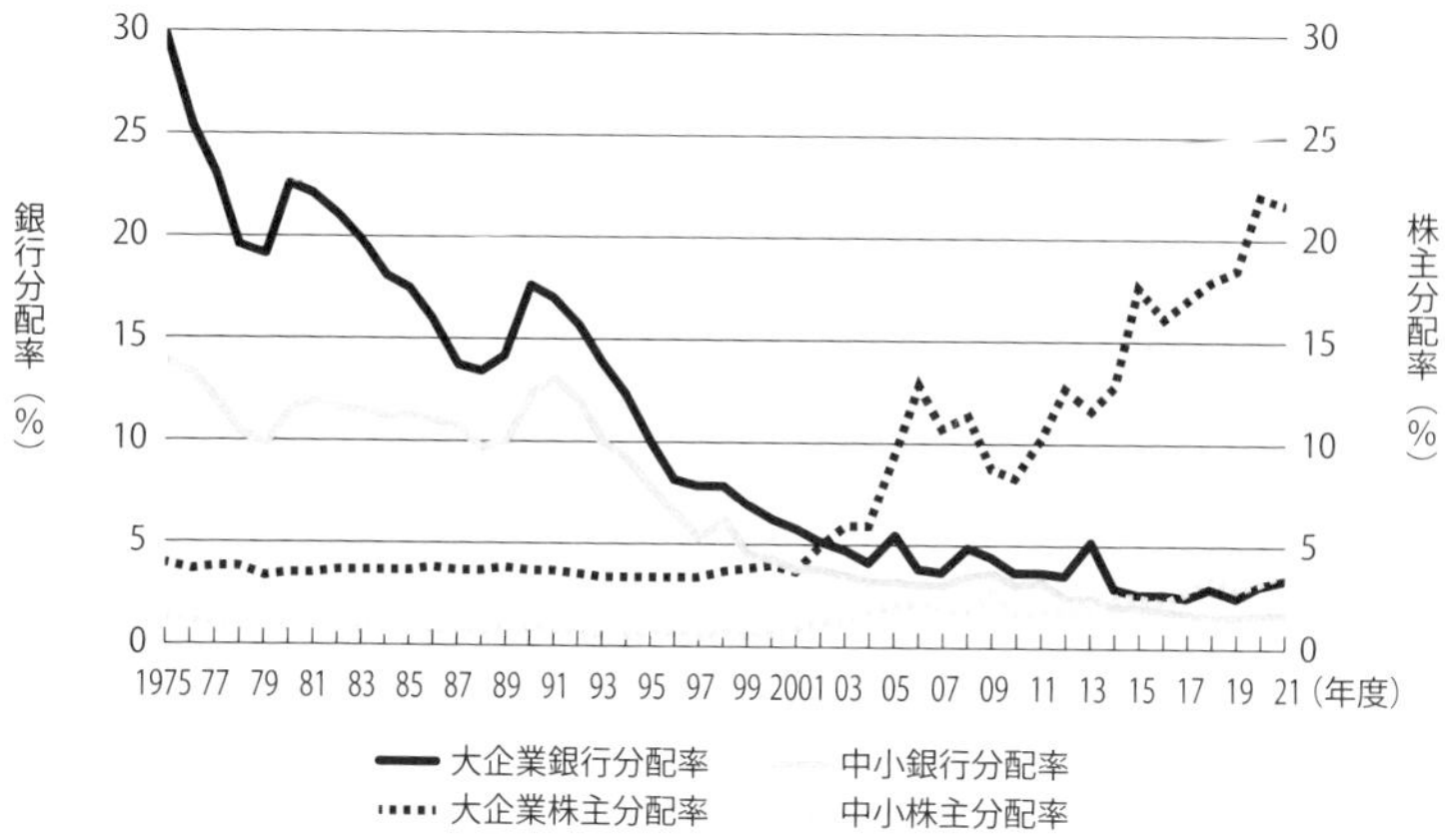

出所：法人企業統計調査

資金提供者としての銀行の存在が、大企業にも中小企業にも、軽いものに2001年ごろ以降はなっていったことをデータ的にくっきりと見せているのが、図3-8である。銀行が軽い存在になり、相対的にもうひとつの資金提供者である株主の存在感が、大きくなっていった。しかも、後に述べるように、株主の企業への資金提供者としての役割は相変わらず小さいままなのに、なのである。

このグラフは、2001年ごろを境に大企業も中小企業も資金提供者への分配パターンが様変わりしていることをはっきりと示している。2001年以前ははっきりと銀行重視、それ以降、大企業は明確に株主重視に変わり、中

小企業は株主を重視しない傾向は変わらないままに銀行もまた重視しなくなった。

付加価値分配で銀行を重視せずに済むようになったというのは、銀行借り入れに頼らない経営をするようになり、その上に金利水準がきわめて低くなったために、自然に借入金利支払いの必要額が減ったということである。つまり、資金提供者として銀行を重視しない経営に変わったのである。それが、２００１年以降の日本企業の、大企業・中小企業を問わない経営姿勢になった。

逆にいえば、バブル崩壊の直後までの日本企業は、安定成長期も含めて、まるで銀行のために事業経営をやっていたのか、と揶揄されかねない姿でもあった。大企業は付加価値の実に20％近くを、中小企業でも10％以上を、銀行に金利として支払うような銀行依存経営だったのである。

それが、２００１年前後の日本の銀行業の大再編の結果、銀行がいざというときの頼りにならない存在になってしまうと、日本の企業は大小を問わず、銀行への依存を大きく減らした。そして、すでに第1章で明らかにしたように、自己資本の強化へと一途に走り始めた。ただし、増資による資本増強は、のちに説明するように、小規模にしか行っていないが。

銀行の企業に対する存在感がここまで小さくなることが、経済システム全体の円滑な運営のために本当に望ましいことかどうかは、大いに議論の余地がある。

成長期の日本企業にとって、銀行はある意味で経営の質の判断者でもあった。融資審査のプロセスを通して、あるいはメインバンクという立場での企業との密な関係から、**企業が間違った行動をとってしまいかねないときの、警告者でもあった**のである。

しかし、バブル期の過剰融資で企業に投機を「させた」こともあり、またバブル崩壊の傷の処理で銀行自身の体力が大きく落ちてしまったこともあり、銀行の影響力はバブル崩壊で大きく落ちてしまった。

それでも、もうひとつの資金提供者である**株主が健全な「警告者」の役割を果たしてくれるのならいいのだが、実はのちに説明するように、資金還元を要求するだけの存在に大半の株主がなってしまった。**これでは、企業の間違った経営に対する警告者がいなくなってしまったのに等しいのである。

ただし、株主重視の姿勢については、すでにたびたび述べているように、大企業と中小企業とでは明確に違うこともまた、この図から明らかである。**大企業の株主分配率だけが、中小企業のそれをはるか下に置いたまま、一貫して上昇し続けるのである。配当をそれほど巨額に株主に支払う経営が本当にまともなものなのか、それにも大いに疑問の余地がある。**

バブル崩壊は、日本の金融システムの大きな汚点である。その大事件の後遺症として、銀行依存の極端な低下と大企業のかなり極端な株主重視という傾向が生まれた。

しかも、大企業の株主重視経営の姿勢は労働分配率軽視の傾向とペアになっている。それが、日本企業の今後の成長戦略として望ましい姿なのか。真剣な検討を必要とすると思われる。

なぜ、大企業では株主への分配がこれほど大きくなるのか

本章でここまで見てきたように、キャッシュフローの配分でも付加価値の分配でも、日本の大企業は配当だけを突出して2001年以降に大きくしてきた。特にリーマンショック前後からその勢いが増す。中小企業とはまったく違う経営の姿勢なのである。それは、大企業では株主からの資本拠出額が大きく増えて、それへの見返りとして配当額が増えたということであろうか。それなら、株主からの資本提供への正当な代償として理解できる。

しかし、実態はそうではなかったということが、図3-9からよくわかる。株主からの拠出金（資本金と資本準備金）と配当との比率（配当率とここでは呼ぼう）のグラフである。資本金は額面増資での出資額、資本準備金は額面を超えた時価発行増資による株主の出資額のことである。

日本の大企業は、2001年を明確な境として、率として株主に対する支払い重視

配当率（配当／株主拠出金）

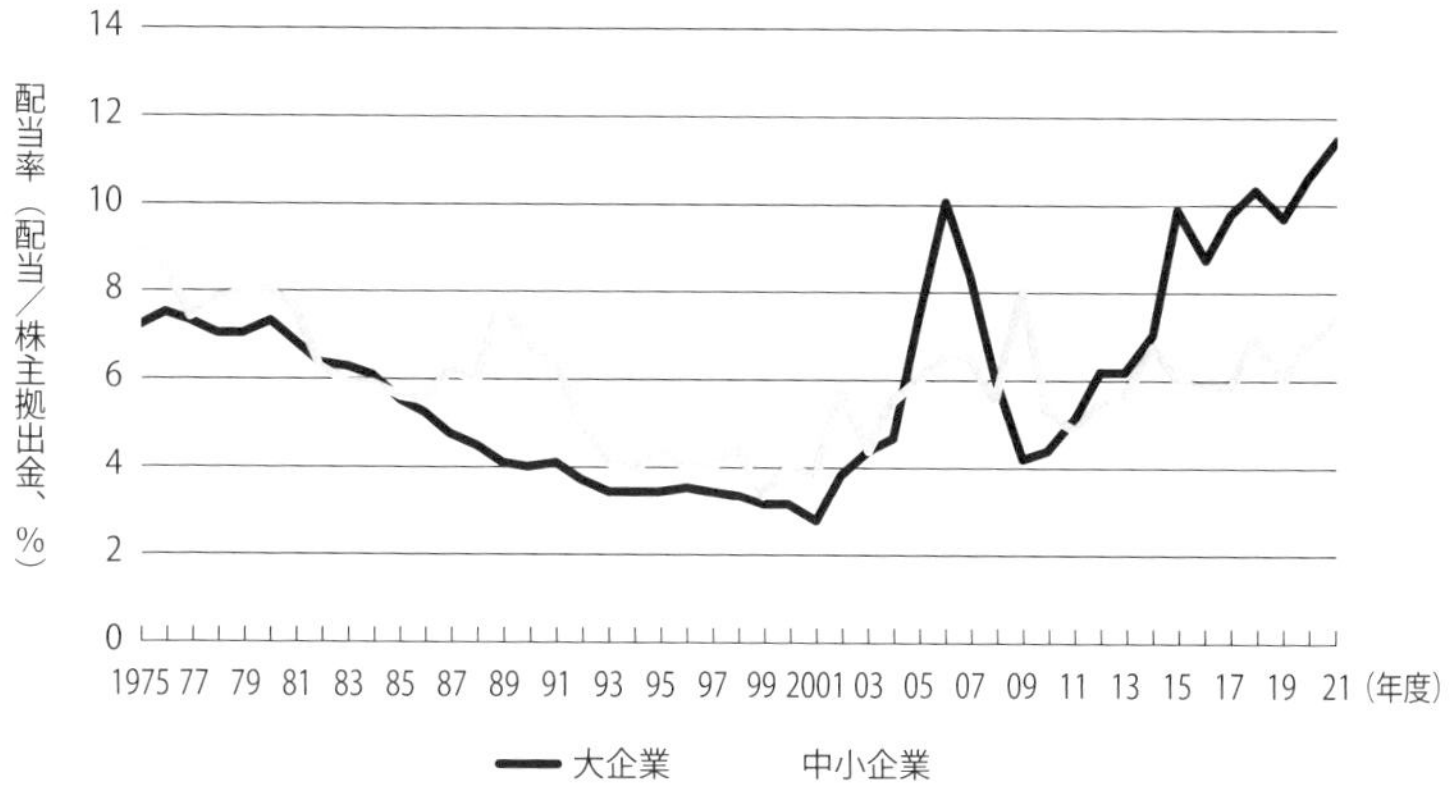

出所：法人企業統計調査

に明らかに転換している。リーマンショックでその姿勢をキープできなかったが（利益が出なかったから）、リーマンショック後は２００９年の４％の配当率から２０２１年には11・５％へと、11年間で実に７・５％も配当率を大きくしている。

しかも、株主拠出金自体は、大して増えていないのである。２００９年の日本の大企業の株主拠出金は１６６兆円だったが、それが２０２１年には１９３兆円へとわずかな増加しかしていない（率にして、16％増）。その同じ時期に、配当は７兆円から22兆円にも増えている。実に３倍以上である。

これまでの配当関連のさまざまなグラフで明瞭だったように、このグラフでも２００１年が実にくっきりした転換点になっている。それまでは、配当率は長期的に低落してきたものが、そこから反転し、急速に上昇していくのである。

２００１年が転換点ということについては中小企業も同じだが、転換後の動きは大企業と中小企業で大きく異なる。中小企業の配当率は２００１年から微増程度（４％から７％へ）だが、大企業の配当率は大幅増加である。

それでも、図３－８で見たように、中小企業の株主分配率は２００９年から２０２１年までの間に少し増えている。それは、配当率はほんの微増だったが、株主拠出金そのものがかなりの増加をしたからである。２００９年の中小企業の株主拠出金は65兆円だったが、２０２１年には１０６兆円へと、63％も増えているのである。

つまり、リーマンショック後、日本の大企業は株主拠出金があまり増えていないのに配当を大きく増加させた。日本の中小企業は株主拠出金の増加に応じた配当の増加を行った。オーナー企業の多い中小企業の経営のほうが、リーズナブルに見える。中小企業は別に株主重視の経営姿勢に変わったわけではないのに、大企業だけが株主重視に大きく舵を切ったのである。

大企業の対株主の姿勢の転換点になっている２００１年ごろ、私は日本の大手財閥企業の人事担当専務から、面白い証言を聞いたことがある。酒も入った本音の席での発言で、「株主を重視しなければならない」と彼はいうのである。意外感もあっていまだに鮮明に覚えている。

彼は、私が従業員への分配を株主より優先している日本企業のスタンスは経済合理性が高いといい続けてきたことに賛成していた人だったからだ。合理性とは、従業員への分配を優先すると、彼らの企業へのコミットメントが大きくなる可能性が高く、結果として彼らの努力で利益が大きくなれば株主も株価の上昇などのメリットをえられる、ということである。

その彼が、「株主をもっと重視しなければ」と反省の弁をしみじみといったのである。ただ、その後に彼が付け加えた言葉が、実は当時の多くの日本企業の経営者の本音であったと私は感じた。

彼は株主を重視しなければならない理由として、「これまでは株主のことなどまったく考えなかったといってもいいくらいだったが、それでは資本を提供していただいているのに申し訳ない」といったのである。決して、従業員と株主を比較して株主をより重視すべき、という意味での株主重視論ではなく、これまでが軽視しすぎていたから少しは重視しなければ、という意味の株主重視論だった。

しかし、そうして株主重視に動き始めると、その動きは止まらないものになってしまうものなのだろうか。しかも、**労働分配率をきわめて低い水準に抑えるほどにしてまで、配当を増やし続けるというような「働くヒトの軽視」とも受け取られかねない**

ようなところまでも。

それは、先に紹介した人事担当専務が当時考えていたことではもちろんないだろう。ただ、株主への分配を大きくする原資が２０００年代以降、大きくなっていた。銀行への金利支払い（銀行分配率のもと）が低金利と借入金抑制で大きく下がっていたからである。

しかし、株主への配当重視の原資が銀行への金利支払いの低下という形であるにせよ、設備投資を抑制してまで、さらには労働分配率をかなり抑制してまで、配当を増やし続ける必要があるのか。簡単に正当化できる経営姿勢ではないだろう。

なぜ、株主重視にいったん舵を切ると、それがかなりの長い間、止まらなくなってしまうのか。日本の中小企業は決してそうではないのに。考えさせられる事実である。

官主導のコーポレートガバナンス改革とアクティビストの動き

おそらく、そうなってしまった基本的な理由は、官主導のコーポレートガバナンス改革の流れとそれを利用した株式市場でのアクティビストの動きだろう。

コーポレートガバナンスという当時は耳慣れなかった言葉がマスコミに大きく登場

したのは、２０００年8月の首相官邸での産業新生会議で当時のソニー会長兼ＣＥＯの出井伸之氏らが商法の大改正（株主の権利保護を含む）、特にコーポレートガバナンスの強化を要請したころからである。

このタイミングが、図3-9などをはじめとして配当増加への志向がかなり高まる転換点になっているのは、こうしたマスコミ世論の動きと無関係ではないだろう。

そしてこの流れを受けて法務省は、２００３年4月に「株式会社の監査等に関する商法の特例に関する法律」を改正し、委員会等設置会社（取締役指名委員会、報酬委員会、監査委員会を設置し、監査役は置かない会社）が監査役会設置会社とともに認められるようになった。さらに２００５年には、１９５０年以来の半世紀ぶりの会社法の抜本改正が行われた（施行は２００６年）が、その主な内容は委員会設置会社の制度化と拡大であった。

委員会設置会社では、取締役候補を指名委員会が取締役会の決議なしに決めて株主総会へ直接提案する。経営者の任免と報酬決定の力を社外取締役も参加する指名委員会や報酬委員会がもつのである。それだけ、株主を主役としたコーポレートガバナンスが透明になることが期待されていた。

しかし、委員会設置会社という形態は今日に至るまで普及していない。この形態に移行した上場企業は（当時の一部、二部、マザーズなどすべて合わせて）、２００３年に

44社、2004年に16社あったが、その後の増加ペースはきわめて遅く、2023年現在でも総数は90社にとどまる。東証上場企業3800社ほどの中の、ほんの2％程度である。

それでも、そうした制度が先進的事例と目されるようになったという意味で、株主重視の志向は日本の大企業に強く植えつけられていった。そして、さらに株主重視のスタンスが鮮明に出されたのが、2015年6月に金融庁と日本取引所の主導で施行されることになった、コーポレートガバナンス・コードの発表義務の制度化である。社外取締役の数をはじめ、株主重視のコーポレートガバナンスの詳細が定められた。たとえば、社外取締役の数は3名以上を推奨する、といった具合である。

またこのころ、機関投資家へ株主総会での議決を助言するアメリカの議決権行使助言会社の活動が活発となり、多くの機関投資家の議決権行使に影響を与え始めた。たとえば、自己資本利益率（ROE）が5％を3期連続して下回る企業の社長の取締役就任の否決を推奨する、という助言が公表されたりした。

さらに、アクティビスト（物言う株主として積極的に発言する機関投資家）の行動が盛んに報道されるようになっていた。アクティビストたちの典型的な要求は、増配であり、自社株買いである。

しかし、それは企業から資金を株主に吐き出させるような要求であり、彼らが企業の長期的将来を考えて発言をしているのかという無言の違和感を多くの経営者が共有していたようだ。私は、当時の経営者との本音の会話から、そんな彼らの違和感に気づいていた。

こうしたコーポレートガバナンスについての日本の株式市場での動きを振り返ってみると、それぞれの重要タイミングがいくつかのグラフの転換点と重なることが、明瞭に見えてくる。それは、さまざまなグラフで見てきた2001年ごろからの株主重視への転換であり、図3-9では2005年の商法改正のころの配当率のジャンプである。そして極めつけは、2015年から大企業の配当率が跳ね上がるタイミングであろうか。この年がコーポレートガバナンス・コード制度化の年なのである。

こうした動きが、配当重視と投資抑制という形で日本の特に大企業の経営に大きな影響を与えてきたことを、われわれは虚心坦懐に振り返る必要がある。

たとえば、大企業の株主分配率がリーマンショックからの回復期（2010年、2011年ごろ）の水準である十数％程度のままだったらと仮定してみると、2021年の大企業株主分配率は実際の21・8％から10％近く下がることになる。

この程度の水準に株主分配率を下げると、日本の大企業の配当総額は10兆円ほど少なくなる。そのカネを設備投資に回せば、日本の設備投資は44兆円から54兆円へと増加する。増加率にして日本全体で20％強にもなる。大企業だけでいうと、20兆円から

30兆円へと、実に5割増の設備投資が可能になる。

もちろん、こんな計算は絵に描いた餅ではある。しかし、配当のかなり極端な重視がどれほどのインパクトをもつものか、素直に反省させてくれる数字である。

株式市場は資金調達の場として、それほど機能していない

しかしそれにしても、官主導のコーポレートガバナンス改革に、なぜ日本の大企業はこれほど敏感に反応するのか（中小企業は、上場していない企業ばかりだから、この問題はほとんど関係ない。だから、株主重視への大きな政策転換などしていない）。

もっともわかりやすい「ありうべき答え」は、銀行が当てにならなくなった2001年以降の時代には、株式市場からの資金調達の重要性がきわめて大きくなったから、というものであろう。株式市場は有限責任の危険資本を企業が調達できる重要な場である、という教科書的な説明を聞いていると、もっともな理由に見える。

しかし実際の株式市場は、日本のみならずほとんどの国で、企業にとっての資金調達の市場としてはあまり機能していない。むしろ、企業から投資家への資金返還の場として機能している。ここでいう資金返還とは、配当による株主への企業からの分配

株式資金調達と自社株買い

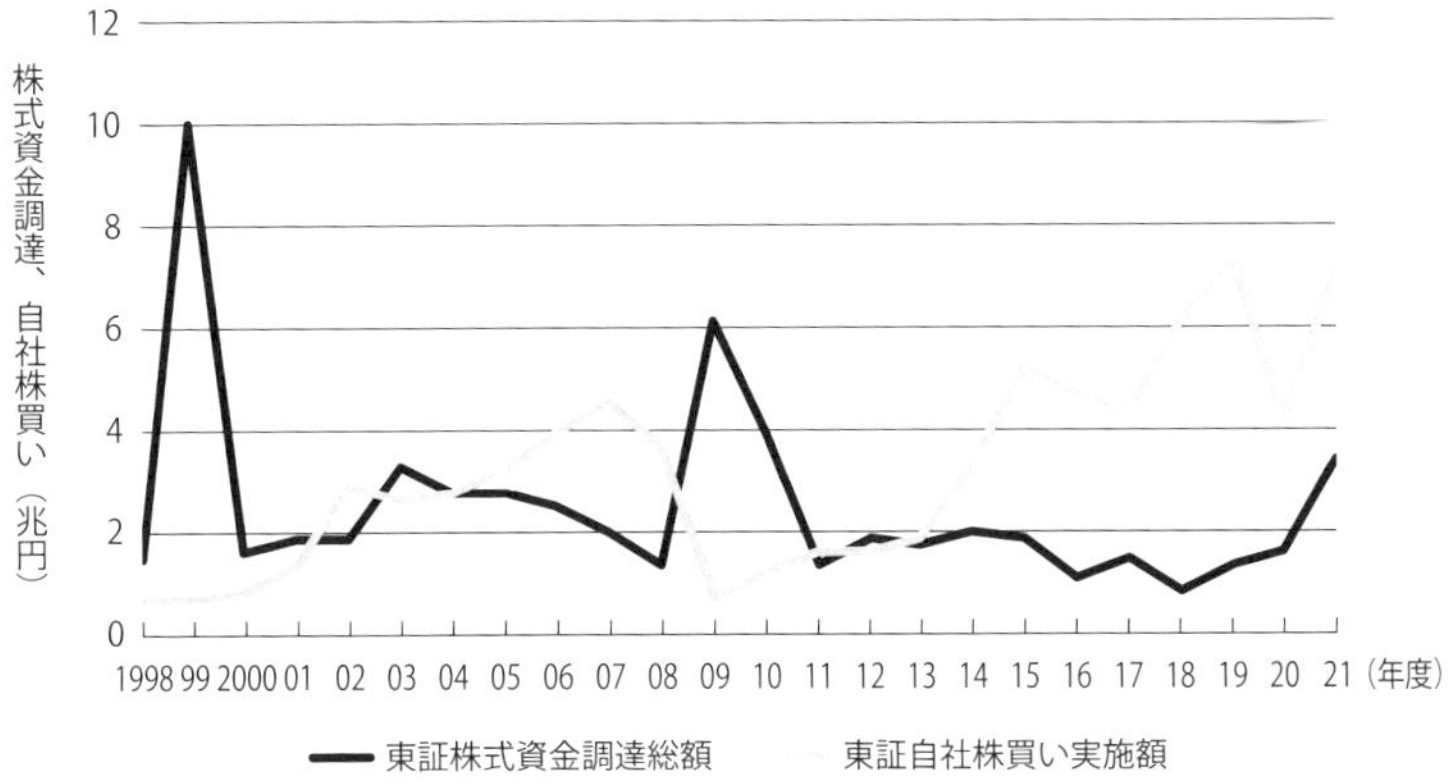

出所：東証統計、野村資本市場研究所

であり、あるいは自社株買いによるもっと直接的な株主への資金返還である。

図3－10は、東京証券取引所の全上場企業による株式資金調達（市場での増資公募、第三者割当による増資など）と自社株買いの規模を示すグラフである。

日本の上場企業による株式資金調達の額が、資金調達の源泉としてはほとんど意味をなさないほどに小さくあり続けてきた、そして今もそうである、ということが痛いほどわかる。

このグラフで割と大きな増資が行われているのは1999年だが、この増資の大半は金融危機を迎えていた日本の大手銀行救済のための公的資金の資本金としての注入である。それを市場での取引（第三者割当）という形で行ったために、

10兆円規模の資金調達という数字になっている。

また、２００９年には銀行や証券会社が自己資本比率規制が強化されることを見越して資本増強を図ったことが中心になって、６兆円規模の株式資金調達となった。いずれの年の株式資金調達も、通常の事業活動強化のための資金調達を株式市場に頼ったという例ではない。


この２つの年を例外として、このグラフの20年以上の期間にわたって、株式資金調達は東証全体でほぼ年間２兆円規模で安定している。大企業の配当総額が20兆円を２０２１年に超えたという数字を前に紹介したが、その数字と比べても１割にしかならないほどの小ささである。そして、東証での上場企業数がこの期間はおよそ２０００社から３８００社だったから、１社平均の年間株式資金調達額は10億円にもならない、微々たる額なのである。

そして、同じように１９９９年と２００９年を例外として、自社株買いが株式資金調達よりも大きい年が多い。そればかりか、２０１５年以降は自社株買いが株式資金調達の倍以上の規模になっている。この年にコーポレートガバナンス・コードが制定されたことが大きな影響を与えていると思われる。これは、**株式市場が配当のみならず自社株買いという形で株主への資金返還の場となっている**ということを、象徴的に示している事実である。

このグラフが明瞭に示すように、資金調達の場としての株式市場の重要性が実際は小さいのに、なぜ日本の大企業は株主重視、配当増加の政策をとるのか。なぜ、株式市場のことをそこまで気にするのか。

株式会社の建前があるから、というのが第一の理由であろう。株式会社は、株主が最終的な統治権力をもっている。平たくいえば、会社は株主のもの、という建前が株式会社にはある。であれば、その統治権者になるべく大きな経済的見返りを配当という形で渡すのは当然にも見える。

しかしそれなら、なぜ2001年以前はその建前を無視して、大企業の株主分配率が4％未満という小さな数字を長期間にわたって続けていたのか。それなのに、2001年を境にその無視に近い姿勢から一転して株主重視になぜ変わったのか。

空気に支配された行動？

それは、しばしば日本社会の悪弊といわれる「空気に支配された行動」ということの一例かもしれない。

株式会社の建前を「最大限に」尊重しなければならない、という「空気」が

2001年ごろからの新自由主義の浸透や小泉構造改革の実施などで日本の企業社会に生まれたように思われる。

しかも、1991年のバブル崩壊と同じ年にソ連邦が崩壊し、アメリカが冷戦に勝利したことが、「アメリカ型資本主義がグローバルスタンダードだ」という空気を日本に生んでいた。その空気誕生の背後に、バブルを生みかつそれを崩壊させた日本企業の「自分たちは間違った経営をしていたかもしれない」という反省があったのだろう。

そういう空気が生まれる前は、株主を尊重しなければならないというのは建前で、実際には従業員重視の経営こそがいいという、これまた「空気」が日本企業を覆っていたのだろう。私自身はそれが空気の問題ではなく、実は経済合理性の高い行動だと評価して、「人本主義」なる言葉を造語し、古典的資本主義とは違う経営をしたことが日本企業の成功のひとつの大きな理由だ、と1987年に出版した『人本主義企業』（筑摩書房）という本で書いていた（人本主義の内容とその合理性の論理については、第5章と第6章であらためて解説する）。

私自身の考えはその後も変わっていないが、しかし日本の企業社会の空気は半ば無意識のうちに変わったようだ。マスコミが「株式会社だから株主を尊重するのが当たり前」と盛んに書くと、どうもそれには逆らえないという空気になったのだろう。

もちろん、空気を生んだ理由は、マスコミだけではない。実際に株式市場で否応なしに毎日値がついてしまう「株価」が、あたかも経営者の経営の善し悪しのスコアカードのような役割を果たしていた、ということもある。こうしたスコアカード機能は２００１年以前にもあったはずだが、そのスコアカードの信用力が新自由主義的な世界の潮流の中で以前よりもはるかに高まったという受け止め方になったのであろう。

官主導のコーポレートガバナンス改革の動きは、そうした流れを大きく後押しした。株主を「最大限に」尊重するということでないと、それは「まずいかもしれない」ことではもはやなくなり、「悪」であるという空気ができてしまったようだ。

そんな空気の中で、２０１０年代に入るとアメリカの議決権行使助言会社のインパクトが大きくなってきた。彼らは、アクティビスト株主による株主提案（たとえば、社長の取締役選任への否決）を支持する意見を公表し、否決を推奨するのである（２０２１年にはそうした助言が過去最大の77社に上った。三菱ＵＦＪ信託銀行調べ）。

そうした否決推奨意見を公表された当の社長本人の心中は穏やかではないだろう。人情として、気にするのが当たり前である。だから、そうならないように、実際に助言会社の意見の通りに取締役就任を否決されるような実例はほとんどないのに、ついアクティビストや助言会社に文句をいわれないよう配当を大きくし、自社株買いも実行する。そうした予防措置をとろうとするのもまた、ある意味で理解できないことではない。

しかしその結果が、従業員への人件費を出し渋り、果ては設備投資を抑制するというような経営になってしまう危険がある。そして、実際にそうなった。

その危険を真剣に考えた上で、それでも仕方がないとあえて株主重視を決断した経営者が日本企業に多かった、とは彼らとかなりの接触のある私の実感ではとても思えない。ただ、**「ついつい」が重なって、いつの間にかそこまで株主重視が膨れ上がってしまった、**ということではないだろうか。

その実態を、あらためて直視すべきときがきている。この章で描かれたグラフが伝えているのは、そういうメッセージだと私は考えている。それはまさに、日本企業の経営の原理が漂流し始めた、と表現すべきことである。

第4章

投資抑制と配当重視が生み出す負のサイクル

設備投資抑制の直接的インパクト：カネの論理

この章のタイトルとしている「負のサイクル」とは、投資抑制や配当重視の経営をしていることがさまざまなマイナスの波及効果を生み出し、それらの波及効果が絡み合って、さらなるマイナスのインパクトを企業にもたらしてしまう、というサイクルである。そのサイクルが進んでしまうと、結果として企業の成長力や収益力がかなり殺《そ》がれてしまう、ということである。

この負のサイクルのもっとも単純な形は、投資抑制がさらなる投資抑制の継続あるいは拡大につながる、配当重視がさらなる配当増加につながる、といったものであろう。

日本の大企業の配当増加の一貫した動き、たとえば図3-2や図3-5で見たようなキャッシュフローからの配当配分率の時系列的な動きや付加価値からの株主分配率のグラフの動きを見ていると、そうした望ましくない動きの連続を感じてしまう。

しかし、そうした単純な動きだけでなく、もう少し複数の要因が絡み合った負のサイクルがあったと思われる。それを私なりに解明するのが、この章の目的である。

そのサイクルの背後には、さまざまな投資抑制や配当増加というカネの使い方の変化が生み出す、**カネの論理とヒトの論理**がともにありそうだ。

カネの論理とは、カネを投入するとカネの購買力によって生産性向上などの機会の入手（たとえば新しい設備の購入）が可能になり、その機会を活かすことによって将来のカネの入り方が大きくなる、という論理である。

ヒトの論理とは、カネの投入が企業内の人間（経営陣であれ現場の人々であれ）の活動を活性化し（たとえば、設備投資の実行と新設備の稼働のために人々が忙しく働く）、その活性化した活動の結果として人々の心理的エネルギーが高まったり、人々が学習したりする（情報活動の活発化）ことにより、その波及効果として人材が育ち、あるいは将来の企業内の人間の行動をさらに刺激する、という論理である。

投資抑制がかなり続くと、カネの論理もヒトの論理も「逆回転」することになるだろう。将来のカネの入り方も小さくなり、人が育たなくなる、心理的エネルギーが枯渇していく、という逆回転である。

まず、設備投資の抑制を起点とするカネの論理に着目してみよう。それを考える主な材料は、次の2つの図である。

労働装備率とは、有形固定資産残高を従業員数で割ったもの、つまり1人当たりの有形固定資産である。現場の労働者を設備で装備してあげて彼らの生産性を高めようとする、という意味で装備率という言葉が使われている。

図4-1　労働装備率と労働生産性：大企業

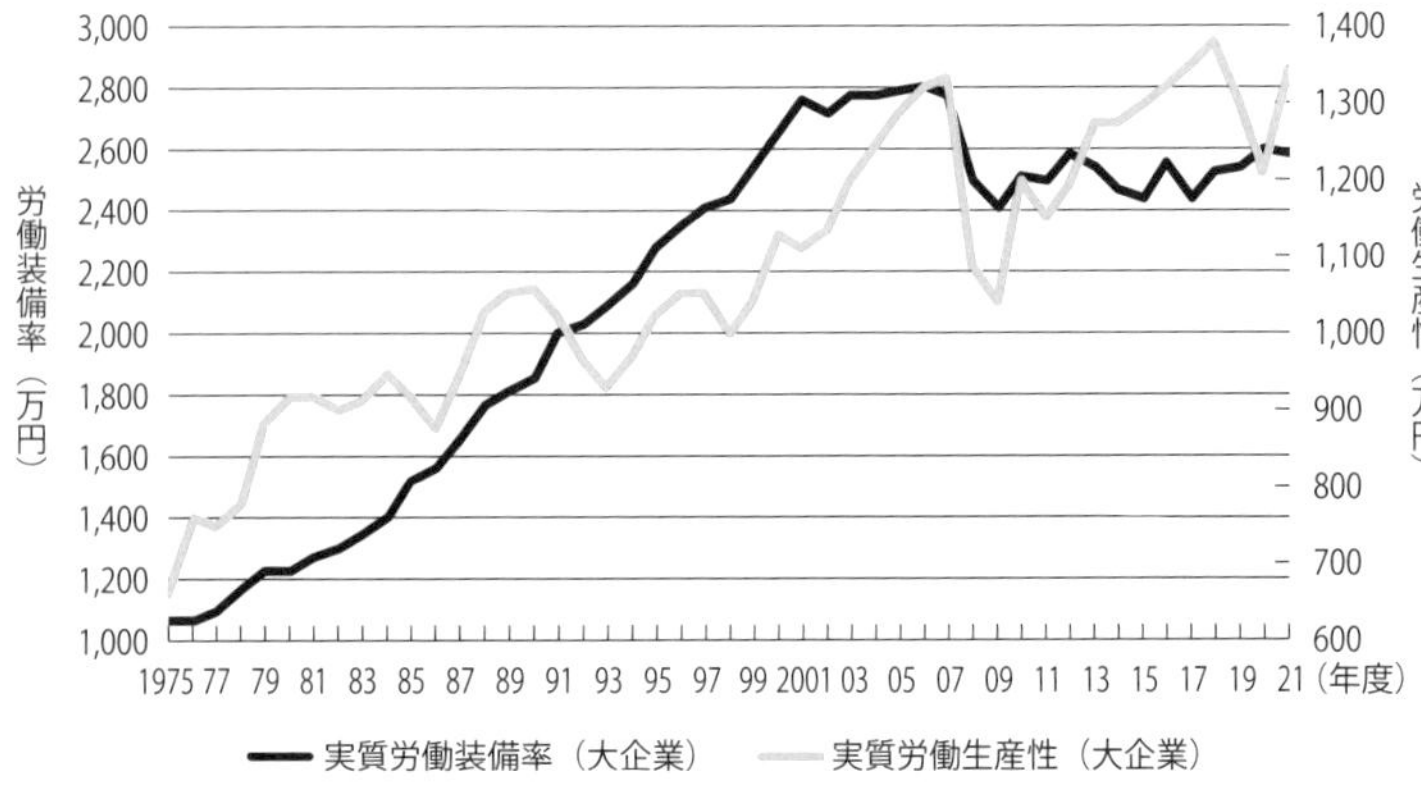

出所：法人企業統計調査

それは、第1章の図に登場した1人当たり設備投資額の累積値と考えてもいい。労働者が現場で使えるのは、新しく設備投資した設備だけでなく、過去からの投資の成果である生産設備や開発設備でもある。そうした設備の全体の累積が、さまざまな技術革新を有効利用して生産能力の拡大や新製品生産の可能性を拡げる手段として「装備される」のである。

こうした労働装備率は、基本的論理として付加価値生産力を大きくし、したがって労働生産性（1人当たり付加価値額）を大きくすることが、期待されている。そして、図4-1と図4-2、この2つの図が示しているのは、大きく見れば労働装備率の向上と生産性の向上はつながっている、ということである。

図4-2　労働装備率と労働生産性：中小企業

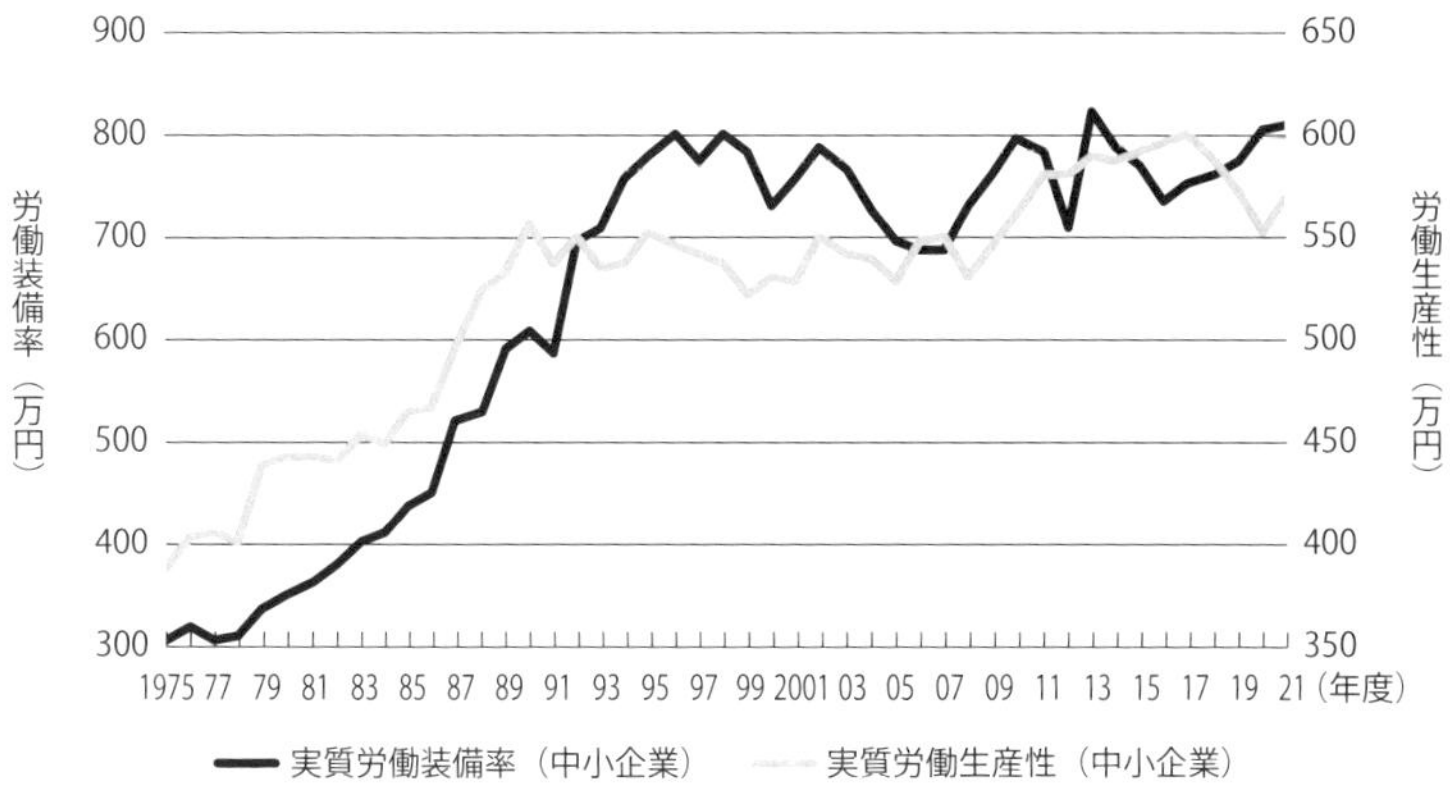

出所：法人企業統計調査

大企業ではリーマンショックまで、中小企業ではバブル期まで、労働装備率はかなりのペースで上昇しており、その時期に生産性もまたかなり明瞭な上昇傾向を示している。そして、労働装備率が横ばいになった後は、労働生産性の上昇もまた大きくは望めなくなる。

つまり、投資抑制によって労働装備率を抑え込めば、生産性向上はそれほど期待できない、ということである。この論理がよく表れている箇所が2つあることに、大企業と中小企業の図を比較すると気がつく。

ひとつは、バブル崩壊後も労働装備率を2001年までの10年間にわたって増加させ続けた（設備投資のペースは落ちたものの、労働装備率は伸ばし続けるだけの投資は行った）大企業と、１９９６年を労働装備率のピークとしてその後は２００２年までは装備率を横ばい気味にした中小企業の違い。この時期、大企業の生産性は１９９３年から上昇傾向を続け、中小企業の生産性は横ばいのままだった。労働装備率を大きくすると生産性が向上する、というカネの論理が働いている。

もうひとつは、大企業と中小企業の立場が逆転するケースで、労働装備率を２００９年から２０２１年まで基本的に横ばいにさせた大企業と２００９年から２０１１年にかけても装備率を大きくし、その後も装備率をその水準で保っている中小企業。この時期には、大企業の生産性はリーマンショック後の巨大な落ち込みを２０１９年にかけて回復しただけであるのに対して、中小企業の生産性はリーマンショックでもまったく下落せずに２００９年からはむしろ上昇させている。ここでも、労働装備率を大きくすると生産性が向上するというカネの論理が働いている。

ちなみに、２つの図での生産性のピーク値（過去最高値）は大企業が２０１８年の１３７７万円で中小企業が２０１７年の６００万円である。これらの最高値は、リーマンショック前のピーク値である大企業の２００７年の１３３５万円、中小企業の１９９０年の５５７万円と比べると、大企業はわずか42万円増（率にして３・１％増）であるのに対して、中小企業は43万円増（率にして７・７％増）となる。労働装備率を大きく下落させることなく、ほんの少しだが増加させてきた中小企業のほうが、労働装備率をリーマンショックの後に大きく下落させたまま低い水準に放置してきた大企業よりも、生産性の全体的回復傾向は強いのである。

設備投資抑制でも、利益率は上げられる？

こうして生産性があまり大きくならないままでいると、カネの入り方は改善せず、投資への資金余力も改善しない。だから、設備投資を低水準のままで推移させるという結果になってしまう。つまり、リーマンショック以降の大企業に顕著に見られる「減価償却の範囲内での投資」などという成長にまったくつながらない設備投資抑制が、カネの論理としてこんな形で機能してしまっているのである。

ただ注意すべきは、こうして投資抑制によって生産性の基本レベルがあまり改善しない時期にも、利益率が改善することが十分あり得ることである。それが明瞭に出ているのは、図1-3で見たように、リーマンショック後に経常利益率が、特に大企業の経常利益率が、大きく改善していることである。

そこには、2つの理由が働いていたと思われる。ひとつは、リーマンショックのような大きな不況の後には、既存の設備の稼働状況を改善したり、小さな製品改良を重ねる（それもあまり設備投資をせずに済む範囲の）ことによって、売上拡大・利益拡大の道があるということである。それは、いずれはその工夫の余地がなくなって、本格的な設備投資をしなければその先の展望は開けなくなるのだが、不況からの回復としては可能なのである。

もうひとつの理由は、会計計算上の論理である。労働装備率の停滞あるいは減少は、実は利益に対して会計的なプラスの側面もあるからである。

労働装備率の停滞あるいは減少は、有形固定資産残高の停滞あるいは減少を多くの場合意味するだろうが、それは計算上の減価償却費が小さいままで抑えられる可能性を意味している。したがって、その分だけ売上から差し引かれる減価償却費が少なくなり（あるいは増えないままでいる）、会計的には利益計算へのプラスになるのである。

もちろん、設備停滞があると生産能力の停滞や生産性向上の期待薄という現象も発生し、それが売上減少やコストダウンの難しさにつながってしまう可能性が高い。だが、一方で償却費も減る（あるいは増えない）という意味で、会計計算上はプラスの面があるのである。

図1-3で見た、大企業の経常利益率がリーマンショック後にぐんぐんと上昇していったのは、その時期に同時に大企業で投資抑制が行われて労働装備率が横ばいに抑えられたことと考え合わせると、労働装備率の停滞が見えにくい利益押し上げ要因として作用していた可能性があるのである。

海外投資抑制と人材投資抑制の直接的インパクト

海外展開投資の抑制のありさまは、図2-5を中心にすでに第2章で述べた。それをまとめとして繰り返せば（再掲図2-5）、海外現法の設備投資は2010年くらいから増加はしているものの、9兆円に届かない水準で2013年ごろから頭打ちになっている。この時期は円安の時期で、輸出を伸ばすための海外現法での投資がもっと増加してもいいはずの時期である。それがやれていない。

しかも、現法設備投資の伸びは国内設備投資の伸びよりもかなりペースが遅く、決して「国内市場が有望でないから海外へ」という勢いが見えるような数字ではない。むしろ、国内よりも「軽視」とすらいえるだろう。

そうした海外投資抑制は、リーマンショックで日本の貿易構造がガタガタに崩れてしまったことの、ひとつの大きな要因であったと思われる。図4-3が、日本の輸出入構造と貿易収支の推移を示している。

1980年代半ばからリーマンショックのころまでの20年間ほど、日本は安定して10兆円前後の貿易黒字を出す国であった。そうした輸出入構造とそれを支える産業構造があったのである。しかしそれは、リーマンショックで一気に崩れてしまった。そ

再掲 図2-5　国内と海外の設備投資、対外直接投資

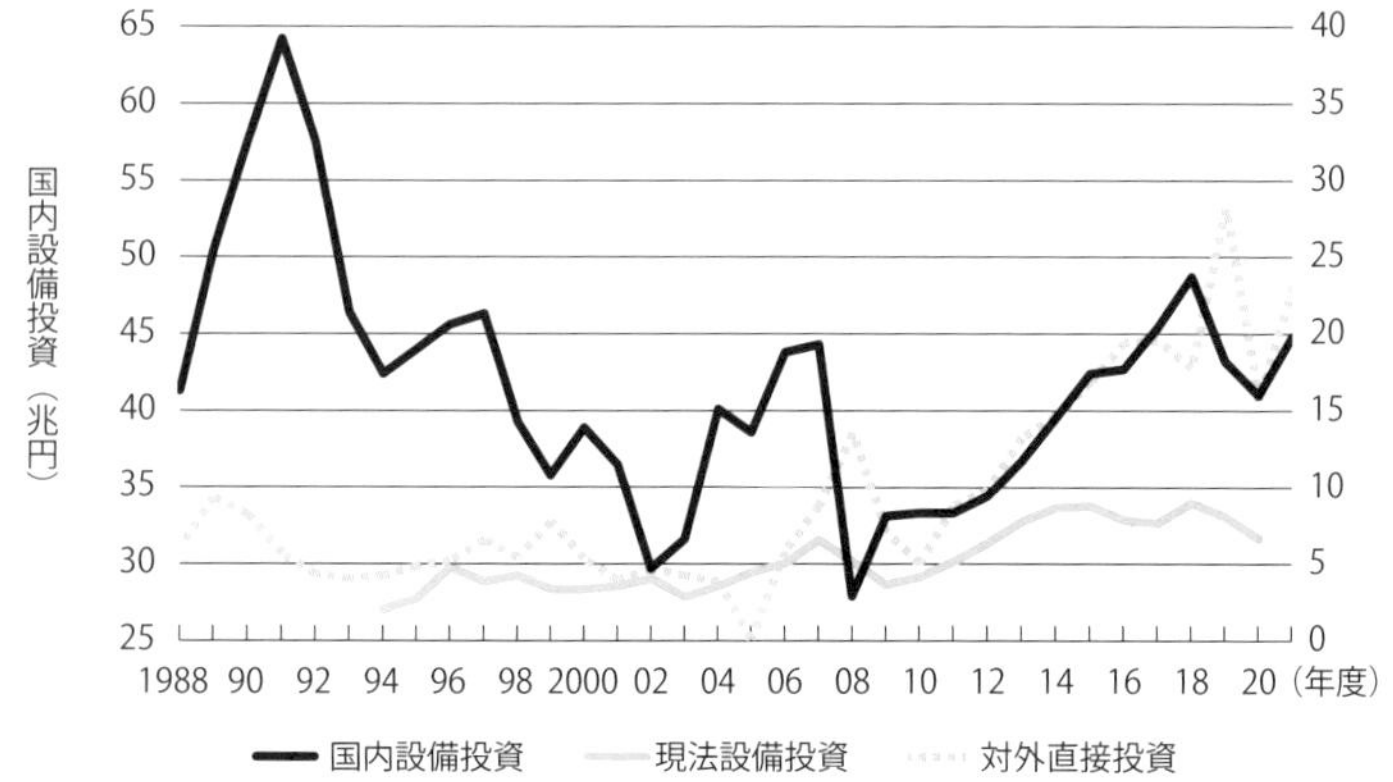

出所：法人企業統計調査、海外事業活動基本調査、国際収支統計

れ以後は、5兆円の貿易黒字を計上することも珍しく、2014年には実に12・8兆円という巨額の貿易赤字を出してしまうのである。

この貿易赤字の主な原因はたしかに原油価格の急上昇（2013年には1バレル100ドル近くの高価格）ではあったが、輸出の伸び悩みもうひとつの原因であった。その背景には、リーマンショック後の円高という輸出に不利な為替事情がたしかにあった。

為替は2008年8月の1ドル109・2円をリーマンショック前のピークとして、2009年1月の90・4円まで、たった5カ月で17%も円高へと切り上がっていった。そして、その後も2013年1月まで、70円台、80円台の

日本の輸出入と貿易収支

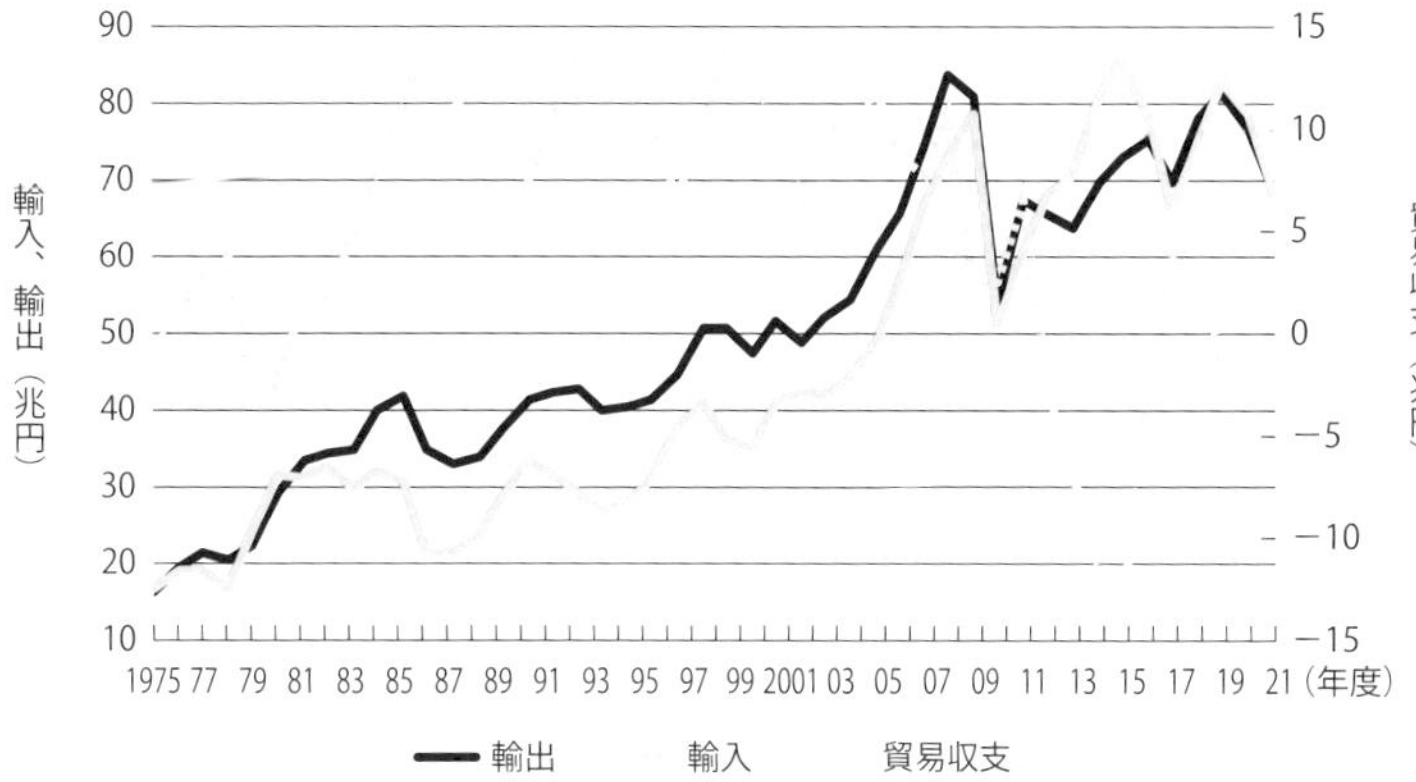

出所：貿易統計

円高が続く。リーマンショック後の世界的な需要収縮の中のこれだけの円高は、日本の輸出へ大きなマイナスインパクトをもたらした。

　しかしこの時期の輸出の伸び悩みは、海外市場開拓のための投資を怠ってきたことのつけでもあったろう。すでに先に「海外現法の設備投資は２０１０年くらいから増加はしているものの、９兆円に届かない水準で２０１３年ごろから頭打ち」と述べたように、海外展開投資は決して積極的といえるような水準にはリーマンショック後にならなかった。特に２０１３年以降は円安へと為替が動いた時期だから、そこで輸出を伸ばすための現法での輸出対応投資（その投資の中に現法での設備投資があるだろう）が伸びてもいいはずなのに、そうはなっていない。

すでに当時は、将来の日本の国内市場の伸び悩み予想が広く共有されていた時代だから（国内人口の減少は、誰にもわかる国内需要伸び悩み要因である）、もっと海外展開へと投資を拡大するべき時期に、実は現法の設備投資は国内の設備投資よりも拡大ペースが弱いのである。図2-5に示した通りである。

たしかに海外直接投資は2013年以降の時期にかなり増えているのだが、その大きな部分を占める海外企業の買収は、海外売上を大きくすることはあっても、日本からの輸出に大きなインパクトが及ぶような投資ではないのである。

その上、そうした買収案件がトラブルに見舞われることも多く、その悪影響で日本企業の海外展開投資、特に輸出強化に資するような投資は抑制されることがあちこちの企業で起きただろう。「国際事業の投資採算の悪化」が、企業買収案件以外の輸出強化投資にマイナスのインパクトを及ぼしてしまうのである。

こうして日本の輸出は伸び悩み、一方で原油高によって輸入は急激に増えてしまう。日本の貿易構造はガタガタになったのである。その原因のひとつは、海外展開投資を抑制したこととの直接的なマイナス効果だったと思われる。

その象徴が、電機産業の輸出の伸び悩みである。リーマンショック直後の落ち込みから2010年には14・4兆円に回復したものの、その後はその水準からあまり増えず、2017年にやっと15・2兆円になった程度である。日本のナンバーワン産業であった電機の伸び悩みは、日本全体にとって痛かった。

それは、自動車の輸出が2010年の12・3兆円から2017年の16兆円へと大きく拡大していったのと比べると実に対照的で、2013年以降は自動車の輸出のほうが電機の輸出よりも大きくなるのである。一昔前は自動車の輸出は電機の輸出の半分程度という時代が長く続いたことと比べると、電機産業の相対的な衰退が輸出の数字に如実に出ている。自動車の輸出対応投資は、トヨタ自動車をはじめとする自動車メーカーの積極的なグローバル戦略のおかげで、かなり充実していたのである。

一方、電機産業では、その重要な部分である半導体がバブル崩壊直後の国内投資抑制で一気に国際的な地位を落としてしまった。そんな半導体の衰退もあって、電機産業の海外展開投資はリーマンショック以降も抑制され続けたのである。

海外展開投資と並んで抑制された人材投資のデータは、図2‐8で紹介した。特に、リーマンショックで落ち込んで以来、2021年に至るまで大きな回復をしておらず、バブル崩壊からリーマンショックまでの17年間の日本の低迷期の水準にすら大きく劣っているのは、危機的ともいえる。

人材投資低迷の直接的マイナス効果は、ただちに表面化するようなものではないかもしれない。だからこそ、利益率向上のためにこうしたコストを企業は削りたがるのである。しかし、その低迷が長期化することのマイナス効果は深刻であろう。現場の競争力の停滞につながるばかりでなく、技術進歩やイノベーションの能力にも影響が出てくる危険が大きい。

配当重視から生まれる負のサイクル

3つの投資抑制（設備、海外展開、人材）の一方で同時に起きていた**配当重視も、さまざまな波及効果を生んでマイナスが重なっていくという負のサイクルをもたらす危険がある。**

そこには、2種類の負のサイクルがありそうだ。

ひとつは、**配当増加がその後の配当増加をいわば「強制」してしまう、という負のサイクル。**配当をいったん増加させると、それを下げることが株式市場の評価を低くすることを恐れて、配当増加（あるいは少なくとも維持）への圧力につながる危険がある。その結果として、さらなる配当増加がさらなる投資資金の圧迫につながり、投資抑制の負のサイクルが強化されるのである。

もうひとつの配当重視を出発点とする負のサイクルは、**現場のモチベーションへのマイナス効果を経由する負のサイクル**である。配当重視が人件費の原資にマイナス効果を与え、人件費が伸び悩むことによって現場のモチベーションにマイナスのインパクトが及ぶ。

たしかに、日本の大企業では労働分配率の下落と株主分配率の上昇がペアで起きていた（特にリーマンショック以降）。そうすると、現場の競争力に悪影響が出て、現場が生み出すキャッシュフローへマイナスの波及効果が生まれる。そのマイナスが投資原資の伸び悩みをもたらし、投資抑制の負のサイクルに入ってしまう。

しかも、**投資抑制と配当重視が同時に起きると、自己資本が積み上がる可能性が高くなる**という現象を通して、実は配当をさらに大きくせざるを得ないような波及効果が生まれてしまう危険がある。それは、次のような誰も望まない論理回路である。

投資を抑制すると、抑制された分だけ内部留保が大きくなる。それで、自己資本が積み上がる。実際に、日本の大企業で２００１年以降に起きたことである。

自己資本が大きくなると、同じ利益額を生み出したとしても、ＲＯＥ（Return On Equity　自己資本利益率、当期純利益／自己資本×１００で算出）は下がってしまう。あるいは、多少の利益の増加があってもＲＯＥはそれほど増えない、あるいは伸び悩む。ＲＯＥの分母が大きくなってしまうからである。

そして、コーポレートガバナンス改革で「ＲＯＥの目標は８％」といわれてしまうと、その目標を満たせない企業が「自己資本の積み上がり」によって多くなる。そう

図4-4　自己資本利益率：ROE

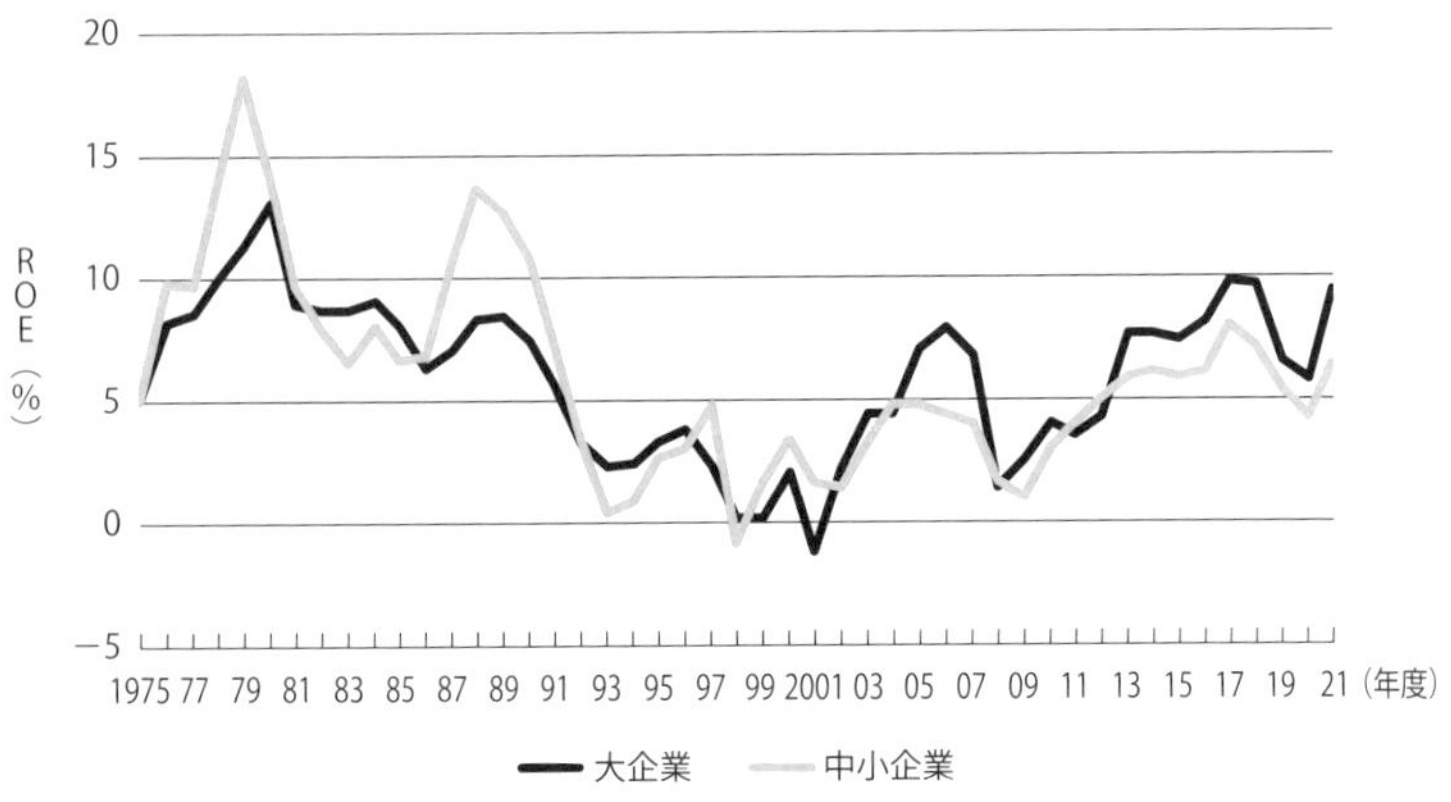

出所：法人企業統計調査

したＲＯＥ伸び悩み企業が株主からの圧力を気にして、配当を大きくしなければならない、配当性向（利益の中から配当に回す割合）を改善しなければならない、という圧力を感じるようになる。

だから、自己資本の積み上がりが配当を大きくする圧力になってしまうのである。実際に日本の大企業では、その圧力が機能してしまった可能性がある。図４－４のＲＯＥの時系列グラフが、それを暗示している。

この図が示すように、実は安定成長期の日本企業のＲＯＥは高かった。リーマンショック以降のＲＯＥの平均的水準よりも、安定成長期の平均的水準のほうがかなり高いことが、グラフから読み取れる。特に中小企業のＲＯＥは大企業の

ROEよりもかなり高かった。第1章で示した図1-3の売上経常利益率で大企業のほうが一貫して中小企業よりも高いのとは、まる逆である。

安定成長期の日本企業のROEのほうが（大企業も中小企業も）リーマンショック以降よりも高いのも、2001年まではほとんどつねに中小企業のROEが大企業のそれよりも高いのも、基本論理は同じである。自己資本の小さい、借入金により頼る経営（借入金というテコを使う、という意味でテコ〈レバレッジ〉経営と呼ばれる）を日本企業がやっていたからである。

しかし、2021年にもなると日本企業の自己資本比率は、同じく第1章で示した図1-5で見たように、40％前後の高さになっている。2001年ごろから日本企業は自己資本の多い経営をめざしてきたのである。アメリカ企業のほうがむしろ、借入金などにより頼るテコの効いた経営になっている。

したがって、日本企業のROEは最近はさらに大きくするのが難しくなっている。それが、図4-4で2013年以降にROEが伸び悩んでいる、ひとつの原因であろう。

そうして自己資本が大きくなってしまった企業がROEを大きくするために、自己資本を少なくしようと自社株買いをするのである。あるいは、アクティビストが、ROEの高い経営をめざせと、自社株買いを迫るのである。

ROEが伸び悩んでいる企業が、資金還元にうるさい株主を満足させるために、配当を増やしたり、自社株買いをしたりする。いずれの行動も企業の投資原資を少なくさせてしまう。それだけでも投資抑制をもたらすのに、配当重視や自社株買いはその大きさを維持させる圧力をもたらす。

こうして、**配当重視と自己資本の積み上がりがさらなる投資抑制につながる、という負のサイクルの「一丁上がり」（完成）となるのである。**

ヒトの論理による、投資抑制からのマイナス効果

以上の投資抑制の負のサイクルは、投資原資が少なくなるというカネの論理を通しての投資抑制のマイナス効果の論理であった。しかし、以下で説明する「ヒトの論理」を通した投資抑制のマイナス効果もまた大きいと思われる。むしろ、ヒトの論理を経由するこの負のサイクルのほうが深刻だろう。

設備投資にせよ、海外展開投資にせよ、あるいは人材投資にせよ、投資を大きく実行することは、設備が増強される、海外での流通網の整備ができる、というような物理的インパクトだけでなく、次のような3つの人間的なインパクトを現場の人々、本社の人々にもつのがつねである。

●能力形成
●心理的エネルギー
●意識と視野の広さ

こうしたインパクトが生まれる理由は、投資の立案と実行プロセスでそれに携わる人々が、その過程でさまざまにモノを考え、学習をし、またさまざまな心理的反応をするからである。

投資はまず、人々の能力形成プロセスに影響を与える。

設備投資を行えば、その投資内容を決めるために技術者たちが技術の詳細を学習する。さらに、投資した設備を運転する現場の人々も運転のスキルを身につける必要がある。それは、技術知識の拡大や新技術習得に貢献するだろうし、また設備の運転を開始しても、トラブルはつきものである。そのトラブル対応からさまざまな想定外対応能力の育成にも役立つだろう。

海外展開投資は、海外市場の厳しい現場で市場知識の豊かな人材を育成できるという効果があるし、あるいは海外工場の操業に派遣された日本の現場の人たちが、言葉が多少不自由でもきちんと現場のマネジメントができる能力を獲得する、という効果もありうる。海外展開は、さまざまな現場での実地教育訓練の場の宝庫なのである。

投資の立案と実行は、人々の心理的エネルギーにも影響を与えるだろう。革新的な技術への挑戦、大きな設備拡張への挑戦、海外の難しい市場への挑戦、あるいは新スキル習得の研修への挑戦などから、それらの挑戦を行う人々の心理的エネルギーが大きくなる可能性は十分ある。なにかに挑戦することがもたらす、心理的な高揚である。それを組織として行えば、組織としての勢いにつながる可能性もある。

さらに投資の立案と実行では、人々がさまざまな思考や経験をすることから、彼らの意識が鋭くなり、あるいは視野が拡大するというプラスのインパクトもありうる。たとえば、大きな事業展開を世界地図の上で考えることがもたらす視野の拡大というような例を考えれば、投資拡大が人々の意識や視野をより大きくする方向へと影響するであろうと想像できる。

こうした3つの人的なインパクトが投資から生まれるとすれば、投資の抑制は、人々の能力形成の機会を奪い、心理的エネルギーを高くすることへの貢献も少なくし、また人々の意識や視野が磨かれる状況ももたらさない。

その結果、**投資抑制をするから実は人材が育たない、人々の元気が出ない、ということになり、そうした人材が足らないから次の投資もできなくなる、という負のサイクルに入る**危険があるのである。

実は、バブル崩壊の後の30年の間に、**さまざまな投資抑制が起きてきたことが、日本企業の人的能力と成長への心理的エネルギーを小さくし、人々の意識を萎縮させてきたのではないか、**と私は考えている。この「ヒトの論理」による投資抑制のマイナス効果は、その大きさのデータ的検証は難しいが、実は投資抑制が生み出す負のサイクルの中心に位置するのではなかろうか。

しかも、この負のサイクルがもっとも厳しい形で顔を見せるのは、おそらく**経営人材、特に経営者の育ち方にこの負のサイクルが影響を与えることである**のを、われわれは真剣に考える必要がある。

投資を抑制するということは、経営者が大きな投資の決断をする機会が少なくなるということもしばしば意味する。しかし、その決断の辛さを経験し、そして決断した後に生まれがちな想定外のゴタゴタをなんとか処理する経験から、経営者としての器量が磨かれる。決断の経験とゴタゴタ処理の経験が経営者の器量を育てるのである。

経営者が大きな投資の決断の経験をもちにくくなり、その上に配当については「空気による」配当重視をしてしまったことが、経営者の意識の萎縮を招き、決断から生まれる器量の拡大の機会を奪ってきたのではないか。

こうしたさまざまなヒトの論理を経由した負のサイクルに、多くの日本企業が知らず知らずのうちに入っていると思われる。だからこそ、ことさらに3つの投資を強調し、そこからのヒトの論理を順回転させることの大切さをわれわれは強く意識する必要がある。

それは、多くの人が抑制の時代しか知らない（30年も抑制が続いてきたから）、「失われた三〇年」という現状では、特に大切な課題であろう。

投資抑制の犠牲者としての、日本の半導体産業

実はバブル崩壊後に、投資抑制を厳しくしてしまったことがその後に自分たちが窮地に追い込まれる原因となってしまった産業が実際にあった。日本の国際競争力が高いと1980年代には評価が高かった半導体産業である。

日本の半導体産業は、1990年の世界シェア49％。シェア1位の日本電気、2位の東芝、4位の日立、と世界トップ5のうち3社が日本企業であった。特にメモリーではダントツの世界最強であった。

その日本のトップの位置を積極的な設備投資で揺るがしたのが、韓国のサムスン電子であった。サムスンが半導体産業に参入してわずか8年後の1992年、DRAMというパソコンなどに大量に使われるメモリーの分野で世界シェア1位になったのである。それまでのDRAM首位は東芝であった。そして、1998年には国別シェア

でも韓国が日本を抜いて1位になる。

この背景には、１９９０年前後の数年間のサムスンの積極的な設備投資戦略と日本勢の消極的な設備投資戦略があった。日本勢が設備投資に消極的であったのは、２つの大きな理由があった。

ひとつは、１９８６年に結ばれた日米半導体協定で、実質的にバブル期のメモリー市場が官製カルテルのようになっていたことである。絶好調だった当時の日本の半導体産業を抑えるための、アメリカからの政策的要求であった。官製カルテルは日本企業の生産調整となり、そこから生まれる大きなカルテル的利益を日本企業にもたらした。だから、実は日本の半導体企業にも甘い汁となった。したがって、どの日本の半導体企業も業界の協調をやぶるような設備投資には積極的になりにくい。

もうひとつの要因は、バブル崩壊後の金融逼迫である。日本の半導体企業の多くがエレクトロニクス分野でさまざまな多様な事業をもつ総合電子メーカーであった。彼らにとっては、半導体以外の分野でバブル崩壊後にきわめて厳しい事業環境に直面しており、半導体投資に割ける投資原資が窮屈になっていた。その上、バブル崩壊後の貸し渋りが、さらに資金調達を難しくしていた。こうした資金調達面の理由も、半導体への積極投資をためらわせていた。

半導体産業では、コンスタントな設備投資が生命線である。特に不況期に次の好況期に備えた大きめの投資をしておくことが、実は重要なのである。それは、好況期に殺到する需要に対して供給能力を確保している企業に、市場のシェアが大きく動くからである。投資を抑制した企業にも、もちろん需要は回る。しかし供給能力の限界が投資抑制ゆえに生まれるから、満たされない需要が出てくる。それが、供給能力を積極的投資で確保している企業に回るのである。

こうしたメカニズムで、積極的投資を続けたサムスンは１９９２年にＤＲＡＭ世界一になった。そしてそれはサムスンをさらに勢いづかせた。サムスンは日本企業間の競争だったはずの最先端ＤＲＡＭ（16メガ）の大量生産にも１９９２年から積極的に動き、ついには日本企業を１９９０年代後半に追い落とすまでになる。

日米半導体協定への安住はいわばバブルの慣性、設備投資資金の逼迫はバブルの崩壊の影響である。２つのダブルパンチが、誰もがあり得ないと思っていた日韓逆転をもたらしたのである。

実は、サムスンの戦略は、日本の半導体企業がアメリカの半導体企業を１９８０年代前半に追い落としていったときにとった「不況期の積極設備投資」のマネであるといっていい。その同じ戦略を日本企業が手をこまねいて見ていたために、つまり１９９０年代初頭の不況期に投資抑制を厳しくしてしまったために、日本の半導体企業は次の好況期から自ら墜落していったようなものであった。

その墜落は、リーマンショック後の電機敗戦（日本の電機産業全体の総崩れ）のひとつの伏線となってしまった。半導体は電機産業の基盤なのである。この日本の半導体産業の墜落は、投資抑制とはそれほどこわいものだということを示す、象徴的な事例になっている（この辺りの歴史的詳細については、拙著『平成の経営』日本経済新聞出版社、拙共著『なぜ「三つの逆転」は起こったか――日本の半導体産業』ＮＴＴ出版、を参照）。

リーマンショックで、負のサイクルに本格突入

投資抑制がひとつの大きな原因で、日本の半導体産業が韓国に逆転されていった１９９０年代は、まだ配当重視の傾向は日本企業に出ていなかった。ただただ、金融逼迫による投資抑制が半導体産業衰退の主な背景であった。

そののちに、２００１年ごろから日本企業、特に大企業に配当重視の傾向が投資抑制に上乗せの形で出てくるのだが、投資抑制と配当重視の負のサイクルへの本格突入は、リーマンショック以降といっていいだろう。

再び、再掲図３-２を見てほしい。バブル崩壊後にキャッシュフローの設備投資への配分率（大企業）がゆるやかにしかし確実に下がり続けた中で、１カ所だけ大きな凹みがある。リーマンショックの最中の２００９年である。そもそも利益が大きく下

図3-2　キャッシュフローからの配分率：大企業

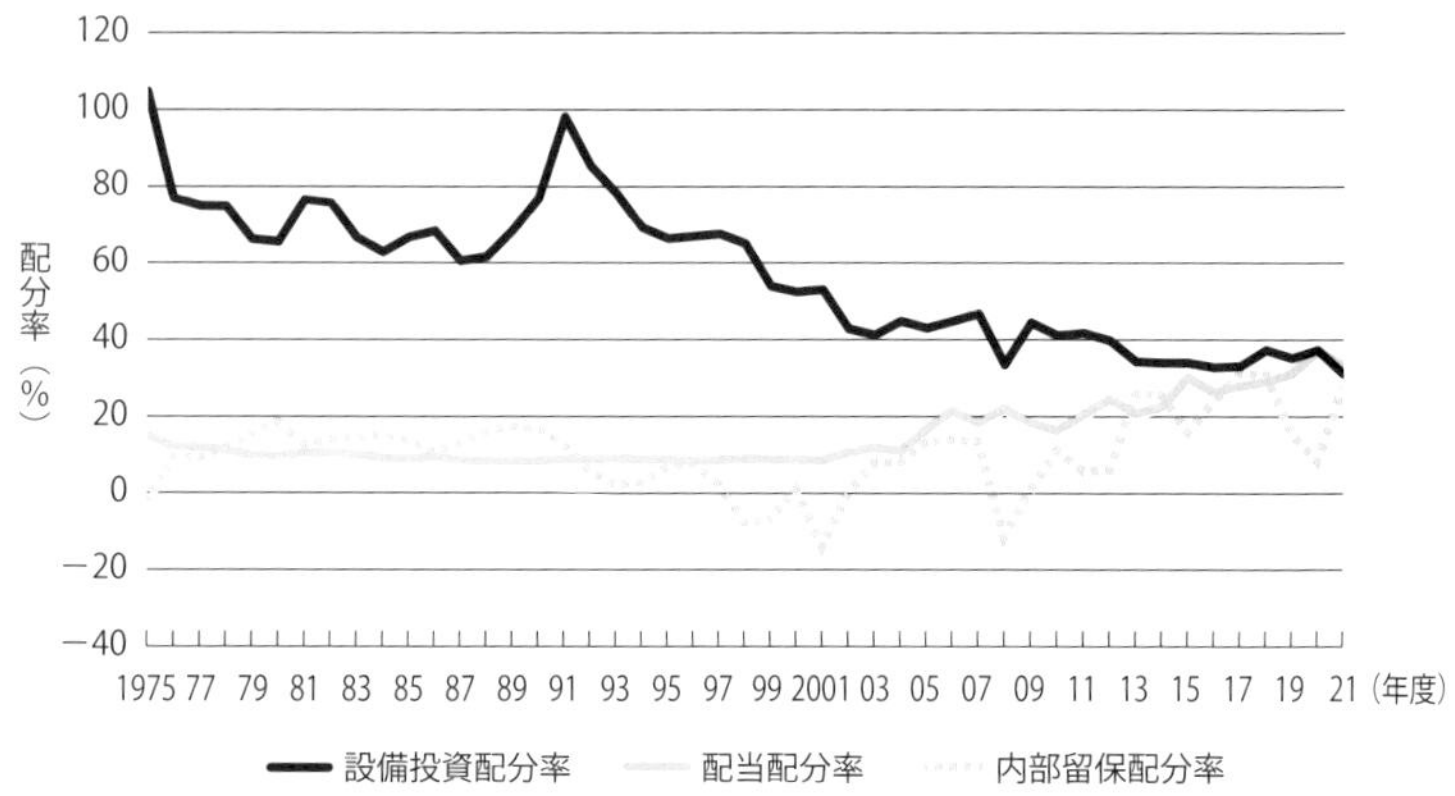

出所：法人企業統計調査

がってしまった状態で（つまりキャッシュフローが少なくなっている）、キャッシュフローの減り方よりも極端に大きな減り方を２００９年の大企業の設備投資が見せたのである。

　その減り方の大きさを視覚的に見せてくれるのが、再掲図１-７である。２００９年の１人当たり設備投資額（大企業）の落ち込み方の激しさは、単年度でいえばバブル崩壊時よりも大きな、おそらく「歴史上最大」の落ち込みであろう。

　そしてその翌年の２０１０年に設備投資配分率はＶ字回復するものの、リーマンショック直前の時期に投資抑制から投資増加へと転じていたところの（２００３年から２００７年まで）増加の傾きには戻らず、その後はある程度の景気回復があ

労働生産性と1人当たり設備投資：大企業

出所：法人企業統計調査

ったのにだらだら下がりを続けている（再掲 図3―2を参照）。

つまり、リーマンショックの衝撃は、それまで数年にわたって設備投資抑制を緩和してきた日本の大企業を再び抑制強化へと戻してしまったのである。

それと同時に、再掲 図3―5の株主分配率の2009年以降の急上昇に見られるように、配当重視の流れはますます加速していく。2009年の8・7％から2020年の22・2％へと、うなぎ上りである。

その一方で、リーマンショックで労働分配率が急上昇した後は、日本の大企業の労働分配率は2009年の63・8％から2018年の50・4％へと、急落していく。株主重視の裏側での従業員軽視が、

再掲 図3-5　付加価値の分配：大企業

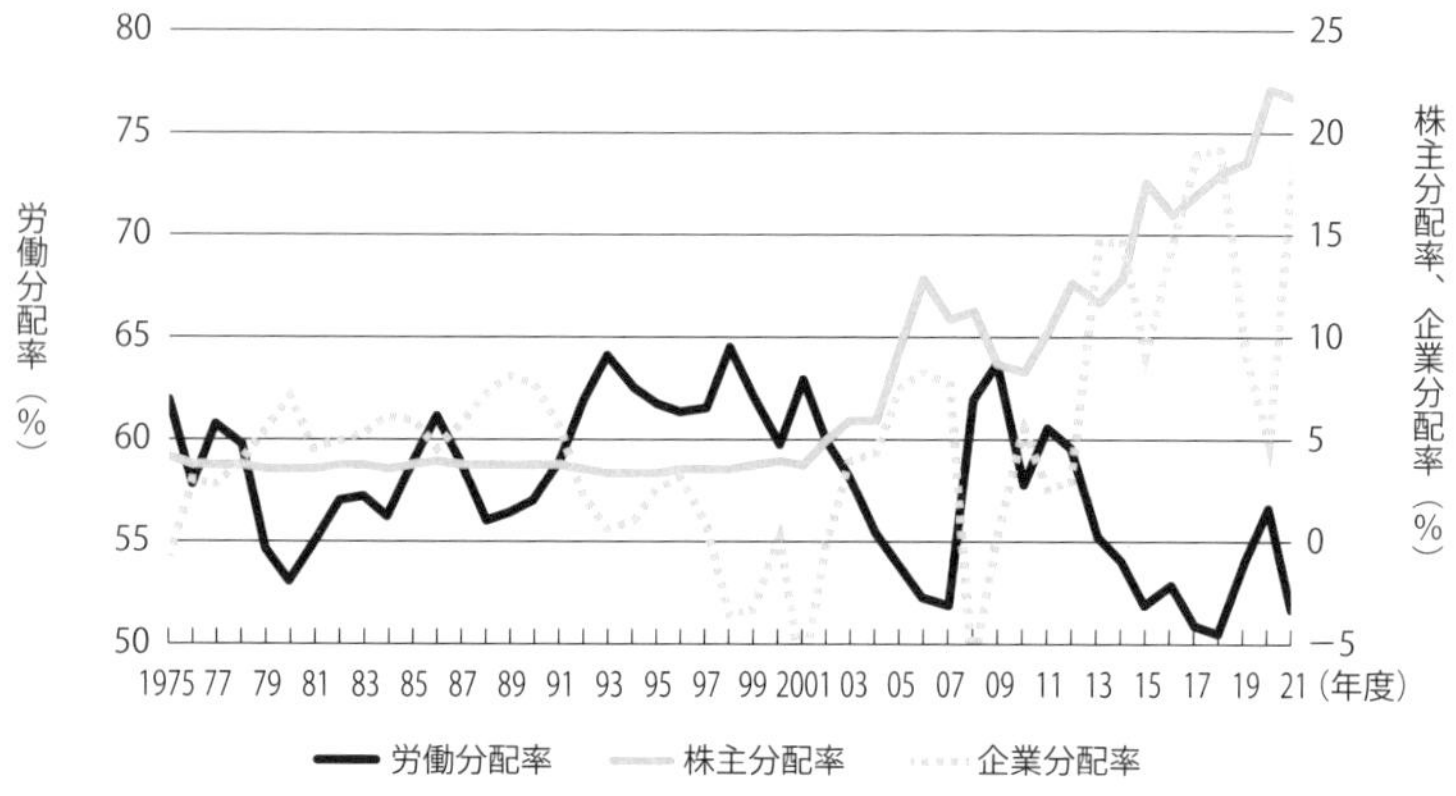

出所：法人企業統計調査

明確な形で起きている。

ただし、そうした負のサイクルが起きたきっかけとなったリーマンショック発生時には、労働分配率の急上昇が過去の不況期と同じように見られたことはきちんと注意しておく必要がある。雇用の安定を守るという意味での従業員重視は、リーマンショック時にはまだ生きていた。

しかし、リーマンショック後の株主重視の強い傾向が10年以上続いた後にやってきたコロナ不況の2020年には、もはや雇用の安定重視の姿勢が以前の不況時ほどには強く残っていなかった。それは再掲図3-5の労働分配率グラフの2020年のジャンプ（上昇）の程度が、リーマンショック時の労働分配率グラフのジャンプ幅の半分程度でとどまっていることに表れている。

その上、コロナ不況のときの株主分配率は、2020年にはむしろ前年より上昇しているのである。つまり、2020年の日本の大企業は、雇用の安定重視はほどほどに抑えて、株主重視だけはさらに強化させたのである。もちろん、設備投資抑制は続けていた。

こうして、リーマンショックからコロナ不況までの12年間の間に、日本の大企業には投資抑制と配当重視という負のサイクルが定着してしまったように見える。配当を増やすと減らせなくなる、配当を増やせば投資資金の余裕が小さくなる、それが付加価値の成長を抑えてしまう、という負のサイクルである。

2009年を境にした、労働分配率のコンスタントな下落と株主分配率の急上昇というペアの動きは、日本の大企業の経営の底の部分で、なにかが大きく変貌した可能性を感じさせる。それを私は「**経営の原理での漂流**」といいたいのである。その漂流そのものについては次章でよりくわしく考えよう。

こうした漂流は、リーマンショック時の労働分配率の急上昇（雇用安定の姿勢）とそのときの配当の落ち込みに対して、どこかから大きな警告を受け取り、その警告に反応したかの如くである。従業員を重視して、株主を軽視する経営はもはや許されない、という警告である。

そのありうべき警告の背後では、リーマンショックが世界的な規模の金融資本主義のバブルだったことが影響しているのかもしれない。

すでに第1章で示唆したように、日本の大企業は金融資本主義の恐ろしさを感じ、またバブル期の「金融バブルのトラウマ」が蘇ったかの如くである。だから、株式市場を大事にしなければならない、株主資本の提供者である株主をないがしろにすることは許されない。つまり、株式市場からの警告を、リーマンショック時にはまだあった「従業員重視、配当軽視」への抗議のような形で受け取ったようである。

しかも、その警告の受け取り方は激しかった。リーマンショックでの巨大な投資抑制とその後の株主傾斜の激しさは、「**うろたえる日本の大企業**」と表現したくなるほどである。

地獄への急降下、世界最大の被害者・日本

しかし実は、それも無理もないことにも思える要素がある。

リーマンショックに襲われた日本企業の実情は、本人たちにも意外なほどの衝撃がきて、しかも地獄への急降下とでも表現してもいいほどの大きさの衝撃だったのである。リーマンショック直後の日本の産業の姿はまさに、崖を真っ逆さまに落ちる、と

円ドルレート、鉱工業生産指数：月次

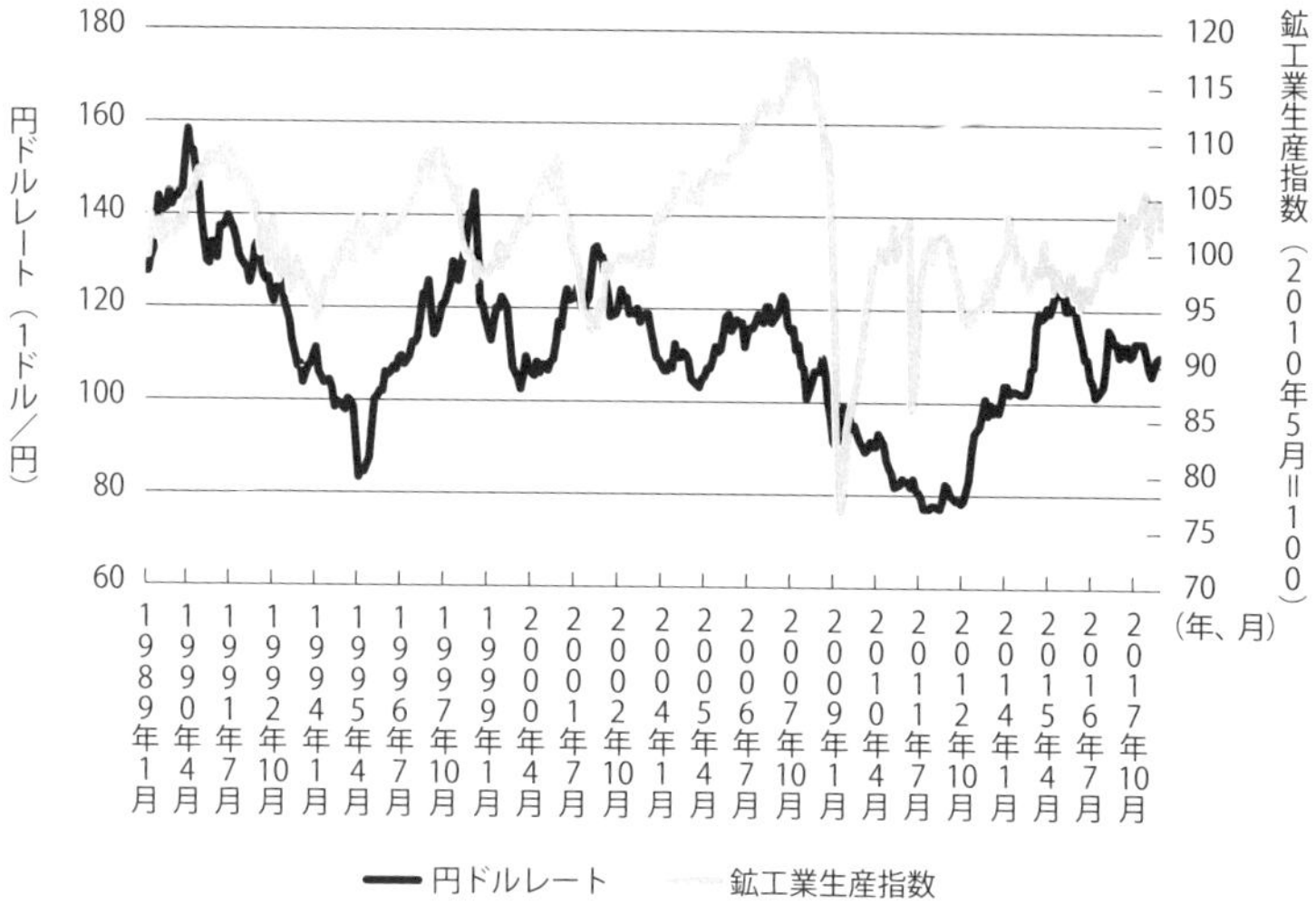

出所：経済産業省鉱工業指数統計、日銀統計

表現してもいいようなものだった。

それをきわめて明瞭に示すのが、平成30年間をほぼ網羅する鉱工業生産指数の月次データ（2010年5月を100とする指数）のグラフ（図4-5）である。グラフが2008年半ばから2009年2月へ向かって、奈落の底へ落ちるような勢いで落ちている。実に異常なことが起きているのがよくわかるだろう。バブル崩壊の1991年にも、金融危機の1998年にも、あるいは古くはオイルショックのときにも、こんな短期間の巨大な転落は起きていない。

具体的な数字でいえば、２００８年9月の鉱工業生産指数は１１０・０だったが、ボトムの２００９年2月には76・6まで落ち込む。わずか5カ月で3割の落ち込みである。主な原因は、世界的な金融危機による需要収縮のために、日本からの輸出が激減したことである。

２００９年の輸出は54・2兆円に減少するという、6年前の水準への逆戻りとなった。前年と比べると輸出の3分の1が消えたのである。特にアメリカとＥＵへの輸出がそれぞれ4割前後の減少幅となった。中国への輸出が23％減でとどまったので、全体として3分の1の減少でやっとおさまったのである。

実際にこのころに私は、操業率が5割や3割になってしまった工場の話を、あちこちで聞いたことをおぼえている。非常事態だった。そして、鉱工業生産指数が90台にまで回復するには２００９年9月までかかった。実に半年以上にわたって操業率80％台のままの生産水準が続いたわけで、こんな事態はもちろん平成の30年間にはこの時期しかなかった。

２００９年という年は、さまざまな経済指標でどん底の年となった。経済成長率はマイナス5・4％。オイルショック後の１９７４年や金融崩壊の１９９８年のマイナス1・1％をはるかに上回る過去最大のマイナスであった。株価も２００９年3月、バブル崩壊後の最安値である７０５４円（終値ベース）を記録した。２００９年7月には完全失業率も月次データの過去最悪となる5・5％にまで上昇した。

リーマンショックは当然、企業決算も直撃した。たとえば、トヨタですら2009年3月期の決算で、4100億円の連結営業赤字となり、売上の前期比減少幅は22％にもなった。トヨタの営業赤字は、創業直後以来、70年ぶりのことであったし、この年以外に営業赤字はない。

リーマン・ブラザーズの破綻は、アメリカでの金融破綻であった。それが、日本の実体経済にこれだけ大きなインパクトをもった。世界的な金融危機の恐ろしさである。しかも、実体経済への被害の大きさという点では、日本が世界的に見て最大の被害者となってしまった。

たとえば、経済成長率のマイナスでアメリカと韓国と比べてみると、2009年の成長率は日本がマイナス5・4％であったのに対して、アメリカの2009年の成長率はマイナス2・8％、お隣の韓国はなんとプラス0・7％成長だった。2007年と2009年の生産指数の減少率で比べてみても、日本は26・4％も落ち込んだのに対して、アメリカは14・5％の減少にとどまり、韓国にいたっては2・6％の増加であった。

しかし、リーマンショックが起きた直後には、この金融バブルに日本の金融機関があまりからんでいないから日本への影響は小さいだろうと思われていた。それなのに、日本が最大の被害者になってしまった。だから余計に衝撃だったのである。世界的な需要の収縮がもたらした巨大な衝撃であった。

日本が最大の被害者になった第二の理由は、円高である。為替は２００８年８月の１ドル１０９・２円をこのころのピークに、90円台へと切り上がり、東日本大震災を２０１１年に経験しながら、その後も２０１３年１月まで、80円台から90円台の円高が続くのである。

リーマンショックで金融資本主義の猛威におびえた日本の大企業は、為替も恐ろしいものだということを、２００９年から4年間近くにわたって経験したのである。しかも、株価も歴史的低水準になり、低迷を長く続ける。投資を抑制したくなるのも、リスク回避の姿勢が強くなるのも、無理はない部分はあるのである。

そんな時期に、２０１４年ごろから官主導のコーポレートガバナンス改革が声高に叫ばれるようになり、コーポレートガバナンス・コードが制度化された。さらにその背後で、第2章で指摘したように、リーマンショック後の人材投資の大きな減少を日本は経験していた。これで、負のサイクルが完成してしまった。

負のサイクルが完成すると、どんな企業行動になるかを、すでに説明したコロナ不況時の企業行動が示している。この不況期の２０２０年の株主分配率の上昇は、実は**「不況期に株主分配率を上げる」という歴史上まれな例**となったのである。その配当

付加価値の分配：中小企業

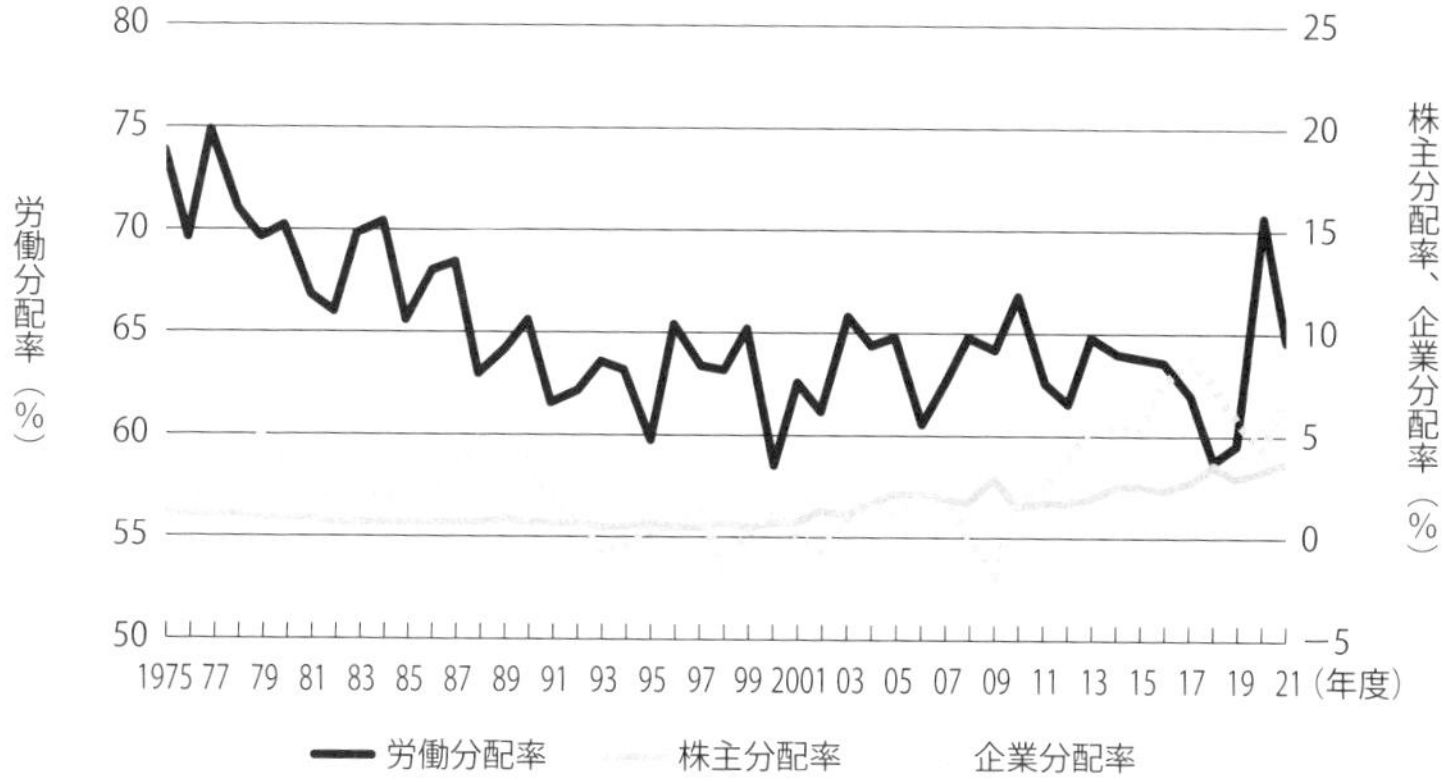

出所：法人企業統計調査

の財源は、内部留保を極端に削ることと、労働分配率の上昇をかなり抑えることによって手に入れたものである。

株主配当を守るために、実は労働分配を「犠牲」にし始めた日本の大企業、といえるだろう。それが望ましい、長期的に維持可能な経営姿勢とはとても思えないが。

念のために言い添えると、こうした**「株主重視と従業員軽視のセットの行動」は、日本の中小企業の行動パターンではない。**再掲 図3-6を見れば明瞭なように、中小企業のコロナ不況時の労働分配率はかつての不況期よりもはるかに大きなジャンプをしている。雇用を守ったのである。また、2001年以降一貫して、株主分配率はほんの小さな上昇しかしていない。

つまり、株主への異常な傾斜は、大企業にだけ見られる現象なのである（再掲図3-5参照）。もちろん、中小企業は株式市場での資金調達などしないから、株式市場をまったく気にする必要はない。だが、日本の大企業は、図3-10で明確に見たように、株式市場での資金調達などほとんどしないのにもかかわらず、株式市場の声を聞きたがるのである。

アメリカ型の株式市場原理主義、コーポレートガバナンス改革の影響がリーマンショック以降強まったと考えていいだろう。

自信なき経営者、従業員への甘え？

多くの日本の大企業が、こうして株主傾斜と投資抑制・配当重視の負のサイクルに入ってしまったように見える。その「サイクルの完成」を経営者に近い現場の人々はどのような思いで見ていたのだろうか。

2つの証言を紹介したい。いずれも、私と信頼関係にある企業人の本音の反応で、2023年の春以降、私がこの本で紹介しているような投資、配当、労働分配率などのグラフを見せて、「なぜ日本企業はこうなったと思うか」と質問したときの彼らのコメントである。

ひとりは、ある大企業でＩＲ（Investor Relations）担当の仕事をしてきた人物、つまり経営者たちの大手機関投資家やアナリストたちへの対応をサポートし、横で見てきた人物である。

彼は、経営者の行動の背後の２つの要因を指摘した。ひとつは、「外面のよさをつくりたくなる、いわば見栄」である。もうひとつは、「自分たちの原理への自信のなさ」である。

彼はこういう。

「アナリストや株主（特に海外）は、その時々の自らにとって利益になると思われる要求を、時に無遠慮に突きつけてくる。その要求に対し、本来は自社にとっての利害を優先した観点で反論すべきだが、経営者は反論をそこそこに飲み込む場合が多い。そこには、その時々の経営に関するグローバルスタンダードに則っていないと格好悪い、認めてもらえない、という気分があるようだ」

それを彼はあえて、外面のよさをつくりたくなる、一種の「見栄」だというのである。経営者の自信のなさについては、彼の見解はこうである。

「日本企業はこれまで多くの危機を乗り越えてきた。戦後の大混乱から始まり、オイルショックや超円高、最近ではリーマンショックや東日本大震災というような危機を乗り越えてきた。その経営は対外的に誇るべきものとして発信しうるはずだが、そうはできていない。自分たちの経営に対する深い原理的理解が不十分である一方で、欧米に対する憧れや引け目のようなものがあり、日本独自の経営の原理に対する『自信のなさ』につながっている」

さすが、現場で経営者の言動を苦い思いで見てきた人の本音である。私の現場観察の感覚も、同じである。それは、日本企業の経営の原理を深く見つめ直す重要性を語っていると思われる。

もうひとつの証言は、ある上場企業の人事部長経験者（第3章で紹介した人事担当専務とは別の方）の、マスコミが「株式会社だから株主を尊重するのが当たり前」と盛んに書くとどうもそれには逆らえないという空気になった、それを説明する言葉である。彼はこういう。

「従業員への分配との関係でいうと、感覚的には株主第一、従業員第二の分配になっていた、それも無意識のうちにそういう流れの議論を展開していた、と思う。人材が最大の財産という理念をもちながら、人材がもっとも希少な資源であるという認識が薄れていたと思う。その背景には、従業員はこれくらいなら我慢するだろうという甘えもあったかもしれない」

さらに彼はこう付け加えた。

「株主第一、従業員第二という意味での従業員への『甘え』と、人事制度維持第一、コア従業員第二という意味でのコア従業員への『甘え』と、二重の甘えが自社にはあったのではないか。

新興企業（日本だけでなく中国なども）やＧＡＦＡＭのようなアメリカ企業のほうが、人材という資源の希少性に気づき、大規模で集中的に人材投資をしてきたように見える」

正直な告白、と私には思えるし、私も同感である。しかもそれは彼ひとりの感覚だけでなく、多くの経営者にも共通する感覚ではないか、と私には思える。

つまり、これまでの人事制度の骨格を維持することが自己目的化して、その人事制度によって本当は守られるはずのコア従業員のへの分配と彼らが育つための投資を十分に考えていなかった、というのである。それはコア従業員への甘えだ、と自らを揶揄するように語る元人事部長氏の反省の思いは深いようだ。

人材への投資については、第2章で私はこう書いた。

「リーマンショック後の人材投資の回復はもっと不十分で、『まったく不十分』というべきであろう。少なくとも、設備投資（あるいは対外直接投資）よりもかなり鈍い回復しかしていない。

人材が企業成長の源、としばしば日本企業の経営者たちはいう。しかし、実際に彼らの育成のために使っている資金量を見れば、その言葉を額面通り受けとるわけにはいかない。むしろ『人材が大切といいながらも、設備投資よりもかなり軽視している』といわざるを得ない」

先にあげた2つの証言が強く示唆するのは、経営者の「意識」が、この章で書いている投資抑制と配当重視の負のサイクルの背景にあるもっとも重要な要因のひとつではないか、ということである。負のサイクルの真因は、どうもこの辺りにある。

そしてそのややいびつな意識がある意味で放置されることの原因が、実は負のサイクルのヒトの論理に潜んでいるのではないか。

「ヒトの論理による、投資抑制からのマイナス効果」の項で私は、「**さまざまな投資抑制が起きてきたことが、日本企業の人的能力と成長への心理的エネルギーを小さくし、人々の意識を萎縮させてきたのではないか**」と書いた。まさに2つの証言はそれと同じことを、特に経営者の意識の問題について語っているようである。

同じ項の後ろの部分で書いたように、「経営者が大きな投資の決断の経験をもちにくくなり、その上に配当については「空気による」配当重視をしてしまったことが、経営者の意識の萎縮を招き、決断から生まれる器量の拡大の機会を奪ってきたのではないか」。

いわば、投資抑制と経営者の器量の萎縮の間のイタチごっこがこの30年の間に起きてきて、特にリーマンショック以後にそれが加速してきたのではないかと思われる。そして、その望ましくない加速があまり深く注目されてこなかったひとつの原因が、実は利益率などがリーマンショック後に回復してきたことではないか。

利益率は上昇しているのだから、経営者には特に問題はない、という発想である。しかしその**利益率上昇が、人件費と投資を抑制することによって達成されたものならば、それを企業の真の実力の上昇と考えるべきではない**だろう。

第5章

従業員主権から漂流した日本企業

従業員主権からの漂流とは

前章の後半で、日本の大企業の付加価値分配が特にリーマンショック以降に「株主第一、従業員第二」へと変わってきていることを、大企業の現場の2人の証言を交えながら、強調した。

それは、付加価値の分配のみならず、企業という経済組織体の将来の運命をも決める権力(国家の将来を決める権力を指す主権という言葉になぞらえて、以下では「主権」という言葉を使うことにする)として、株主主権第一に日本の大企業が変わってきた、ということである。

実は、この章で以下説明するように、戦後の日本企業の成功のかなりの部分は、従業員もまた企業への主権を実質的にかなりもっていて、従業員のための経営をすることによって達成されてきた、と私は考えている。もちろん、株式会社なのだから株主の主権を無視することは許されないし、また経済合理性も欠くのであるが、実態として「**従業員主権第一、株主主権第二**」という経営を日本の多くの企業が行ってきた、というのが私の歴史観察である。

もちろん企業はカネの結合体であると同時に、ヒトの結合体でもある。その二面性に、後に述べるように、企業の本質がある。その二面性のある企業という経済組織体の経営で、株主と従業員のバランスをどうとるかという判断は、経営者が行わなければならないきわめて大切なバランス判断なのである。

株主主権一辺倒の経営になってしまうと、現場で働く人々が本当にやる気を出してくれるか、という心配が自然に生まれる。株主の富を最大化するための道具としてだけ企業を位置づけるのなら、どうして働く人々は企業の長期的発展を本気で願うようになるのだろうか。

しかし、従業員主権第一ばかりの経営になってしまうと、たとえば過剰な人件費支出で株主の利害を損ねかねない。そして、そもそもの株式会社制度の意義に反する経営になりかねない。

その2つの方向性のバランスを、「**従業員主権第一、株主主権第二**」という形でとってきたのが、戦後の日本の大企業の実態だったと思われる。そのバランスが、従業員主権の比重低下という形で、最近は変貌しつつあるかに見える。それを私は「**従業員主権からの漂流**」という言葉で表現しているのである。

その漂流のありさまと漂流以前の姿を、付加価値の分配という形で見せてくれているのが、図5-1の労働分配率と株主分配率のグラフ（大企業）である（この図は、図3-5から企業分配率のグラフを省いて、労働分配と株主分配（配当）の推移を見やすくした

図5-1　労働分配率と株主分配率：大企業

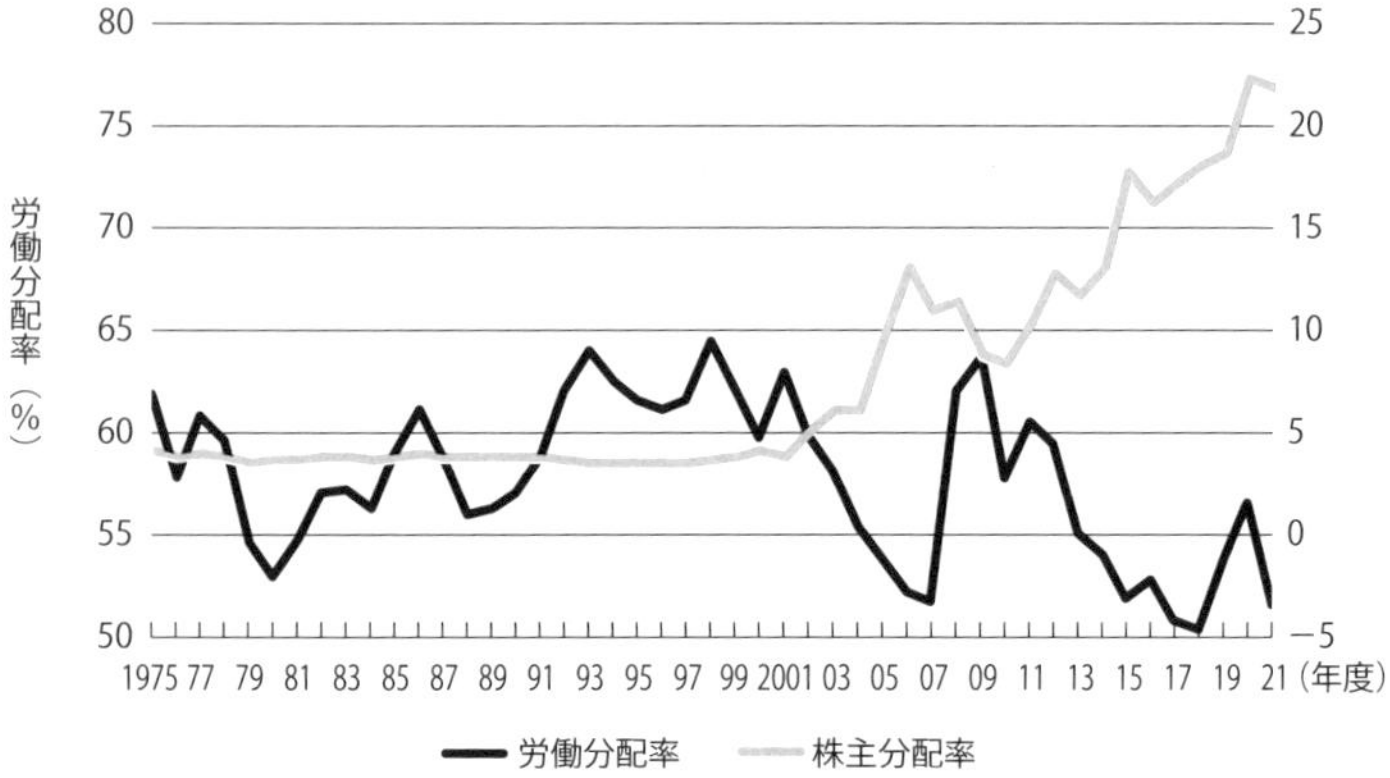

出所：法人企業統計調査

ものである）。

この図でもっとも印象的なのは、2001年以前の株主分配率の低位安定ぶりである。4%弱の、ほぼ水平な線を4半世紀以上も続けていた。付加価値の額そのものは毎年変動（あるいはゆれながら増加）しているから、一定の分配率ということは配当額が揺れながら付加価値増加とまったく「同じペース」で増えていった、あるいは時に減ったということである。

そして同じ時期（2001年以前）の労働分配率は、平均水準は58%程度のレベルを保ちつつ、10%ほどの幅の中で変動している。しかもその変動パターンは、付加価値額が減る年（つまり不況期）には労働分配率が上昇し、付加価値額が増える時期（好況期）には労働分配率が下落する、というパターンである。

それは、人件費総額そのものがかなり安定的に推移していることを意味している。分子の人件費総額が安定的で、しかし分母の付加価値額がゆれ動くから、割り算の結果としての労働分配率は景気に逆連動して増減するのである。

つまり2001年以前は、株主が景気変動のリスクを引き受け、しかもかなり低い水準の分配で甘んじていた。従業員は景気変動のリスクから守られ、しかも後の時代と比べればかなり高い水準の分配を享受していた。

それは、従業員主権第一、株主主権第二、という経営を日本の大企業はしていたということである。つまり、従業員主権優位の経営だったのである。

しかし、2001年ごろから様子がかなり変わり、株主分配率が長い眠りから覚めたように上昇を始める。それでもリーマンショック直前には、上昇は止まり、下降に転じ始めた。そのタイミングで、2008年のリーマンショックがきた。

それで、2008年から株主分配率は少し落ちていくのである。と同時に、労働分配率は一気に上昇する。それまでの従業員第一経営のころと同じように、大きな不況の際に人件費総額を安定的に保とうとすると、付加価値総額の減少（不況ゆえの）と人件費の安定が同時に起きるために、割り算の結果としての労働分配率は否応なしに急上昇してしまうのである。

しかし、リーマンショックからの回復期では、労働分配率の急落が続き、他方で株主分配率がほとんど同じ量だけ上昇していった。それは、人件費への分配を削って、その分をそっくり配当の増額に回した、ということを意味している。それが、2018年ごろまで10年以上も続いた。その結果、2018年の労働分配率（大企業）が歴史的な最低値である50・4％にまで落ち込むのである。株主第一、従業員第二の分配が定着したかの如くである。

そしてさらにコロナ不況が2020年に来たときには、実は株主分配率は過去の不況期とは異なって上昇を続け、労働分配率は過去の不況期と同じように「上昇」だけはしたものの、その上昇幅は過去の不況期の急上昇の半分以下の大きさにとどまった。つまり、株主第一、従業員第二（あるいは軽視）がもはや安定的パターンになったようにも見える。

それを私は、リーマンショック以降の従業員主権経営からの漂流、といいたいのである。漂流だから、戻るかもしれない、しかしかなり流されている、というイメージである。

なぜ漂流という言葉をあえて使うかといえば、2つの理由がある。

第一に、もちろん、それまでの長い具体的経営行動のパターンからかなり変わってしまったからである。第二の理由は、その経営行動の変わり方が、自分で動いているのではなく、なにかに流されている、と思えるからである。

言い換えれば、深く考えて変わったというより、「空気」で「無自覚に」、大勢に押されて変わった、と見えるからである。第4章で紹介した大企業人事部長経験者の反省の言葉に、「無意識のうちにそういう（株主第一、従業員第二という）流れの議論を展開していた」とあったが、まさに「漂流」を告白したような言葉である。

それも、従業員主権経営には次項以降に説明するように原理的に高い経済合理性やかなりの必然性があるのに、そうした原理的考察もなしに空気に押されて変わってしまった。漂流という、波に流されて自らの意思もなく漂うイメージの感覚がぴったりなのである。

株式会社制度に潜む、本質的な矛盾

しかし、原理を深く考える必要がある。そこで、多少基礎的なところから議論してみたい。

企業という経済組織体の本質のひとつは、それがカネの結合体であると同時にヒトの結合体でもある、という二面性があることである。カネも大切、ヒトも大切、なのである。

カネの結合体としての企業の中心は、資本金という「逃げない」カネを提供する株主である。株主資本というカネは、企業がピンチになっても「返してくれ」と請求する権利が株主にあるわけではない。返還を要求しないという約束をして出すカネなのである。この意味で、株主資本は「逃げないカネ」なのである。

だから、企業が倒産しても、出資額が返ってくる保証はない。企業の清算（つまり会社としての解散）をするときにはじめて、債務などの返済を済ませた後の残額（残余財産）が株主に出資額に応じて分配される。

他方、貸付金という形で、カネを、期間をかぎって（つまり満期がくれば逃げることを想定して）提供する銀行もあるし、企業の発行する社債を買うという形でカネを提供している債権者もいる。そうした多様なカネの結合体として、企業はでき上がっている。

そして、逃げないカネを株主が出すことによって、株式会社という法人がはじめて成立する。株主は会社という法人を構成する設立メンバーなのである。会社法に「社員」という言葉が登場するが、それは株主のことを指す。会社という「社団」の「構成員」という意味での、社員である。会社法での社員とは、働くヒトのことではない。

しかし企業は同時に、資本金だけで成り立っているのではなく、カネが出発点でもない。あくまでも、ヒトが出発点である。**企業の活動をその出発点で構想するのは、**

創業者というヒトである。そして、創業者に加えて多くの人々がその企業で働こうとするから、企業活動がはじめて実行可能となる。

そして、創業後の事業活動のためには、さまざまなタイプのヒトを企業は必要とする。現場での作業者も必要だし、営業担当も必要だろう。また、管理職の人々も経営者も、企業は必要とする。そうした多様な人々による「ヒトの結合体」として、企業はでき上がっている。

しかもかなり長期的にその組織にコミットするヒトが会社組織のコアの部分に存在しなければ、組織としての継続は難しいだろう。彼らの知恵とエネルギーが、企業の競争力の中核である。決して、カネが競争力の中核になれるわけではない。

カネとヒトの二面性はその背後で、**2つの結合体の協調関係**となって企業という存在の発展に貢献することが想定されている。**ヒトの結合体が競争力の源泉である働く人々の知恵とエネルギーを提供し、カネの結合体が事業活動を行うために必要な資金を提供している、という協調関係である。**

しかし、資本の論理とヒトの論理は、企業という場でせめぎ合ってもいる。必ずしもつねに矛盾せずに両立するものではない。そのせめぎ合いが、カネの結合体とヒトの結合体という二面性を、緊張をはらんだものにしている。

もっとも単純にせめぎ合うのは、資本に対する金銭的見返り（配当）と働くヒトに対する金銭的報酬（人件費）である。ともに企業が生み出す付加価値から分配されるので、一方を多くすれば、他方は少なくならざるを得ない、というゼロサムの関係がある。つまりは、「取り合い」というせめぎ合いが、付加価値の分配をめぐって生まれる。その様子をグラフ的に示しているのが、図5-1である。

さらに金銭の取り合いだけでなく、もうひとつ大切な緊張関係が2つの結合体の間にはある。それは、企業という経済組織体の命運を決めるような「企業統治」の権力（それを企業の主権と私は呼んでいる）をめぐるせめぎ合いである。

カネの結合体としての普遍的法人形態となっている株式会社では、株主だけに企業の運命を決める最終決定権を与えている。株主総会の決議である。そこでの議決で取締役会メンバーが選ばれ、この取締役会が経営者を決める権利、財産を処分する権利（配当の決定や事業の買収・売却など）をもっている。

実は働く人々が企業の競争力を実質的に左右している最重要のプレーヤーなのだが、彼らはこうした企業の運命を決める決定への参加の権利をもっていないのが、通常の会社法である。

実は会社法はそもそも、カネの結合体の中での株主と債権者の間の権利義務関係を定めた法律である。逃げるカネを提供している債権者よりも逃げないカネを提供している株主が優位、とカネの結合体の中での権利関係を規定しているのである。

だから会社法は、ヒトとカネの重要性を比較考量して、その比較の結果として株主に独占的な統治権を与えているわけではない。カネとヒトの二面性のあることを考えた上で、「会社は株主のもの」、そして「従業員は企業統治には関係がない」と規定しているのではないのである。

そこから、働く人々（特にその企業にコミットして働いているコア従業員たち）の意思が企業の統治に届く仕組みになっていない、という状態が生まれている。だが、企業統治の権力は企業の命運を左右する権力で、企業に集まるカネの命運を左右する権力であると同時に、企業で働くヒトの命運をも左右する権力でもある。その企業統治の主権者（統治権力をもつ人、そして統治のメリットを主に受け取れる人）が、株主だけでいいのだろうか。

つまり、カネとヒトの二面性があるのが「企業という存在の本質」なのに、企業の統治権ではその二面性が無視されている、という矛盾があるのである。この矛盾は、いわば株式会社という制度に潜んでいる本質的な矛盾ともいえる。

こういうからといって、私は株式会社制度を否定しようとしているのではない。株式会社制度の社会的意義は大きい。この制度は、守られるべき制度である。ただ、むき出しの株主主権だけ（企業の統治権を主権と呼び、株主が主権をもっていることを株主主権と表現している）でいいのかと問われるべきだ、従業員主権ももっと深く考えるべきだ、と思っているだけである。

株式会社制度の意義については、それが有限責任での資金出資を可能にし、リスク分散を可能にしたために、幅広い資金調達を可能にした、と教科書的にはよくいわれる。言い換えれば、危険資本の企業への供給を社会の幅広い人々にとって可能にした、というのである。

しかし私は、**株式会社制度の本質的意義はもっと深い**ところにあると思う。そして、その意義があるからこそ、たとえばソ連邦崩壊後に旧共産主義諸国が争って株式会社制度を導入したのだと思われる。決して、幅広い危険資本の調達のためではなかった。

その**本質的意義とは、株式会社制度が資本多数決の原則（株主資本を出した金額によって議決権の大小が決まる）をもつことによって、企業の支配権を量的に明確に確定し、さまざまな株主のもつ権力に明確な大小関係をつけられるようにしたことである。**

つまり、自然人の「人間ひとりとしての平等」という民主主義的な概念から経済的な権力を解放し、ある人が他の人より多くの支配権力を手に入れることを可能にした。

この「企業の支配権力の保有量を量的に確定できること」の意義は、きわめて大きい。普通の人間の世界で権力の大小関係を量的に確定できるようにするのは、実はやっかいなことである。民主主義とは、みんながひとしく同じ権力をもつという発想の政治体制で、その結果、**民主社会の経済活動もついつい平等主義に傾斜する危険があ**

り、しかも悪平等に堕する危険もある。株式会社制度は、それを防ぐ意義が大きいのである。

株主主権という二階、従業員主権という中二階

こうした株式会社制度の本質的矛盾を考えると、前々項で述べた「従業員主権からの漂流」が日本の企業社会全体にとって望ましいことだとは、私は思わない。もっと従業員を重視した、いわば従業員主権を実質的になんらかの形で認めるような経営をするほうが望ましい、と考えている。それが、戦後の日本企業を世界的に成功させた経営の原理のひとつだとも考えている。

そして、その原理の経済合理性の高さは現在でもまだまだ意味があるのに、最近の**株主傾斜はその従業員主権経営のよさを否定してしまう結果になっていると危惧している。実は、その「否定」こそが、「失われた三〇年」の間に日本企業の成長と収益性のパフォーマンスを世界的に劣ったものにしてしまった大きな理由**ではないか。それが、私の仮説である。

もちろん株式会社だから、日本企業でも法律的な主権は株主にある。だが、「**実質的な主権が従業員にある」「会社は実質的には従業員のもの」と考えるのが、従業員**

主権第一の考え方である。それは、前項で私が株式会社制度に潜む本質的矛盾と指摘したものに、きちんと向きあって、その矛盾からの止揚《しよう》（アウフヘーベン、融合的解決）をめざした日本企業の努力の背後の考え方だった、と私は考えている。そして、それは今も意味がある。

より具体的にいえば、株式会社制度の本質的矛盾をなんとか回避しようとして日本企業が戦後の混乱の中で、特に労使が鋭く対立して共産革命につながりかねない社会的混乱の中で、半ば自然発生的に工夫してきたのが、**株主主権という株式会社制度の根幹の原理（企業統治の原理）を「二階の原理」（全体を統御する基本原理）として残したまま、中二階に従業員主権（従業員も企業統治に参加する主権をもつ）という原理を挿入するという工夫**であった、と私は解釈している。

こうした**「中二階の原理」の挿入**は、日本社会に歴史的にかなり豊富な事例のあることで、日本を支えてきた社会システムといってもいい。つまり、**全体を通した基本原理が二階にあり、一階にその原理のもとで統御される人々がいる現場がある**。そして、基本原理「だけ」を現場に貫徹すると、現場にねじれ感覚が生まれる。そのねじれ感覚は、システム全体に機能不全をもたらしかねない。その危険を中和するために、中二階に補助的原理を挿入する。それが中二階の原理である（中二階の原理については、拙著『中二階の原理』（日本経済新聞出版）がくわしい）。

たとえば、経営の話ではまったくないが、日本語の表記という分野を例にとれば、二階の原理は漢字という表意文字による表記という原理である。漢字は、5世紀ごろに文字のなかった日本に中国から導入された。文字のない国に漢字が入るのだから、それが自然に文字表記の基本原理になる。つまり、二階の原理になる。

しかし、当時の日本では漢字を読み書きできる人材はきわめて限定されていた。したがって、大半の人がそのままでは日本語表記ができずに困る、というねじれ感覚が現場で生まれた。そこで、「かな」という表音文字が発明された。かなは、文字数も少なく表記も簡単だから、現場の人々にとってはやさしい表記手段なのである。

しかしもちろん、かなの発明後も漢字を表記の基本とするという二階の原理は変わらなかった。ただ、かな表記という中二階の原理が挿入されたのである。その中二階の原理と二階の原理との合わせ技で、システム全体は機能していく。

その結果、表記システム全体としては漢字表記とかな表記の交じった文が書かれることとなった。それが現在の日本人も使っている、漢字かな交じり文という言語表記である。かなは表音文字であり、漢字は表意文字である。表音文字と表意文字の両方を使って言語表記する言語は珍しい。世界の主要言語の中では、日本語だけではないか。

これ以外にも、日本社会には中二階の原理の例は歴史的にかなり多い（拙著『中二階の原理』を参照)。そして、こうした中二階の挿入による現場のねじれ感覚の中和という現象が起きたひとつの例が、日本企業での従業員主権という中二階であった、と私は考えている。

株式会社だから、二階の基本原理は株主主権である。しかし株主主権一本やりの株主原理主義を現場(一階)に貫徹すべきと主張されると、「それで企業の現場は動くのか」といらねじれ感覚が自然に企業の現場では生まれるであろう。すでに書いたように、株主の富を最大化するための道具としてだけ企業を位置づけるのなら、どうして働く人々は企業の長期的発展を本気で願うようになるか、ということである。

もちろん、株主の富が大きくなることに連動するようなインセンティブを従業員に与えることによって、従業員に「株主の富の最大化」に協力させる、という考え方もありうる。しかし、企業統治の権力とは、企業という経済組織体の運命を左右する決定を行う権力である。

その経済組織体の中核のひとつをなしているヒトの結合体がまったくその統治権力に参加できないという制度は、働く人々の運命が自分たちのあずかり知らぬところで決められる、という本質的な問題をもっているのである。

そこで戦後の日本企業は、会社法の法制度にはまったく手をつけないままで(つまり二階の株主主権の原理はそのままで)、従業員主権を中二階に位置づける具体的慣行をさまざまに編み出してきた。たとえば、従業員出身の取締役が大半の取締役会の構成、従業員出身の社長の選出、株式持ち合いによって互いに文句をいわないサイレントな株主をつくる工夫、などである。

そうして従業員主権を中二階に挿入することによって、ヒトの結合体である現場の活性化と現場での知恵の集積をうながし、その結果として企業の経済成果も上がる。その経済成果の増大は配当や株価の上昇につながって、結局は株主にとっても経済的メリットが大きくなる。それが、カネの結合体をも満足させる従業員中二階の論理であった。

ただし、それは平常時の論理であって、非常時（たとえば経営危機）には二階の株主主権の原理でことが処理される。つまり、**平常時には株主の利害にも配慮しつつ中二階の従業員主権の原理に経営を任せ、非常時には株主権力の二階が力を振るう。**そうして、平常時には働く人々が企業の成長にコミットして大きなエネルギーを企業活動に注いできた。

そんな経営を「社会常識として」多くの企業が実行するという状態が生まれていたのが、「中二階に支えられる日本」らしくてよかったのである。

ところが、2001年以降の日本のように、コーポレートガバナンス改革などで株主主権だけをごり押しに主張されると、法律的な建前もあって、どうも反論しにくい。

それで、バブル崩壊で日本企業が自信を失ってからずるずると、異常なまでの株主傾斜、つまり二階の株主主権の過大な現場への貫徹が起きてきたのであろう。

統治権力への従業員参加の正当性

しかしそもそも、なぜ従業員が株主と並んで、中二階とはいえ企業統治の主権に参加することに意味があるのか、正当だといえるのか。

それは、企業のステークホルダーとして企業活動に貢献する人たち（サプライヤー、地域社会、自然環境、株主、従業員など）の中で、従業員だけが株主と並びうる立場をもつ存在で、その主権に配慮することが企業の発展に重要だと思われるからである。

その理由は2つある。

第一に、従業員が株主とともに、企業という経済組織体の「内部者」あるいは「構成メンバー」といえる存在だからである。サプライヤー、地域社会、自然環境などは、たしかに企業活動の基盤を提供はしているが、あくまで企業の外にある存在である。企業活動への関与の仕方は、株主や従業員という内部者と比べて、間接的である。その意味では、株主と従業員だけが企業の「市民権者」（つまり主権保持者）候補なのである。

従業員がステークホルダーの中で株主と並びうる存在だと私が考える第二の理由は、この二者だけが、経済効率と権力の正当性という観点で企業の主権に関与する資格があるからである。

ここでいう企業の経済効率とは、市場競争に勝つための競争力の源泉を提供することによって、企業の経済的成果が上がることである。**株主が提供する「逃げないカネ」による資金力とコア従業員という「逃げないヒト」がもたらす技術、ノウハウ、信用、心理的エネルギーなどが織りなす組織的力、この2つの力が競争力の源泉**である。

そして、逃げないヒトの経済効率への貢献のほうが、平常時では逃げないカネの貢献よりも一般的に大きい、といえるだろう。ヒトが企業の競争力の中核だからである。ただ、企業がカネに決定的に不足するような非常時には、逃げないカネの貢献は絶大であろうが。

権力の正当性という視点は、権力の社会的納得性といってもよい。企業という組織体とそれにかかわる人々の運命を左右する権力を、誰がどのような理由でもつことが正当か。その正当性の社会的感覚、社会的受容性である。この点でも、株主と従業員が正当性をもっている。

企業という経済組織体を統治する権力の正当性については、２つの正当性の源泉があるだろう。ひとつは、**私的所有権・財産権による正当性の根拠**であり、もうひとつは**組織体への参加とコミットメントによる正当性の根拠**である（この問題も含めて、従業員主権のより詳細な議論は、拙著『日本型コーポレートガバナンス』〔日本経済新聞社〕を参照）。

私的所有権・財産権による権力の正当性とは、財産の所有はその財産に付属するさまざまな権利を所有者に与え、その一部に財産としての企業の命運を決める権利が含まれる、とする考え方である。株式というのは、まさに企業財産の所有権証書である。この正当性感覚をもてば、株主が企業統治の権力をもつことが当たり前ということになる。

参加とコミットメントによる権力の正当性とは、企業を人々の共同体と見なし、それへの積極的参加とコミットメント、そしてその共同体のために汗を流していること、これらを権力の正当性の根拠とする感覚である。この正当性感覚をもてば、企業の中心になっている従業員たちも企業の統治権力を分かちもつのが当たり前、ということになる。

もちろん、企業にコミットして参加している真の投資家もこうした権力の正当性をもちうる。ただ、現実に株式市場で株を買っている人たちの中には、真の投資家ももちろんいるが、実は株価の変動を利用しての値ざや稼ぎだけが目的の、投機家と呼ばれるべき人たちも多い。残念なことに、現在の株式市場では投機家のほうが大半で投資家は少なく、機関投資家と一般には呼ばれている人たちの多くも、実は機関「投機家」であることが実態ではなかろうか。

企業の経済活動への参加もコミットメントもしない投機家が、会社法の規定によって企業統治の権力をもってしまっている。そこから、企業の現場でのねじれ感覚が生まれるのである。

こうした2つの正当性の論拠のうち、多くの日本の企業人が暗黙のうちにより優先させているのは、参加とコミットメントによる正当性だろう。その背景として、日本社会の歴史が、さまざまな形での共同体をその社会の構成要素として重要と考え、その共同体にコミットすることによってメンバーが共同体の運営についてのなにがしかの発言権（その延長線上に、統治の権力がある）をもてると考えてきたからである。

次項でくわしく論じるが、実はドイツにもこうした共同体感覚があり、その歴史的理由もあってドイツも日本とともに「従業員中二階」をつくり出した国なのである。

しかしアメリカでは、権力の正当性の優先順位は、あくまで財産権による正当性が基本と暗黙のうちに社会が受け入れているのであろう。ここではくわしく論じる紙幅はないが、アングロサクソンの国々では、自然にこういう発想になる歴史的親和性（財産所有と政治権力の結合の歴史）があるようだ。

経済効率と権力の正当性という2つの視点から見て、サプライヤーや地域社会という企業の外部者の統治権力への参加が受け入れられる余地は少ないように思われる。彼らは企業の経済効率に直接貢献するわけではなく、また企業活動への参加やコミットメントもしていない。

そもそもこうしたステークホルダーを重視すべきという議論の本筋は、「社会に生かしてもらっている」企業からの社会貢献なのであろう。したがって、そうしたステークホルダーが企業活動の「目的」の一部に出てくることはあり得ても、企業統治という企業内の「権力」構造へ本格的に登場すること自体には、無理があるのである。

ドイツと日本、2つの異なる従業員中二階

こうして、株主と従業員だけが、企業統治の権力構造（つまり、企業の命運を決める決定や経営者の指名やチェックの権力構造）に関与できる存在だと思われる。

第二次世界大戦後、ドイツと日本が従業員を中二階に位置づけようと努力してきた、と私は考えている。しかし、両国のアプローチはかなり異なるものであった。それをこの項では見てみよう。

ドイツの株式会社（有限会社を含む）で従業員2000人以上の企業は、労資共同

決定法（1976年制定）という法律により、普通の国の取締役会の任務を監査役会と執行役会とに分け、執行役会がマネジメントを担当し、その執行役の任免権と企業の基本方針の決定権を監査役会がもつ、という二層構造になっている。

現在の多くの日本企業の中の制度にあてはめれば、執行役員を中心とする経営会議がドイツ風の執行役会に相当し、取締役会が監査役会とドイツで呼ばれているものに相当する、というイメージである。そして、ドイツの監査役会のメンバー構成は、株主代表と従業員代表が同数、という規定になっている。その意味で、企業統治の主権を株主と従業員が等分に分かち合っている。

ただし、ドイツにおいて従業員数が2000人未満の企業では、監査役会での従業員代表の比重は3分の1という規定もある。これがひとつの大きな理由となって、ドイツには従業員数が1900人程度で、2000人にわずかに届かないという株式会社が多い。経営者たちが従業員の過大な参加を望んでいないようである。

もっとも、2000人以上の企業での企業主権の株主と従業員への「等分」とはいっても、株主側の意向が最終的には通るような制度的工夫もなされている。それは、監査役会の議長は株主代表のひとりが務めるという規定であり、そして議長は監査役会の議決が賛否同数となったときに追加に1票投じる権利をもっている、という規定である。

万が一、ある案件で株主側と従業員側が対立して賛否同数となった場合でも、必ず株主側が最後の追加の1票で勝てるようになっているのである。それゆえに、実質的には企業主権は株主51％、従業員49％となるように制度ができている、というべきかもしれない。

ドイツの企業統治システムについて特筆されるべきは、ドイツが世界でも例外的に、株主主権だけでない会社法制度をつくったことである。言葉を換えれば、従業員をほとんど二階に置いたといっていいほどに、きわめて重要な中二階（49％の主権をもっている）に「法制度として」置いたのである。

ドイツがこうした労資共同決定法を制度化するまでになったひとつの歴史的事情として、古来のゲルマン共同体以来の伝統的な所有と支配に関する社会通念との親和性があったのではないか、と私は想像している。企業は株式を所有している株主の所有物、と財産権だけで企業を見ることをよしとしない社会通念である。

働く人々は企業活動に参加している。多くの人はコミットしている。そこには、企業の主権の分配を受けるべき正当な理由がある、という素朴ともいえる共同体感覚がドイツにはあるようである。

こうしたドイツがとった「法制度による対応」はいかにも法律主義のドイツらしいのだが、日本の従業員中二階の対応もまた、日本らしい「**法律は変えず、現場の慣行**

の積み上げ」だった。

日本企業が従業員を中二階に位置づけようとしてとった具体的な方法は、第一に、景気変動に際して、利益を減らしても雇用を守るという経営姿勢である。バブル崩壊後の日本企業の苦境に対して、経団連会長でもあった当時のトヨタ自動車会長が「雇用を守ろう。雇用を守れない経営者はまず自分が腹を切れ」と公式の場で発言するほどである。

第二の従業員中二階の方法は、取締役会メンバーのほとんどを従業員からの昇進者で埋めることであった。それによって、役員でない従業員も自分たちの代表が取締役会のメンバーになっているという感覚をもてるし、また役員自身が自分の同僚や部下であった従業員たちを大切にするように自然に考えるだろう。

そしてさらに、二階にいる株主が会社法ゆえにもっている支配権力を減衰する手段として、株式持ち合いも広く行われた。企業同士がお互いの株式を持ち合い、お互いの株主総会で経営者提案に賛成するサイレントパートナーをつくるのである。

従業員を中二階に位置づけるためのこうしたさまざまな行動は、法的な制度変更などをすることなく、株式会社制度の枠内での慣行として始められ、積み重ねられたものであった。そして、株式会社としての株主主権は二階に置かれたままだから、そこから生まれる経営は、「平常時は従業員主権をメインとし、非常時には株主主権がメインとなる」という経営といっていいだろう。いざとなれば、株主主権で非常時対応ができるのである。

この「慣行積み上げ方式」のデメリットの最大のものは、**経営者へのチェック機能が無力化する危険が大きい**ことである。

内部出身取締役はその人事権を実質的に経営者に握られていることが大半だろう。だから、経営者の行動への反対はしにくい。持ち合い株主は、相互の沈黙の約束があるようなものなので、経営者へのチェックの行動はとりにくい。

最近の日本のコーポレートガバナンス改革が社外取締役の数の増加と株式持ち合いの解消を推進しようとしている目的は、まさに日本的な従業員中二階がもつこうした弱点を解消することだと思われる。

そうした欠点はあるものの、従業員を中二階にきちんと位置づけようとする意図は、多くの日本企業に共通していた、というのが私の歴史観察である。単に株主主権だけではよしとしなかったのである。

日本の従業員中二階は特に戦後の現象だと思われるが、そこにはいくつかの歴史的事情もあった。

まず、戦後の経済的混乱の中で必死に生き残りと復興をめざしていた日本企業にとって、労使が対立している余裕などなく、労使協調路線が自然に生まれてきた。そしてその状況は、「現場の従業員の声を重視する経営」を実現させ、それはまた当時の時代の潮流であった産業民主主義の具体化でもあった。現場の声を民主的に経営に反映させる、ということである。そのための従業員中二階であった。

また、江戸時代以来の日本の大きな商家（ある意味で当時の大企業）にあった伝統的で家族共同体的な企業観もまた、従業員を中二階に置くという発想のひとつの社会的・歴史的背景でもあったのであろう。歴史的親和性があったのである。企業が働く人々の共同体であり、そこでの支配権力には従業員も参加するのが当然という考え方は、実は江戸時代から日本の大きな商家の経営理念に見られるものだった。

江戸末期の代表的商家であった三井組（越後屋呉服店を源流とする三井財閥の原点企業）が明治初期に日本で2番目の株式会社として法人化されたとき、その会社の株式の4分の1を番頭・手代がもつこととなった。つまり、かなりの比重の従業員持ち株会社が日本の株式会社の出発点だったのである。従業員中二階は、日本企業の共同体意識の自然の発露ともいえそうである。

その意識は、現代にもつながっている。

たとえば、第3章で紹介した財閥系大企業人事担当専務の、「株主を重視しなければならない」「これまでは株主のことなどまったく考えたことがなかったといってもいいくらいだったが、それでは資本を提供していただいているのに申し訳ない」という言葉である。「これまで」の「あまりの」株主軽視を反省するというだけで、別に従業員と比べて株主をより重視したいという意味での株主重視ではなかったのである。従業員中二階をあらためて確認した発言、ともいえそうである。

この発言は、図5-1の株主分配率のグラフの2001年までのあまりの低位安定ぶりとぴったり一致する。この役員氏が反省したのは、この低位安定だったのである。彼は決して、リーマンショック後の株主分配率の急上昇（さらには2021年の設備投資を上回る配当支払い）を望ましい姿と考えていたわけではないだろう。彼はすでに鬼籍に入っておられるが、リーマンショック以降の投資抑制と配当重視の事実を知ったら、大いに嘆くであろう。

その嘆きを代弁しているのが、第4章で紹介した大手企業人事部長経験者の、「無意識のうちに株主第一、従業員第二となっていたことへの反省」の弁であろう。そんなつもりはなかったが、従業員に甘えて世間の「株主重視の合唱」に負けた、ということを反省しているのである。

従業員主権の経済合理性：公正性

では、中二階にせよ、株主主権だけでなく従業員主権も認めることが、企業という経済組織体の経済成果を高くするという意味での経済合理性の高さに、どのような論理でつながるのだろうか。

経済合理性を、公正性と組織効率の観点から議論しよう。そして、公正性と組織効率をさらに2つの項目に分解して、次のような枠組みでこれからの議論を進めたい。

①公正性
- 貢献の本質性
- リスク負担

②組織効率
- インセンティブ効率
- 情報効率

公正性の第一の要因である**貢献の本質性**とは、株主と従業員で、どちらが企業の競争力の源泉に本質的な貢献をするか、という議論である。より本質的な貢献をするほうが主権をより大きくもつのが、公正であろう。

企業の競争力の源泉はなにか、誰が担っているか、を考えてみれば、従業員が競争力の源泉への貢献という観点で株主より優位にあることは、ほぼ自明であろう。企業の競争力の源泉は、その企業の技術、ノウハウなどの仕事の遂行能力、企業の対外的信用、そして現場の人々の心理的エネルギーなどが基本であろう。それらはすべて、従業員がもっているもの、蓄積しているものである。

彼らの学習能力や自分が学習した成果を現場の仲間と共有する努力、そうした能力を活かして具体的な競争行動を成果あるものにする努力、それらが大切なのである。株主の提供する資本はたしかに基本的な設備などを市場から購入する基礎にはなるが、しかしそれ以上の「競争力を高める」効果はあまり期待できない。

次に、公正性の第二の要因である**リスク負担**については、企業活動にかかわるリスク負担が一般的により大きいと思われるほう（株主か従業員か）が、主権をより大きくもつのが公正であろう。

企業の生み出す経済的成果の分配の請求権の順位については、従業員は株主よりは上である。従業員の固定賃金はちょうど債権の確定利子に似ている。企業の業績の如何にかかわらず、支払われるべきものである。その意味では、株主のほうがリスク負担をしているといえる。

さらに株主は、逃げないカネを出している、そのカネは企業が倒産したら戻ってこない、というリスクをたしかに負っている。しかし従業員も、特に企業にコミットして長期的にその企業に働く状態になっているコア従業員もまた、自分の人生がその企業の盛衰と運命をともにしている、というリスクを負っている。そして、仮に最後の段階で企業から従業員が逃げ出すことができても、それまでに企業に注ぎ込んだ自分の努力が大きな形でカネとして返ってくるわけではない。

分配の請求権と非常時の損害という観点から見ると、たしかに株主も従業員もそれぞれに異なるタイプのリスクを負担している。しかし、企業から逃げ出す自由度（つまりは大きなリスクを回避できる自由度）という点では、上場企業の株主（つまり市場で自由に株式を売買できる企業の株主）と長期に企業にコミットしている従業員の間には、かなりのリスク負担の違いがあると思われる。

上場企業の株主は株式市場での株式の売買を通して個人としては毎日でも参入退出を繰り返せる。つまり企業からの退出のオプションを株主はかなりもっている。逃げないカネを出しているはずの株主は、資本金の返還を求める権利はないのだが、株主個人としては他の人に株を売り渡すことで企業から逃げることが十分に可能なのである。

しかし、従業員の場合はそれほど簡単ではない。たしかに労働市場の流動性がきわめて高い国なら、転職という形で企業から逃げる可能性は十分にある。しかし、それでも転職の手間などを考えれば株主ほどの「逃げる自由度」の拡がりはない。さらに、転職市場がいまだにそれほど大きくない日本では、逃げ出すための市場の拡がりと柔軟性という点も考慮すれば、企業から逃げ出す自由度については従業員のほうがかなり小さいというべきだろう。

以上のような3つの観点（分配の請求権、非常時の損害、逃げ出す自由度）の総合判断としては、**日本企業のコア従業員のリスク負担は、実は普通の株主よりはかなり大きい**ことが多い、といえるだろう。

従業員主権の経済合理性：組織効率

次に、組織効率への株主主権と従業員主権の影響の議論に移ろう。まず、インセンティブ効率から。

主権の**インセンティブ効率**とは、株主主権と従業員主権の2つを比較したときに、どちらの主権のほうがより組織効率を上げるためのインセンティブを主権者に与えられるか、という効率の問題である。

株主が企業に提供しているものは資本金で、従業員が提供しているものは労働サービスである。この点で、株主主権のインセンティブ効率はかなり悪い。

第一に、資本金はカネであり、その提供されるカネの組織効率への貢献は、主権があろうがなかろうが、変化しない。100万円の資本金は、そのカネの金額だけの働きしかしない。

第二に、株主主権の組織効率への影響は、その主権の統治権力を利用して株主が組織の現場の行動へどのような影響を与えられるかに依存することになるが、それは経営者の交代や株主総会での抗議などのかなり迂遠な手段に頼らざるを得ない。

この点、従業員は組織効率に直接的に影響する行動を日々とっている人たちである。彼らの労働サービスは、その実際の提供がきちんとなされるかどうか、不確実性が高いのである。しかし、彼らが「自分たちが企業の主権をもっている」と感じることができれば、「自分がたるめば、その結果は自分に跳ね返る」ということをより強く意識するようになるだろう。結果として、労働サービスの実質的な自由裁量部分の確保や意思決定効率の向上が期待できるのである。

別な表現を使えば、従業員が主権をもてば、従業員の個人的な利害と企業の組織としての利害とが基本的に一致する可能性が高まる。企業のために努力をし、企業にとってベストな意思決定をすることは、まわりまわって結局は自分のためになるからである。

基本的な利害の一致があれば、さまざまな組織効率上のメリットが生まれる。第一に、人々の企業活動への参加意欲は大きくなるだろう。つまり、積極的に企業活動にかかわりをもとうとする、そして企業組織の活動に努力を注ぎ込もうとする。

利害の一致から生まれる第二の組織効率上のメリットは、人々が長期的かつ全体的な視野をもって意思決定をする可能性が高くなることである。目先の短期的なメリットだけを追ったり、自分の分野のことさえよければいいと思ったりすることが、株主主権よりは小さくなる可能性が強い。そんなことをすれば、いずれは自分のところにつけが回る可能性が高いからである。

主権の組織効率への影響の第二の要因は、**情報効率**である。主権をもつ人が企業にとって重要な意思決定をする際に、必要な情報を意思決定する人がきちんと獲得できるか、という情報効率である。

情報効率という点でも、従業員主権は効率的である。それは、企業の重要な意思決定をするのに必要な情報を一体誰がもっているのか、という基本的な問題にからんでくる。もっとも重要な情報は、企業の競争力の源泉である技術、ノウハウ、信用、働く人々の心理的エネルギー水準などに関する情報であろう。企業がどんな分野に進出すべきか、これからの技術蓄積の方向はどうすべきか、設備投資はどのような方針でするべきか。こういった基本的な意思決定を正しく行うために、こうした情報が重要なのである。

そうした情報の大半は、企業で現実に働いている人々だけが日常の仕事を通じてもつことができる。しかし、株主はそうした情報を直接的にもっているわけではない。

現場からの報告で情報をはじめて得られる。そして、その情報伝達を細かに正確に行うことはかなり難しい。

株主主権であれば、株主の代表としての取締役会が建前としてはこれらの意思決定をする。その人々に、こうした微妙な情報を正確に伝えるのは、きわめて難しいのである。だから、今でも多くの社外取締役が実際にかなり困っているのである。

しかし、その情報をもった人が意思決定の主権をもつ、という風にすれば、この情報伝達の難しさの問題はかなり解消する。**情報をもつヒトが決定をするようになるから、伝達のトラブルは原理的に小さくて済むのである。つまりそれは、従業員主権のほうが情報効率がいい、**ということを意味している。

以上の2項にわたる議論のまとめとして、株主主権と従業員主権を公正性と組織効率という2つの経済合理性の観点で比較してみると、従業員主権の経済合理性が高いことが理解できるであろう。だからこそ、戦後の日本企業の成功のひとつの大きな要因に、従業員主権がなっていたと私は考えているのである。

それでも、従業員主権だけでは、企業内に重大な意見の不一致が生まれたときのケリのつけ方の工夫が難しい。そのケリのつけ方を、株式保有量に基づく権力の量的確定ができる株式会社制度がもたらしてくれる。だから、株主主権が二階で従業員主権が中二階、という主権のあり方が、深い意義をもつのである。

従業員中二階の落とし穴

こうして、企業という経済組織体にとってのヒトの本質的重要性、そして日本の共同体感覚からくる従業員中二階の権力の正当性感覚、さらに従業員主権の経済合理性、などをトータルに考え合わせてみると、現場に株主主権を徹底的に貫徹する経営が多くの日本企業にとって望ましい姿とは思えない。しかも、株主主権の過度な貫徹は、日本企業の戦後の成功の原理から離れるものでもあるのである。

しかしもちろん、従業員中二階には落とし穴もあることを十分に認識しておく必要もある。従業員中二階がマイナスの機能を果たしかねないという落とし穴である。

その落とし穴がかなり顕在化してしまった事例がバブル崩壊後の日本企業にかなりあったと思われる。それが、最近の株主重視への流れが広範囲に受け入れられる素地のひとつをつくったのであろう。

落とし穴の典型例が、従業員の反対が怖くて、企業という経済組織体の長期的合理性に添う行動を経営者がとりづらくなる危険である。たとえば、長期低迷事業からの撤退を、その事業で長年働いてきた従業員集団への配慮から決断しにくい、というような事例である。

これは、従業員集団が既得権益を守りたくなって、企業の真の発展の抵抗勢力になってしまう危険、その抵抗をあえて経営者が乗り越えようとしない危険、といえる。たしかに、かなりの日本企業で大なり小なり起きてしまっている現象のように思われる。

もうひとつのマイナス機能の例は、従業員中二階がヒトの結合体としての企業の側面を強調するあまりに、カネの結合体としての企業がもつべきカネへの敏感度、つまりは投資効率、の重視がゆるむ危険である。それは、**従業員集団への配慮から投資効率の低い投資をついつい許してしまう危険、あるいは逆に必要な投資リスクをとらない危険**、などである。

いずれも、経営者の投資決断の際の迷いが生み出す危険である。実際、近年話題になることが多い日本企業の資本効率の悪さの背景には、このマイナス機能が働いた可能性がある。この資本の非効率は、企業という経済組織体が経済システムの中で果たしている本質的機能の一部（資本の有効利用）を損なうことになり、かなり重大な問題である。

こうした落とし穴がかなり顕在化したのがバブル崩壊後の日本企業だったようだ。しかも、投資リスクをとらないことが、投資抑制として顕在化してしまった。そうした落とし穴を顕在化させないためには、経営者が「厳しい」従業員主権経営を行わなければならないのだが、その「厳しさ」が十分ではなかった。

しかしだからといって、従業員主権の原理を忘れて株主原理主義に走るべき、株主の二階の原理を現場に貫徹すべき、ということになっていいわけではない。むしろ、経営者の責任の大きさを指摘し、経営者の厳しさの欠如を批判することが必要なのである。これについては、次章でさらにくわしく論じたい。

それと同時に、こうした**日本の経営の原理のもっているよさ、経済合理性の高さを十分に認識して、最近の株主原理主義的コーポレートガバナンスへのアメリカ流の介入のいきすぎをきちんと批判すべきであろう**。彼らの介入がひとつの原因となって従業員主権から漂流してしまうことになるのは、あまりにももったいない。

たとえば、2023年6月の株主総会シーズンに、アメリカの議決権行使助言会社の強い助言がいくつか話題になった。そのひとつが、社外取締役候補者の独立性の判断への疑問から、そうした取締役候補の提案をした経営者への取締役再任否決という助言である。

その犠牲になったのが、もちろん再任は株主総会で否決されなかったが、トヨタの社長を退任し会長になった豊田章男氏である。4人の社外取締役候補のうちひとりの独立性に若干の疑問があるというだけの理由で、トヨタの成長に大きな貢献をしてきたと衆目の一致する豊田氏の取締役再任（と会長就任）を否決すべき、というのである。

これは、株主権力の濫用であり、アメリカ系助言会社の横暴だと私は思う。そして、私の意見に賛成する企業人は多い。

豊田氏はそれでも株主総会で84・6％の賛成率で取締役に再任された。しかし、前年よりも賛成率は11％も下がったのである。このおかしな助言を聞き入れた株主がそれだけの数もいたことに、株主の「経営全体」を考える責任感の小ささを感じるのは、私だけだろうか。

第6章

従業員主権経営で成長したキーエンス

日本企業はまだルビコン川を渡っていない

２０２２年の冬ごろだったか、若手の大企業役員レベルの方々とのある会合で、従業員主権か株主主権かが話題になった。大半の人が、従業員主権７割程度が望ましい、という意見だった。

しかし、その中のおひとりが「しかし、ルビコン川をもう渡ったような気がする」と、いわれた。彼もまた、従業員主権７割が望ましいと自分では思うが、自社を含め多くの企業の経営の現実は従業員主権５割以下になっていないか、というのである。

ルビコン川とは、古代ローマ帝国でのローマ本国と北部イタリアの境界線の川のことである。古代ローマのリーダーであったユリウス・カエサルが、ガリア（現在のフランス）から政情不安定となっていたローマへと軍団を率いて緊急帰国するときに、このルビコン川を渡った。しかし彼は、その境界線を越えてローマ領内へ入ることは実質的にクーデターの決起と同じことになる、と考えて、「ルビコンをあえて渡る」と兵士たちに告げたのである。その史実から、もう後戻りのできない決断のことを、ルビコン川という言葉で象徴させるようになった。

この若手役員氏は、日本企業のコーポレートガバナンスや経営のさまざまなあり方が、もう後戻りしそうにない境界線を越えてアメリカ型になりつつある、と危惧していた。彼の会社は、若手社員の離職に悩む企業でもあった。人事制度についても、そうした若い世代への対応のために、日本の古いよさから離れざるを得ない、と危機感を感じているようだった。

彼の危惧は、やや大げさな表現を使えば、**人本主義と資本主義の間で引き裂かれている日本企業**の将来を心配している、とも私には聞こえた。

人本主義とは、これから説明するように、戦後の日本企業の経営の原理で、**「人的ネットワークの安定と効果的活用」を企業の効率性の源泉とする考え方**である。従業員主権は、その人本主義経営の重要なひとつの要素である。

そして**資本主義とは、カネの原理を前面に押し出した、アメリカ企業の経営にしばしば見られる経営の考え方**のことである。

人本主義とは、資本主義に対照する意味の私の造語である。**資本主義がカネを経済活動のもっとも本源的かつ希少な資源と考え、その資源（カネ）の提供者のネットワークをどのようにつくるかを中心原理として企業システムがつくられるものと考える（つまり「資」本主義）のと違って、人本主義はヒトが経済活動のもっとも本源的かつ希少な資源であることを強調し、その資源の提供者たちのネットワークのあり方に企業システムの編成のあり方の中心的原理を求めようとする考え方である。**さらにいえば、安定的なヒトのネットワークをつくり、維持することこそ大切、と考える原理をもっている。

日本企業の多くが、自分たちの経営の原理だった人本主義とアメリカ型資本主義とその経営原理との間で引き裂かれ、次第にアメリカ型へとルビコン川を渡っている、というのが若手役員氏のいいたいことなのであろう。

この引き裂かれの背後にある最大の要因は、バブルの崩壊とその後の日本企業のパフォーマンスの低調さであろう。引き裂かれの兆候を私が感じ始めたのは、1999年ごろだった。そこで、『経営の未来を見誤るな』（日本経済新聞社）という本を2000年に出した。副題は、デジタル人本主義への道、である。人本主義を守るべき、という主張の本だった。

人本主義とは、私が1987年に出した『人本主義企業』（筑摩書房）以来、日本企業の経営の原理として私が主張し続けてきた考え方である。以下でその概要をキーエンスの経営の事例とともに説明するが、前章でくわしく論じた従業員主権は、人本主義の経営の中で「企業は誰のものか」という根幹の部分についての原理である。

2000年に私は、従業員主権についてくわしく論じた『日本型コーポレートガバナンス』（日本経済新聞社）という本も出した。副題は、従業員主権企業の論理と改革。私も経営者のチェックメカニズムを従業員主権らしく整備するのが必要、その意味でのコーポレートガバナンス改革が必要、と書いたのである。そして、この本の最後の章で、会社法の改革の素案まで論じている。

この本が2002年の日本公認会計士協会中山MCS基金賞（ベストブック賞）を受賞したことには、私も驚いた。私の考えに共感する方たちが、株式会社の会計監査を行う公認会計士の中にも多かった（少なくともこの当時は）ということであろう。

しかし、私が人本主義と資本主義の間に引き裂かれ始めた日本企業の兆候を感じ始めたころから、付加価値の分配などで第2章で示したように、株主傾斜の動きが、つまり従業員主権からの漂流の動きが、少しずつ始まっていたのである。そして多くの日本企業が、自分たちの経営の未来を見誤り、とうとうリーマンショック以降にかなりの漂流となってしまったように見える。

しかし、実は多くの日本企業はルビコンをまだ渡ってはいない、と私には思える。かなり主観的な、「証拠」ともいえないような次の4つの観察が、ルビコン川の川岸で躊躇している企業が多い、と私に思わせている理由である。

第一に、この項の冒頭で紹介したような、従業員主権7割が望ましい、という若手役員さんたちの意見が、実は企業の現場での本音では多いことを、私自身がたびたび経験している。もっとも「しかし、世間が……」というコメントがつくことも多いが。

第二に、2021年に日本の大企業の配当が設備投資を上回った、付加価値の株主分配率の急上昇が労働分配率の大きな低下とペアで起きている、というこの本の前半で紹介したデータを2023年春につくった後に講演会などで話すと、「そりゃまずい。その傾向は是正しなければ」と多くの人が驚くのである。それは、株主主権へと一気に舵を切ることへの躊躇の表れと思われる。

第三に、2022年ごろから急に始まった「人的資本経営」への関心の高まりである。たしかに人的資本経営のあり方を企業が開示する義務をつくろうとする官主導の動きがその背後にあるのだが、それに多くの企業が飛びついたひとつの大きな理由は株主傾斜が過大になっていないかという人々の警戒心の表れではなかろうか。それで、人材への興味が大きくなってきたのであろう。2023年夏のある講演で、私はタイトルを「人的資本経営の見直し=株主傾斜への警戒感」としたほどである。

第四に、日本には従業員主権経営、あるいは人本主義経営をきちんと（原理の漂流なしに）やってこられた優良企業があり、そうした企業に最近は社会的注目が集まっているように思える。ルビコンを渡っていないことがはっきりしている企業への関心が高まっているように見える。

その一例が、トヨタ自動車であり、キーエンスである。トヨタについては次章で少し触れるが、この章ではキーエンスの経営についてくわしく紹介したい。

キーエンスの見事な成長と経営効率

キーエンスは「センサをはじめとするファクトリー・オートメーションの総合メーカー。現在、世界46カ国240拠点で事業を展開し、付加価値の高い製品で、自動車、半導体、電子・電気機器、通信、機械、化学、薬品、食品など、製造業のあらゆる分野において30万社以上の〝ものづくり〟をサポートしている」（キーエンス財団ホームページより）。

同社は、2022年度の売上が約9200億円、従業員数約1万人という、それほどの大規模ではないのに、東証の時価総額ランキングではトヨタ、ソニーについで堂々の3位である（2023年7月現在）。株式市場でそれほど巨大な評価を受けている「人本主義企業」なのである。

そして、同社の経営を解説した本が2022年12月から2023年3月にかけて2冊も出版されているほどの注目を集めている（西岡杏『キーエンス解剖』日経BP、延岡健太郎『キーエンス　高付加価値経営の論理』日本経済新聞出版）。

キーエンスは顧客に大きな価値を提供し続けることによって大きな成長をしてきた企業で、経営効率も異常なほどに高い。その背後で、創業者の滝崎武光氏は「原理・

原則の大切さ」を強調してきた。いわば、原理原則経営で大きな成長と高い経営効率を実現してきたのである。

その業態は、ファクトリーオートメーション関係の機器部品の販売であるが、製品の生産そのものは密接な関係をもつ製造企業に任せる、ファブレスという業態である。その販売方法は、すべて直販で、代理店などに販売を依頼はしていない。

キーエンスは有価証券報告書（以下、有報と略す）でその経営方針の基本として、「会社を永続させる」「最小の資本と人で最大の付加価値を上げる」という２つの考えを基本とすることを明記し、そして「付加価値の創造」と「事業効率」を追求してきた、とも明記している。

次から示していくキーエンスの経営実績はまさにその通りとなっている。そして同社は、付加価値という言葉が経営方針に登場する珍しい会社でもある。そしてこうした経営方針は全社員が暗唱できるレベルで浸透している、とキーエンスＯＢのひとりである藏知弘史氏（アイスクウェアド社長）は語っている。

図６‐１と図６‐２は、キーエンスの見事な成長とすさまじい経営効率の高さを集約的に示している。

キーエンスのホームページには２０１１年度（２０１２年３月決算）以降の有価証券報告書（以下、有報）が公表されているが、以下の分析で使っている数字はすべて有

図6-1　キーエンスの成長軌道

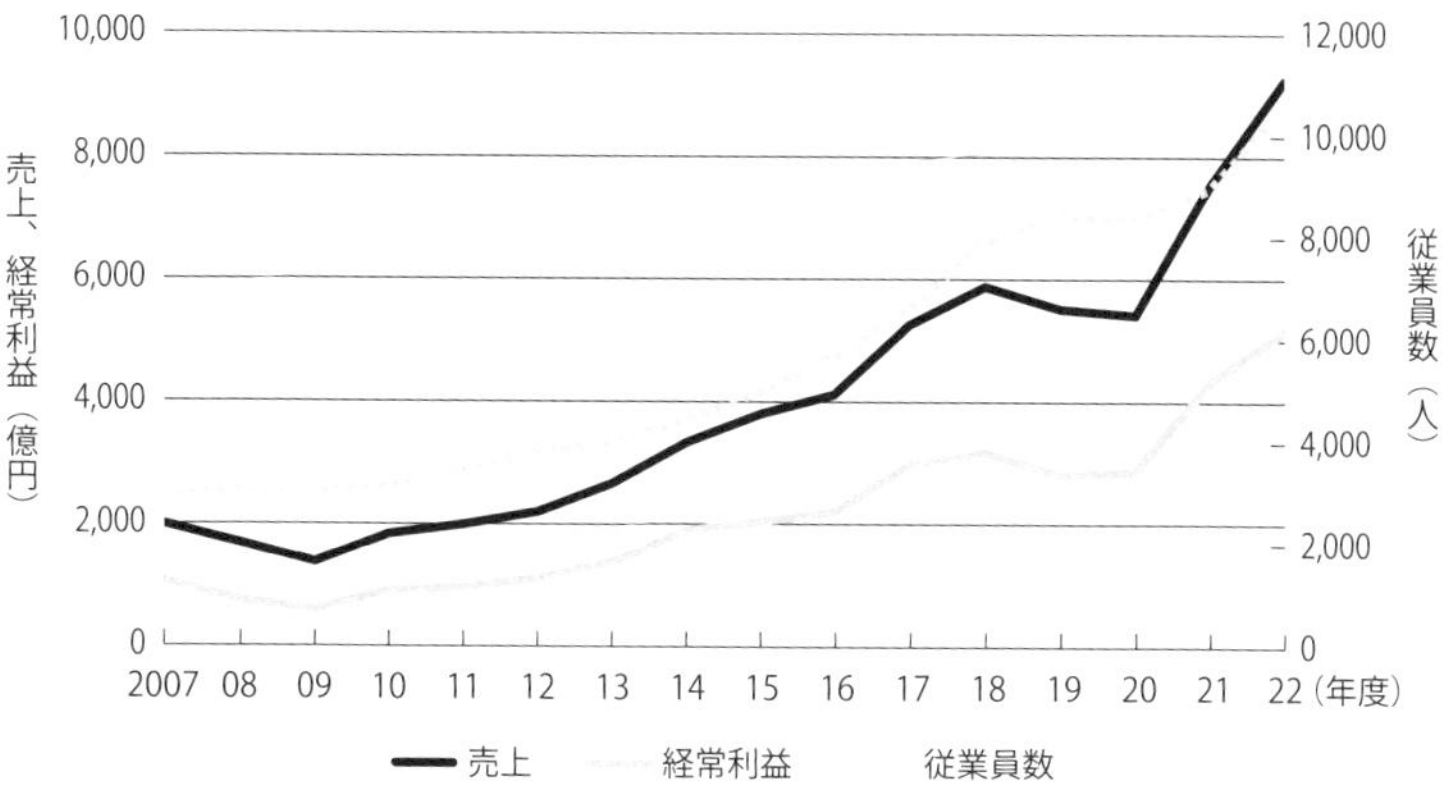

出所：キーエンス「有価証券報告書」

報に開示されているデータ、あるいはそれを加工したものである。

売上、従業員数、経常利益などの数値は2007年からのものが手に入るが、人件費のデータは2011年度からのものがホームページ経由で手に入る。売上原価の中の製造労務費と販売管理費の中の人件費が有報で公表されているからである。そのため、図6-2での労働生産性（1人当たり付加価値）は2011年からしかデータがないのである（付加価値＝営業利益＋人件費という計算式で付加価値を算出した）。キーエンスはファブレスでかつ直販流通という業態であるので、販売管理費に含まれる人件費が圧倒的に大きい。

図6-1からわかるように、キーエン

図6-2　キーエンスの経営効率

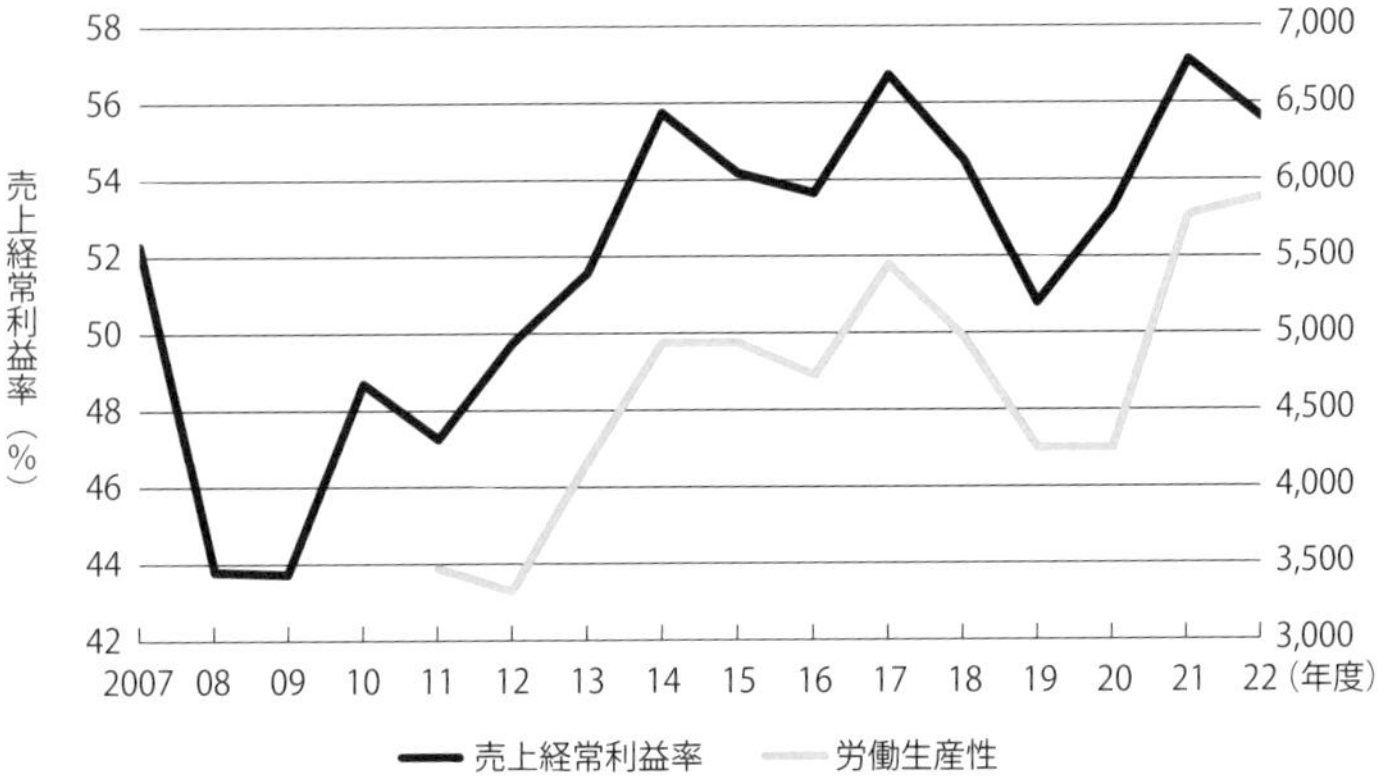

出所：キーエンス「有価証券報告書」

スはリーマンショックでかなりの業績ダウンを経験したものの、その後は見事な回復と成長を続けている。２０２２年の売上９２２４億円は２００７年の売上の４・６倍にもなっている。その成長分の多くは海外展開によるもので、２０１１年の海外売上比率は31・４％だったものが、２０２２年には62・３％とほとんど倍増している。

ただ、２０１８年をピークに伸び悩みの時期が始まり、それが２０２０年のコロナショックまで続いた。しかし、２０２１年からは再び急拡大の時期に入っている。この伸び悩みの時期は、図６－２の売上経常利益率と労働生産性が大きく落ち込み、そしてその後に急回復していくところにも反映されている。

それにしても、キーエンスの経常利益率の高さには驚くばかりである。この図のピークの年（2021年）にはなんと57・1％、リーマンショック後に落ち込んだ2009年の43・7％が最近の過去最低値である。これを図1－3で紹介した日本の大企業の経常利益率のグラフと比べてみれば、キーエンスの利益率の極端な高さは歴然で、5倍程度の利益率といえるだろう。

また、労働生産性も異常なほど高い。2022年の労働生産性5883万円はその10年前の2012年の労働生産性の1・8倍というきわめて高い生産性上昇率である。ちなみに、第1章で紹介した日本の大企業の労働生産性の2021年の平均値は1342万円で、キーエンスの同年の労働生産性はその4・3倍となる5772万円であった。

こうした高い労働生産性は従業員の平均年収にも反映されていて、キーエンスグループの親会社であるキーエンス株式会社（国内事業、海外事業の統括が主な任務）の従業員の2022年の平均年収（平均年齢35・8歳）は2279万円という高さである。日本の大企業の執行役員の平均年収がこれに近い数字だろう。

2011年のこの会社の従業員平均年収は1322万円だったから、10年強で1・7倍に増えている。これは、連結決算のキーエンスグループの労働生産性（図6－2）の上昇倍率とほぼ同じである。

キーエンスの従業員主権経営

この企業を約40年前に創業した滝崎武光氏（2023年現在も取締役名誉会長）は、どんな思いでこの企業を育ててきたのだろうか。氏自身は外部で自社の経営のことを語ることが極端に少ない経営者だが、同社のOBたちが記憶している氏の発言から、その思いを考えてみよう。

滝崎氏が1980年代半ばに社員の前で語った言葉を、キーエンスOBのひとりが覚えている。

「会社の将来というのは、経営者だけで実現できるものではない。目の前にいるあなたたち社員がこれからどういう目標を掲げるのかということと、その仕事ぶりによって会社の将来が決まるのです」（西岡杏『キーエンス解剖』169ページ）

まさに、従業員こそ会社の中核、という言葉である。それが、従業員に対する手厚い年収や彼らを鍛え上げようとする経営姿勢に表れている（この点は、次項以降でさらにくわしく触れたい）。

そして、従業員と株主に対する滝崎氏のスタンスの違いについて、別のキーエンスOBから私自身が聞いた次のような言葉がある。彼はキーエンスを退社して自分で起業した今も、「キーエンスは素晴らしい会社だ」と語る人で、すでに経営の基本方針の解説の際に登場した藏知弘史氏である。

「創業者の滝崎さんは、顧客と従業員への手当を最優先で考える方です。昔からIRも手を抜きまくりで、株主のほうをまったく見ていない会社で有名でした。株主にはあまり気を遣う必要はないというお考えでした。そして、内部留保は会社を永続するためにある、つまり、顧客へ付加価値を提供し続けることと、社員の雇用を守るために必要である。よって、株主には配当ではなく、業績を上げ続けることで、キャピタルゲインで貢献すればいい、と社内の会議で公言されていました」

つまり滝崎氏は、私の表現でいえば、従業員主権の経営をしてきた経営者、ということになるだろう。そのために、従業員への分配（つまり人件費）が会社の業績と連動するようなさまざまな仕組みをキーエンスは工夫してきた。それは、従業員が会社の主役という意識（つまり自分たちが主権者であるという意識）を従業員がもてるような仕組みの工夫である。そのひとつが社員持株会、もうひとつが業績連動報酬である。

社員持ち株会には、入社時にほぼ全員が入会しているという。しかも、会社が持ち株への出資に補助を出している。社員は基本給の10％を上限に、毎月、持株会への積み立てができる。そして、その社員の積立額の10％を会社が補助して彼らの出資金を増額しているのである。

この持株会は滝崎氏の肝いりで導入されたものだと思われるが、氏はこの持株会について、次の3つの観点を社員にもってもらうことが重要だと考えていた、と前掲の藏知氏が証言している。まさに、従業員が主権者という意識づけだと考えていいだろう。

①従業員の将来への備え
②帰属意識づけ
③業績（業績＝株価）への意識づけ、経営参画意識づけ

次に、キーエンスの業績連動報酬について。

それは、きわめて業績連動部分の大きい報酬システムである。それも、個人の業績というより全社業績（営業利益ベース）への連動で、組織責任者（事業部長や営業所長）の報酬の全社業績連動部分は60％から70％、と有報に開示されている。

一般社員の報酬を例示的にいえば、入社5年目の大卒社員の年間給与は、基本給150万＋時間外手当120万＋業績手当600万＋賞与600万という構成が平均

的で、年収1470万円程度になる。業績手当とは毎月に配分される業績連動給与、賞与は年間4回の賞与支給時にやはり業績連動で決まる報酬である。業績連動部分は実に1200万円で、年間報酬の81％にもなる。

業績連動は会社全体の営業利益をベースにした全社的業績数値への連動ではあるが、その最終決定にはもちろん個人の成果が次のように加味される。利益からの配当と同じような概念で、従業員主権経営の象徴ともいえる。

具体的には、会社全体での毎月の業績連動報酬原資とボーナス時の連動賞与原資が営業利益をベースにして決まり、その原資から個人の業績評価に基づいて分配される。その個人間変動幅は0・7から1・3程度というから、それほど巨大な格差ではない。

個人の業績評価は、たとえば営業担当者の場合、営業数値と営業プロセス評価がほぼ半々だという。プロセス評価の内容は、営業活動の方法や頻度、ソリューション提案の内容、有効商談数、聞き取った顧客情報、提案するための知識と理解、など現場情報がふんだんに取り入れられる（このプロセス評価については、延岡健太郎『キーエンス　高付加価値経営の論理』54ページ）。

キーエンスの付加価値の分配は、非常にユニークである。企業第一、従業員第二、株主第三の分配といえそうだ。

それを示すのが、図6-3である。キーエンスの分配のユニークさを理解できるよ

図6-3　付加価値の分配

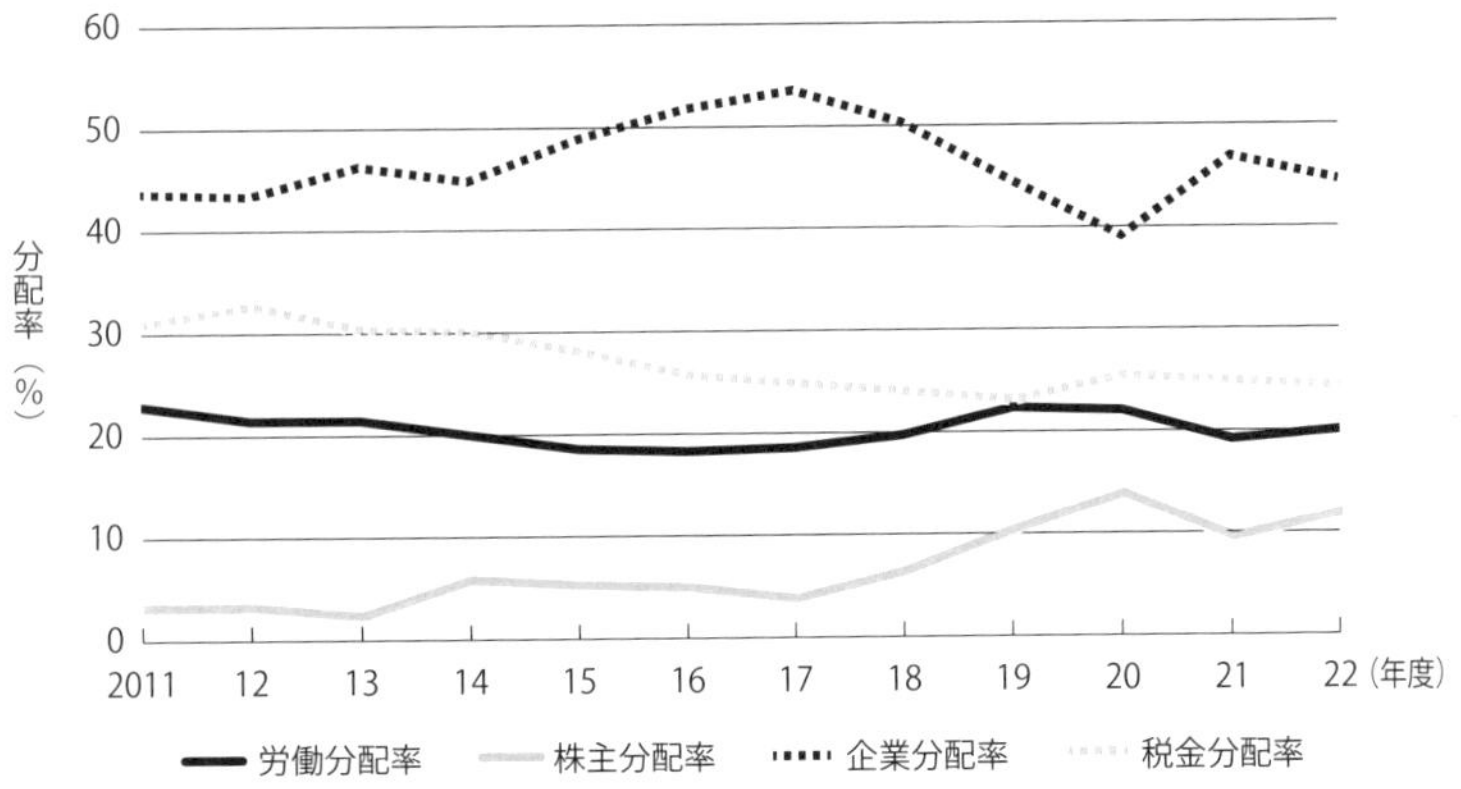

出所：キーエンス「有価証券報告書」

うに、日本の大企業の付加価値分配の平均的姿（再掲図3－5）を比較できるように再掲しておこう。

2つの図を比べると、いくつもの大きな違いが観察できる。

その最大のものは、キーエンスのさまざまな分配率のグラフの安定度であろう。キーエンスのそれは水平線に近く、日本の大企業のそれは大きく変動している。キーエンスの場合、株主分配率が2018年からかなり上昇していて、それが企業分配率の下降と同時に起きている点だけが、安定性のない部分である。日本の大企業の分配率が、景気変動とともにかなり変動しているのに、キーエンスの分配率は安定的ということは、すべての関係者（株主や従業員）へのキーエンスの

付加価値の分配：大企業

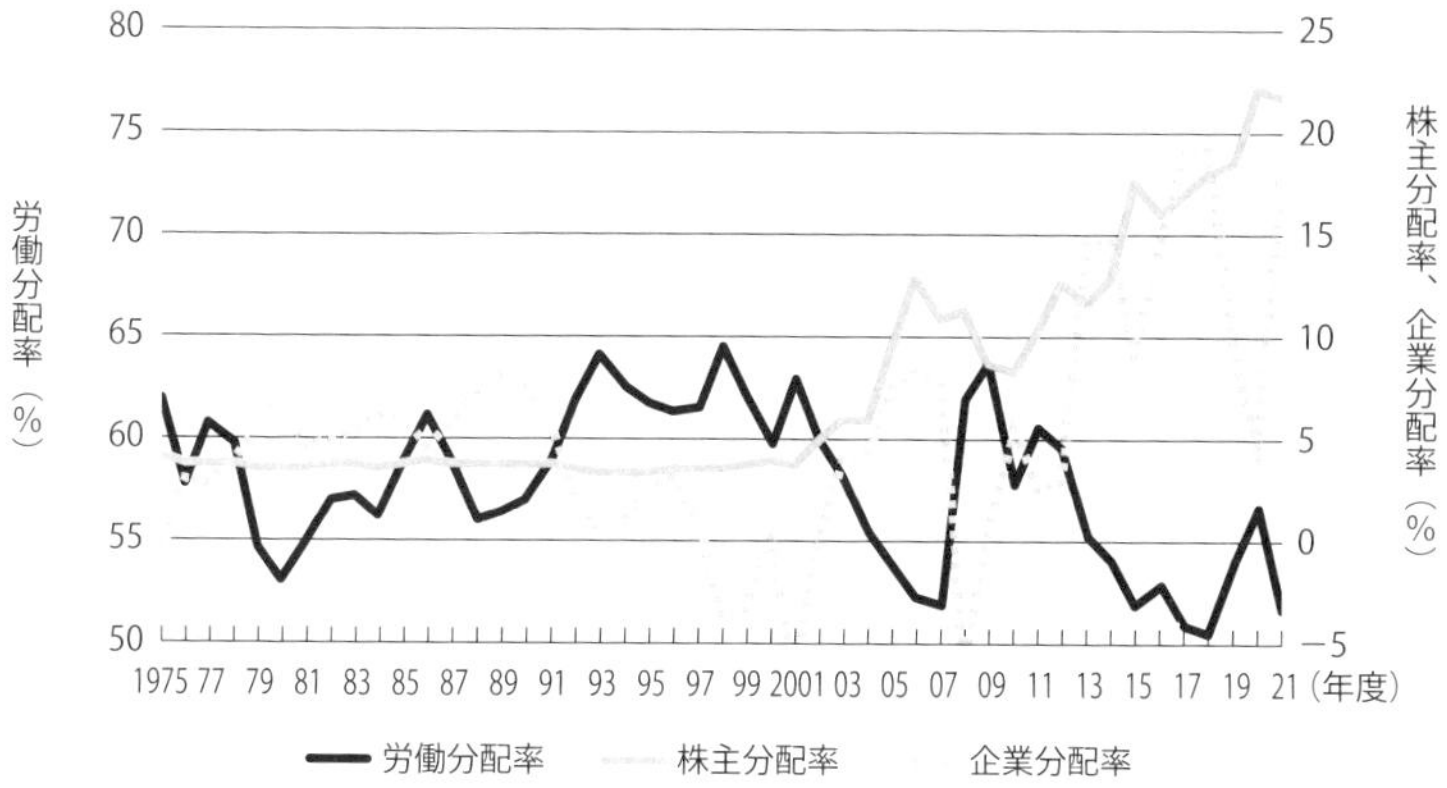

出所：法人企業統計調査

分配が業績連動であるということを意味している（税金はもちろん利益連動である）。

２つの図の第二の大きな違いは、企業分配率のレベルである。キーエンスのそれは２０１１年以降、40％から50％弱というきわめて高い水準でかなり安定的である。図６‐１で見たキーエンスの経常利益の急拡大は、その背後に付加価値の拡大があるのだが、その付加価値の５割近くがつねに内部留保に回っているのである。一方、日本の大企業のそれは２０１１年以降の平均は10％程度で、しかも景気変動で大きく振れる。

キーエンスのこの巨大な内部留保は、すでに経営方針を紹介した際に第一の方針としてキーエンスが大切にしている、「会社を永続させる」ためであろう。キーエンス創業者の滝崎氏はキーエンスでの成功の前に2回、設立した会社が倒産の憂き目にあっている。だから、会社永続にこだわるのであろう。そして前出のOB（藏知氏）によれば、滝崎氏が会社を永続させる理由としてあげるのは次の3つである。

- 取引先に付加価値を継続して提供し続ける責任
- 従業員の雇用を守る責任
- 世の中のありようを変え続ける必要

どこにも、株主の姿が出てこないことが印象的である。

コーポレートガバナンス改革の劣等生？

さて、2つの図の第三の違いは、株主分配率の動きである。2011年以降の日本の大企業の株主分配率が急上昇の一途であるのに対し、キーエンスの動きは鈍く、分配率の大きさもキーエンスのほうがはるかに小さい（2021年で、大企業21・8％に対して、キーエンス9・4％）。

そして、2017年までのキーエンスの株主分配率は4％程度の平均でかなり安定的であった。この4%という水準は、日本の大企業の2001年以前の時期の平均的株主分配率とほぼ同じである（もっともこの株主分配率でも、キーエンスの付加価値が巨大であるため、かなり高い配当額ではあった）。

つまりキーエンスは株主重視・配当重視のコーポレートガバナンス改革に対して日本の大企業が大きく反応したのと比べると、きわめて鈍い反応しかしていないのである。後で述べるさまざまなコーポレートガバナンス・コード制度化へのキーエンスの対応の「鈍さ」と考え合わせると、キーエンスはコーポレートガバナンス改革の劣等生、それも信念をもって劣等生に甘んじているようだ、と私には解釈できる。

たしかにキーエンスの株主分配率は2014年に3%近くジャンプしている。しかし、それ以降はあまり反応していない。そして、2018年から株主分配率が大きく増加しているのだが、それはコーポレートガバナンス改革の圧力にキーエンスが屈したというより、キーエンスの社会貢献としてのキーエンス財団の事業活動費への手当という側面がかなり影響していると思われる。

滝崎氏によるキーエンス株の寄付を財源として、キーエンス財団が2018年に設立された。主な活動は日本の大学生への奨学金援助で、1人当たり年額120万円の給付型奨学金を毎年600名の新入生に2024年4月から与えようとする事業である。つまり、定常状態で毎年2400名の大学生への奨学金給付というとてつもない規模の社会的貢献である。

その給付総額だけで、1年間当たり28億8000万円。事業経費も入れれば、30億を越える予算が毎年必要になるだろう。2018年以降にキーエンスは1株当たりの配当金を増やしてきて23年3月期には300円となっている。この1株当たり配当金をキーエンス財団が受け取ると（持ち株数は11万1000株で、持ち株比率は4・6％）、2023年度の同財団の事業予算33億円にほぼぴったりの金額となるのである。

しかも、2018年からの株主分配率の上昇は企業分配率の下降と同じペースで起きている。そして、労働分配率は2018年以降にむしろ若干の上昇あるいは横ばいである。つまりキーエンスは、2018年以降の株主分配率の上昇を企業分配率の減少でまかない、従業員への労働分配率には手をつけていないのである。この点、2011年以降、日本の大企業による株主分配率の異常な長期的上昇が労働分配率の長期的な大幅下落（そして企業分配率の維持）によって可能になっているのと、まったく対照的である。

キーエンスは従業員への分配は確保しつつ、株主分配率を上げ、しかもその上昇の背後で配当を受け取るキーエンス財団の大型奨学金計画が動き出しているのである。従業員主権経営のキーエンスが、その高収益ゆえにとれた作戦であろう。

もっとも、先に示した図6-3を素直に見ると、「税金第二」という付加価値分配がキーエンスの特徴だ、というべきかもしれない。課税対象利益が巨額になるキーエンスは、税金の支払いも巨大なのである。付加価値の３割弱が税金の支払い、という企業はほとんどあり得ない。

キーエンスは創業者である滝崎武光氏が１９７２年に設立した会社で、滝崎氏は２０００年まで社長、２０１５年まで会長を務め、２０２３年現在も取締役名誉会長である。もちろん、同社の最大の個人株主で株式保有比率は３・２％、そして滝崎氏の個人資産管理会社と滝崎氏のキーエンス株の寄付で設立されたキーエンス財団（大学生への奨学金給付事業が主な活動）を合わせると、滝崎氏個人の関係の株式保有比率は少なくとも22・８％はある。

したがって、株主重視へと舵を切った２０１４年のコーポレートガバナンス改革は、巨大株主としての滝崎氏には大きな経済的メリットがあり得たものでもあろう。しかし、配当収入の確保が２０１４年や２０１８年の配当増額の主な動機なら、過去のきわめて低い株主分配率が説明できないであろう。

その上、キーエンスのコーポレートガバナンス改革全体へのさまざまな反応ははかばかしいものではなかった。株主分配率の動きの鈍さはすでに指摘した。さらに、コーポレートガバナンス・コードなどでさまざまに開示が要求されている項目でも、キーエンスの対応は「必要最小限」という印象を受ける。

たとえば、2014年以降に株価連動型の役員報酬（たとえばストックオプション）が推奨され、多くの企業がその制度を取り入れたが、キーエンスにはそうした制度はない。

また、サステイナビリティや人的資本についての開示も2023年4月以降の決算期から求められることとなり、すでに2023年3月期の決算から多くの企業が有報のページ数を多く割いて自社の姿勢を懸命に説明しようと努力しているが、キーエンスの2023年3月の有報でのその種の記述は最小限という印象である。

そしてそもそも、有報の全体の長さが短い。2022年度においては77ページ（これでも過去よりは長くなっている）で、キーエンスと類似の産業分野にいる村田製作所の有報の長さは155ページ、オムロンは192ページ。つまり、半分以下なのである。他産業では200ページを超える有報が普通である。

実は人的資本については、キーエンスは人的資本経営が話題になるはるか以前から、有報の「経営の課題」の部分に明確に人材育成の方針を書いていた。少なくとも2011年度から2018年度まで、重要な経営課題2つのうちひとつを「人材力の更なる向上」としていた（もうひとつは海外事業の拡大）から、官主導の人的資本経営の強調には反感を感じているのかもしれない。

キーエンスの経営課題としての「人材力の更なる向上」については、毎年、次のような文章が書かれていた。次項以降でさらに解説するキーエンスの経営の原理原則の特徴を、きちんと表現している文章である。

「個々の社員が主体性を発揮して働く活力のある組織にしていくことが、一人ひとりの力と組織の力を同時に高めることになります。具体的には社内組織のフラット化、情報のオープン化、公平でクリーンな社内組織づくりなどを更に進めてまいります」

まったくユニークな会社である。少なくとも機関投資家に媚びるような姿勢は、外国人株主比率がきわめて高いにもかかわらず、まったく見られない。だからだろうか、株主総会の取締役選出の投票で、滝崎氏や社長の賛成率は、普通の企業と比べても、かなり低い。

2023年6月の株主総会の数字をあげれば、滝崎氏への賛成率は89・9％、社長の中田有氏は87％ほどであった。一時は滝崎氏への賛成率が70％台だった時期があったことを考えると、この直近の数字は改善ではあるが（配当の増額が影響した？）、これだけの高収益の見事な経営を長年行ってきて、時価総額を日本第3位にまでした経営者への評価としては、首を傾げざるを得ない。

組織内マネジメントの原理

私はキーエンスを、株式市場で大きな評価を受けている「人本主義企業」と先に書いたが、その人本主義経営の原理を以下で解説しよう。前々項で解説した従業員主権経営の原理とならんで、キーエンスが「失われた三〇年」の期間を通して、原理の漂流をせずに守ってきたものである。

組織内マネジメントの原理として、キーエンスにはユニークな特徴がある。それは次の3つの点に集約される。

①報酬の社内格差の小ささ
②現場への権限委譲の大きさ
③さまざまな立場の人々の間の情報共有の徹底

報酬の社内格差の小ささを象徴するのは、社長の報酬と一般従業員の報酬の間の格差の小ささである。日本の大企業では、社長の報酬は一般従業員のそれの15倍から20倍というのが普通である。アメリカでは200倍を超えることが多いから、日本企業は全般的に格差が小さい。

キーエンスの場合、日本の平均的姿よりもさらに社内格差は小さい。たとえば、2022年の社長（中田有氏）の年間報酬は1億8800万円で、先に述べた一般従業員の平均年収（2279万円）の8・2倍でしかない。事業内容がファクトリーオートメーション分野にかなり関係しているオムロンのその倍率は30・4倍、村田製作所の倍率は16・6倍だから、キーエンスの社内格差の小ささが際立っている。

ちなみに、名誉会長の滝崎氏の報酬は1億円を超えたことがないと思われ、有報で1億円以上の役員報酬の開示義務ができて以来、一度も開示されたことがない。

さらに2019年度の有報から、キーエンスは組織責任者（事業部長など）の給与の3倍を役員報酬の上限とする、と自社の方針を明確に開示した。

したがって、それが社長の報酬上限となる。これも、他の企業と比べれば、ずいぶんと平等的な報酬分配のあり方である。

現場への意思決定権限の委譲の実際は、測定などをするのは困難である。形の上では権限を任されているはずの部下が、「ご相談」と称して上司の意向を聞くという「ヘッジ」が多くの企業でしばしば、しかもあまり目に見えない形で行われることが多いからである。

しかし、キーエンスの経営を解説するさまざまな書物のエピソードを多く見てみると、現場の営業担当があり得ないようなスピードで顧客への提案を大胆にするエピソードに驚かされる。

たとえば、顧客からの問い合わせがあった翌日とか数日以内に、かなりの追加作業が必要となる製品の特別仕様機の現場デモの提案がある、というような話である。それは単に営業関係者内でのスピーディな判断を意味するのみならず、特別仕様の設計や試作のために生産や開発部門をも巻き込んだ素早い判断が行われていることを意味する。組織の中のあちこちで現場への大きな権限委譲がなければ、とてもそんなことは実現可能ではないだろう。

現場への権限委譲は、階層間の平等性が高いことを意味するばかりでなく、若手でも実質的な発言権をもっていることにも表れている。前項で紹介した**キーエンスの人材育成の方針に書いてある、「個々の社員が主体性を発揮する」「社内組織のフラット化」「公平でクリーンな社内組織づくり」は、本気で現場での徹底が図られている、しかもかなり成功している、と見ていいだろう。**

階層間の平等性や若手の発言権の大きさのひとつの象徴は、キーエンスでは事業部長などの呼び方は「部長」ではなく、「責任者」であることである。そして、社内でのお互いの呼び方はすべて「さん」づけである。責任者もさんづけも、役職名に権威がからみつくことを嫌う経営の原理が出ていると解釈していい。

それればかりか、前出のＯＢ藏知氏によれば、役職者や開発部の営業同行が必要であれば、営業みずからが要求し、同行を実現させることが日常的に行われているという。それだけ、現場への実質的権限委譲が大きいのである。

キーエンス内部での情報共有の徹底は、さまざまな仕掛けで担保されている。それは、人材育成の方針の言葉に、「情報のオープン化」という原理が明確に示されていることを、忠実に具現化しようとしているのである。延岡健太郎氏の著書『キーエンス　高付加価値経営の論理』に、その実例が多く記載されている。

たとえば、外出報告書などの現場担当者との情報共有の仕組みである。外出報告書とは、外出計画報告書と呼ぶべきもので、営業担当者が外出して顧客訪問をする前に、顧客ごとに商談しようとする商品とその活用目的、生産性改善提案の内容、顧客企業の現場での調査事項など具体的な訪問目的を事前報告する仕組みである。

この報告書の提出時には、必ず15分から30分程度の打ち合わせが行われ、書面の提出だけでは承認印をもらえないようになっている（前出のＯＢによる）。それだけ情報共有がきちんと行われるように仕掛けができているのである。

担当者は上司や同僚からその「訪問計画」へのアドバイスを得てから実際に顧客を訪問する。これが上司側から現場担当者への、自分の体験からの情報共有になる。そして訪問の直後に訪問記録がやはり文書で提出される。これが関係者に共有されるので、それが現場から上司への情報共有になる。

普通の営業担当者が毎月、50社ほどの外出報告書を書くというから、かなりの量の情報共有で、その上、その報告作成のために担当者本人が色々と顧客訪問のやり方を考えざるを得なくなるだろうから、それは人材育成の役割を果たしていると考えていいだろう。実際、前出のOB藏知氏は、「人材育成の肝」と外出報告書のことを表現している。

こうして営業担当者が顧客訪問をして、そこで顧客の潜在的なニーズを感じたときには、ニーズカードを提出することになっている。それは、営業担当者が営業責任者や商品開発グループに提出するカードで、主に営業担当者と商品開発担当者の間の情報共有を促進するのがその目的である。ニーズカードの提出はKPI（重要業績評価指標）になっており、ほぼ全営業マンが毎月提出する。延岡氏は「他の企業では滅多にない制度」とニーズカードを高く評価している（前掲書、232ページ）。

これ以外にも、日常的な情報共有を進めるための「勤務場所での場の共有」や営業や開発、あるいは事業責任のある立場につく前に他部門の責任者的立場につくことを人事ローテーションの慣行としていることも、異部門間の情報共有に大きな意義をもつだろう。「他の部門の視点」を体で覚えるための機会、という意味である。

さらに、藏知氏によれば、キーエンスにはニーズカードと同じようなもので、他部門への顧客案件紹介カードというものがある。これもKPIになっている。このカードを他部門へ書けるようになるためには、営業担当は自分の担当製品以外も顧客にPRできる能力を要求されることになる。

大変な社内情報共有への仕組みである。もちろんその土壌づくりとして、他事業部の製品勉強会もたびたび開催されている。

キーエンスの人本主義経営：分散シェアリング

実は、こうしてこの章で私が紹介してきた報酬、権限委譲、情報共有についてのキーエンスのさまざまな仕組みの工夫は、私が「人本主義経営」と呼んできた日本企業の経営原理のきわめて良質な実践例になっている。

人本主義経営とは、日本の企業システムと特徴である、と私が主張してきた人本主義企業システムでの企業経営のあり方である。

一般にどこの国の企業システムであれ、それは次の3つの概念がどのようなものになるかによって、その特徴を把握できる。

①企業主権の概念：企業は誰のものか
②組織内シェアリングの概念：誰がなにを分担し、どんな分配や共有をするか
③市場取引の概念：市場で取引する取引相手とはどうつながり合うか

企業主権の概念とは、企業は一体誰のもので、誰の利益のためにその行動を決めているのか、についての基本的な考え方である。

シェアリングの概念は、企業組織の中でそこに参加している人々の間で権限、情報がどのように分担あるいは共有され、カネがどのように分配されているか、についての基本的考え方である。

市場取引の概念とは、市場という場で行われる売り手と買い手の間の取引がどのような原則で行われるのか、についての基本的な考え方である。

この3つの本質的な側面で、日本型企業システムはアメリカ型資本主義の企業システムとは似て非なるものである。ともに、市場経済の国であり、資本主義の国ではあるが、それぞれの国の平均的な考え方、人々が常識としてときに暗黙のうちにもつそれぞれの概念の平均的内容が、日米で違うのである。それを表でまとめて示せば、表6-1のようになる。

日本型人本主義とアメリカ型資本主義

概念	日本型人本主義	アメリカ型資本主義
企業主権	従業員主権メイン	株主主権
組織内シェアリング	分散シェアリング	集中シェアリング
市場取引	共同体的市場	自由市場

従業員主権については、すでにたびたび説明してきた。日本の企業は株式会社で株主が最終的な主権をもつものの、日常的な経営では従業員が主権者の中心かのごとくの経営が行われてきた。

組織内シェアリングについては、日本の平均的な考え方は、権限の分配もカネの分配もアメリカと比べれば組織内階層の上下でかなり平等的で、少数の人たちに集中しないという意味で分散的といえる。情報の分配や共有については、日本は分散的、つまり多くの人に同じ情報が分散しており、その意味で共有度が高い。アメリカでは逆に、階層の上の人が権限もカネも情報も集中的にもつ傾向が強い。

市場取引については、アメリカでは経済学の教科書にあるような、誰とでも取引する自由度が高く、取引への参入も退出も自由である。一方、日本では、いったん取引が始まると継続的に少数の取引相手と取引が長く続く傾向が強く、それは取引関係が共同体的になるといえる。しかし、自由取引的な側面も最終的な経済計算の原理として残っているので、共同体的市場というのが日本の特徴である。

キーエンスで観察される市場取引のパターンの特徴については次項で述べるが、実は前項で説明した「組織内マネジメントの原理」は、組織内シェアリングの原理であった。

そこでキーエンスの特徴として前々項の冒頭でまとめた3点（報酬の社内格差の小ささ、現場への権限委譲の大きさ、情報共有の徹底）は、まさに分散シェアリングそのものを、日本企業の平均的姿よりもさらに徹底して実践している例になっている。

分散シェアリングの経済合理性のエッセンスは、平等性と情報共有によるチームとしての集団機能の維持・強化である。平等的なシェアリングが職場集団の社会的安定の面では大きな貢献をするのは、わかりやすいであろう。その安定に情報共有の徹底が加わると、チームとしての競争力を高めることにも大きな意義をもつのである。

キーエンスの人本主義経営：共同体的市場取引

キーエンスにとっての主な市場取引の相手は、キーエンス製品の買い手である顧客と、その製品の供給に大きな役割を果たすサプライヤーである。特に、キーエンスはファブレスメーカーなので、キーエンス製品の実際の生産を担当する生産企業はきわめて重要なサプライヤーである。

キーエンスの顧客との関係性は、直販方式をとっていることから、間に流通業者のいない直接的なものであって、深い関係になる。さらに、キーエンスの顧客へのスタンスは、キーエンス製品を生産の現場で使う顧客がキーエンス製品から生み出せる「顧客への経済的価値を大きくする」ことを懸命に考える、というものである。

キーエンスが自社の経営方針として発表している「付加価値の創造」は顧客への付加価値を創造するということであり、自社が確保できる付加価値を大きくすることよりも優先されている。この同じ目的をキーエンスのすべての部門が共有しているために、全社的に統一のとれた対顧客行動をとりやすく、顧客のリクエストへの対応スピードも上がる。

そして顧客が自社製品を利用した際に、どれだけその顧客の利益が増えるかを説明できる営業担当者像が、キーエンスのめざす姿である。顧客の利益増加分をきちんと数値的に顧客に説明できるからこそ、顧客は安心してキーエンスの製品を買える。

そしてその「利益増加分説明能力」を身につけるために、キーエンスの営業担当者は顧客の現場を熟知し、ほとんど仲間として現場の利益向上のソリューションを一緒に考え、提案する。

たとえば、センサを提供する際には、そのセンサの高機能を確保するだけでなく、顧客の現場での使い方まで配慮した提案をする。センサの設置場所や測定設定方法、調整のやり方などまで、提案内容は実にくわしい（前掲書、80ページ）。

つまり、**顧客とはほとんど同じ共同体のメンバーになるほどに関係が深くなる**。そのための直販であり、コンサルティング営業の徹底なのである。それは、買い手が売り手を勝手に取り替える自由市場取引などではまったくなく、まさに共同体的取引関係になるのである。

それゆえ、顧客から信頼や期待を寄せられ、顧客がいい提案をしてもらいたいのでみずからくわしく具体的に自分の困り事を説明してくれたりする（前掲書、89ページ）。それは、キーエンスにとって素晴らしい情報である。そして顧客は自分が得る経済的価値に見合えば、高い価格をキーエンスの製品に対して払ってもいいと考えるのである。それが、延岡氏が分析する通り、キーエンスの高付加価値経営の本質である。

そうした共同体的取引関係では、普通の取引関係では起きないようなことがしばしば起きる。たとえば、キーエンスの営業担当者は顧客側のキーパーソンの人事異動をくわしく知っていて、社内で共有している。キーエンスに好意をもってくれるキーパーソンを大切に、コンタクトを長期間にわたってとれるようにするためである。

あるいは、共同体のメンバーでもある顧客にムダな時間を使わせない、という基本方針がキーエンスにはある。単なる飛び込み訪問のような相手にとって意味のない顧客訪問は、顧客の時間をムダ遣いさせることになるから、避けようとするのである。そのためのツールのひとつが、外出報告書で、事前に訪問目的などをグループリーダーや営業責任者に報告し、それで認められなければ顧客訪問はできない。

キーエンス製品の生産を担当する協力会社（ファブレスの製造委託先）との間の関係（この場合はキーエンスが買い手）も緊密で、共同体的取引である。その具体的事例を、西岡氏がいくつも本に紹介している。

たとえば、普通の発注者は仕様書を渡したら後は丸投げだが、キーエンスでは生産方法についてのアドバイスまでつけて発注する。キーエンスで生産管理部長を経験したOBの声として、こんな例がある。

「製造方法を伝えるときに、たとえば『ここで接着剤とこれだけ入れてください、なぜならこういう部品を入れたいからです』とまで伝える」

同じOBが協力会社との関係の本質についても、こんなことをいっている。共同体的市場取引を示唆する言葉である。

「1年分保証して買いつけます、短納期は割増料金、残業代もきっちり払います、と条件をしっかり提示して、当初の計画通り発注する。その代わり、仕事はしっかりお願いしますね、と。『取引先は夫婦と一緒や』とよくいっていた」

こうした協力会社の数は40社程度あり、彼らとの共同体的取引関係がキーエンスの即日納入体制（原則として顧客の注文はその日のうちに発送）を可能にしている要でもある。

キーエンスに限らずより一般的にいって、共同体的市場取引の経済合理性は高い。ひとことでいえば、協力関係が生まれ、調整がうまくいき、共同開発などもやりやすい、ということである。

普通の市場取引では売り手と買い手の間に利害の本質的対立（売り手は高く売りたい、買い手は安く買いたい）が表面化しやすいことを、共同体的取引にすることによって避けているのである。

以上、キーエンスの人本主義経営（従業員主権、分散シェアリング、共同体的取引）の具体的内容とその経済合理性を考えてきたが、その経済合理性をやや抽象度を上げて総括してみると、関係者の間の安定的な人的ネットワークをつくることが経済合理性の源泉だといっていいだろう。

安定的な人的ネットワークが生まれることがもたらすメリットは2つある。ひとつは、そのネットワークの中で人々の技能や知識の蓄積が効きやすいことである。第二のメリットは、人々の間の情報コミュニケーション効率がよいことである。

その2つのメリットは、働く人々に、取引先の企業に、参加の意欲を与え、協力を促し、長期的視野をもたせること、人と人とのつながりと社会的な構造にきめの細かい配慮をすること、コミュニケーションと情報のネットワークに目を配ること、これらによって生まれる。

まさに、キーエンスではこうした人本主義経営の経済合理性が実現されている。

だが、二重がさねの経営の難しさ

しかし、そうした人本主義経営の経済合理性は、従業員主権の中二階という議論で紹介したように、二階の原理に対する中二階の原理の挿入、という形で実現されている。

二階に、企業主権、シェアリング、市場取引についての基本原理があり、しかしそれを一階の現場に貫徹しようとするとしばしば現場にねじれ感覚が生まれ、必ずしもスムースな全体運営にならない。そこで、中二階の原理の挿入でねじれの中和を図り、二階の原理と中二階の原理の全体でシステム全体が統御されていく。

そして企業システムの場合、二階の原理は基本的にカネの原理であり、中二階の原理は人的ネットワークの安定の原理である。つまり、カネの原理とヒトの原理の二重がさねで経営が行われることになる。

従業員主権の二重がさねについては、すでに説明した。二階には資本金拠出量に基づく株主主権の原理があり、中二階には従業員の原理が挿入される。
権限・情報・カネの分散シェアリングについても、日本企業も階層組織なので、ヒエラルキーとして上の階層に権限もカネも情報も集中する傾向をもちろんもっている。それを「カネ中心」の二階の基本原理としながら、それを一階にまで徹底してしまうと生まれがちな現場のねじれ感覚を中和するために、分散シェアリングという中二階の原理を挿入している。

市場取引についても、あくまで他人との市場取引で、経済計算が最後を決めるカネの原理（市場原理）が二階にある。しかし、市場原理を現場にまで貫徹すると現場でねじれ感覚が生まれる。取引がギスギスし、短絡的になりやすい。そのねじれの中和のために、共同体的取引という中二階の原理が挿入されているのである。

こうしたカネの原理とヒトの原理の二重がさねのシステムは、たしかにカネの原理とヒトの原理の相互補完というプラスをもたらす。それが二重がさねのよさである。しかし同時に、二重がさねは経営の複雑さ・難しさをもたらしている。

ひとつの難しさは、**二重がさねゆえに、2つの原理の衝突が起きて、どちらの原理を重んじるかという判断の余地が生まれてしまうことである。その判断の余地が、決断の空白につながる危険がある。**

2つの原理の衝突を解決して、具体的行動をとるための決断が必要となる現場で、その責任を担うはずの経営者・管理者に「思考停止」状態が生まれる危険が十分ある。その思考停止が、決断の空白をもたらし、そのためにコンピュータにたとえれば「ハング状態」に近くなって事態が動かなくなってしまう。

たとえば、産業構造の変化にともなう雇用への対処でこの種の決断の空白が生まれかねないことが、事業のリストラの難しさのひとつである。カネの原理でいえば、雇用を切ってでも事業構造を変えることが当然に思える。しかし、ヒトのネットワークの原理にしたがえば雇用を守ることが要請されるとも思われる。2つの原理が衝突し、難しい決断が経営に要請されるのである。

そのとき、どちらかに動けばいいのに、ビュリダンのろばの如く逡巡して、結果としてノーアクションが続く。そして、事態が動かないこと自体がマイナスになることが多い。

二重がさねがもたらす第二の経営の難しさは、**人的ネットワークの安定を求める志向が、人間関係のしがらみとなってしまい、それに足をとられて現場にぬるま湯が発生しやすくなることである。**温かい人間関係の中で、多くの人々が安住への願望をもってしまう、と言い換えてもいい。

こうした経営の難しさは、2つの原理の二重がさねがもたらす副作用である。その副作用を退治するための鍵は、実は「**経営者の強さ、あるいは厳しい経営の断行**」が握っている。

副作用を表現する言葉として、人間関係のしがらみ、安住への願望、思考停止、決断の空白、ぬるま湯、などという言葉をここで使っているが、それらを必要なときにはあえて断ち切る強さを経営者がもたなければ、システム全体はきちんと動かないだろう。

経営者は、その断ち切る強さをもった上で、二階と中二階の全体を考えた上での、つまり、カネの原理とヒトの原理の総合判断をした上での、経営の選択をしなければならない。

だから、人本主義経営は経営者への負荷が大きいシステムともいえそうだ。カネの原理とヒトの原理の二重がさねという複雑さがもたらす負荷である。その負荷をこなせるだけの強さをもっているトップマネジメントが必要な量だけ育たないと、システム全体が機能不全に陥る危険も大きいのである。

キーエンスの経営者は、特に創業者の滝崎氏は、こうしたヒトの原理とカネの原理の二重がさねの経営を、厳しい姿勢できちんと行ってきた。その強さがあった。だからこそ、人本主義経営の経済合理性をきちんと実現できてきたのだ、と私には思える。

第7章

原理の漂流をやめ、大きな投資を

原理原則のキーエンス、という「野生のカマス」

前章で紹介したような原理原則にこだわるキーエンスの経営は、私に「野生のカマス」を思い出させる。昔、聞いた次のような話の中で、カマスの集団を覚醒させる役割を果たす野生のカマスである。

水槽の中をカマスがたくさん、泳ぎ回っている。エサになる小魚を入れてやると、カマスたちはすぐにその小魚に向かい、自由に食べに行く。その水槽に透明のアクリル板の仕切り板を入れ、その板の片側にカマスの群れを集めて泳がせる。逆の片側ははじめ水だけだが、しばらくしてエサの小魚を多く入れてやる。

アクリル板の向こうに小魚を見つけたカマスは、それを食べようとして泳いでいく。しかし、アクリル板にコツンと当たってしまい、それ以上は進めない。だから、エサは食べられない。なぜかエサを食べられないという経験を大半のカマスがした後で、アクリル板をとってやる。すると、小魚のところまで行けるのに、カマスたちはもう食べに行かない。

その小魚のところには行けないものだとカマスたちが学習してしまった結果、それが習性となってせっかくそこに見えている小魚を食べに行かなくなってしまうのである。

では、そのカマスたちにエサの小魚を食べさせるにはどうしたらいいか。答えは、なにも学習していない野生のカマス、元気のいいカマスを1匹、新しく水槽に入れてやることである。その野生のカマスは、小魚を見つけ、当たり前のように食べに行く。そして、実際に食べられる。その様子を見ていた他のカマスは、「ああ、食べられるんだ」と気がついて、実際に自分たちも食べに行くのである。

小魚を見れば食べに行く、という自然の原理をアクリル板のせいで、いつの間にか意識もせずに忘れてしまったカマスの集団を、野生のカマスが覚醒させ、自然の原理を思い出させたことになっている。

前章で使った原理の漂流という言葉をカマスたちに使えば（カマスはそんな難しい言葉はごめんだというだろうが）、カマスたちの原理が漂流してしまったのである。ひるがえって、では、自分たちが深く意識もしないままに経営の原理が漂流し始めた企業が、その原理の漂流をやめて元に戻るには、なにが必要か。その答えをこのカマスの寓話が示唆している。

漂流以前の原理をきちんと守っている企業が実際に経営の成果を上げているところを多くの企業が実際に見れば、あるいは学べばいいのである。それで、多くの企業が覚醒する、原理の漂流をやめる可能性がある。

従業員主権経営の原理から漂流していない、さらには人本主義経営の原理を従業員主権以外にも守っているキーエンスは、彼らの原理原則経営を徹底するからこそ得られる高い経営成果を他の企業に見せていることで、「野生のカマス」と同じ役割を果たせる可能性がある。

キーエンスほどの成果はすぐには期待できないとしても、原理を守ることが理にかなっており、高い成果を生み出す可能性があることを多くの企業が感じて、原理の漂流に歯止めをかければいいのである。

キーエンスの行動の実際とその背後の原理を知ることにより、多くの企業にも自分たちのやるべきことの方向性が見えてくる。配当重視とコーポレートガバナンス改革に過大な努力をするのではなく、当たり前の積極的な投資という経営の姿勢、そして従業員中心の経営姿勢、を持ち続けるべきという方向性が見えてくる。

そうした意味を感じて、前章で私はキーエンスの経営を解説した。私にはキーエンスは、深く意識せずに原理の漂流をし始めた危険のある多くの日本企業を覚醒させる役割をもった、「野生のカマス」と見える。キーエンスご自身にとっては、迷惑な役割の振り付けかもしれないが。

キーエンスという野生のカマスの場合は、原理漂流をしなかったことはもちろんのこと、投資についても、人材投資と海外展開投資を積極的に行ってきた。キーエンスはファブレスという業態なので設備投資が巨額だったわけではないが、海外展開にはリーマンショック以降もきわめて熱心で、だから海外事業比率が2011年の31・4%から2022年の62・3%まで、12年間でほとんど倍増している。

また、若手人材を育てることに熱心なキーエンスでは、若手は入社して5年で一人前になるのが当たり前と思われている。それだけ日常業務での人材育成に注ぐエネルギーという意味の投資に熱心な企業なのである。

したがって、この本でのこれまでの分析の流れの中から、原理の漂流をし始めた日本企業がやるべきことが、基本的に2つ浮かび上がる。**ひとつは原理の漂流をやめることであり、もうひとつは投資抑制をやめることである。**それを端的に表現したのが、この章のタイトルである。

原理の漂流をやめるとは、従業員主権的経営の原理へ回帰することであり、そのための具体的アクションのひとつが過度の配当重視の姿勢をあらためることである。第3章の分析の言葉を使えば、付加価値からの株主分配率を下げ、キャッシュフローからの設備投資配分率を上げることである。あるいは、設備投資以外にも、投資抑制をやめることである。

そうして投資抑制をやめて、設備投資、研究開発投資、海外展開投資や人材投資を増やすべきである。そうしたさまざまな投資の成果として企業が成長し、大きな付加価値を生み出せば、結局は企業価値が上がり、株主も株価の上昇によってその投資の成果を享受できることになる。

それはまさに、キーエンスの経営が時価総額日本第3位の実績を生み出したことと同じパターンの株主への貢献の仕方になるのである。**従業員主権経営は、株主を無視する経営ではない。従業員中心の経営をすることで経営成果が上がり、それによって株主が株価の上昇で潤う、という経営なのである。**

それは、バブル崩壊以前の安定成長期の日本企業の姿でもあった。配当が少なくても、日本企業の株主はキャピタルゲインを得ることができていたのである。

原理の漂流はなぜ起きたか？

しかしそもそも、なぜ原理の漂流が、半ば無意識のうちにせよ、多くの企業で起きてしまったのだろうか。

その理由をきちんと理解しないと、漂流からの本格的な回帰の道筋が具体的に描けないだろうし、そして仮に回帰できたとしても将来また漂流が不用意に始まる危険がある。

私は、バブル崩壊後の「失われた三〇年」の間に多くの企業で原理の漂流が起きてしまった背後に、次の3つの理由があったのではないかと考えている。

①原理的思考に弱い経営幹部が多い
②漂流につながりやすい土壌が生まれた
③漂流への圧力があった

第一の理由として、原理的思考に弱い経営幹部が多いことをあげなければならないだろう。あるいは少なくとも、昔よりは原理的思考をきちんとできる人が少なくなってきたようだ。

ここでいう原理的思考とは、自分たちがとろうとする経営の実際のやり方（つまり実務の制度や行動）がなぜ必要なのか、なぜ適切だと思えるか、という原理にさかのぼっての論理的思考、あるいは実務の世界からひとつ抽象度を上げての思考のことである。

もちろん、経営の現場では実務に落として具体的な制度や行動を決めなければ、現場は動かない。原理的思考だけではもちろんダメである。

そこで、次の方程式で実務と原理をつなぐと、いい企業の経営がきちんと説明できることが多い、と私は考えている。

経営の実務＝環境×原理

自社の置かれた環境はZというものである。そこに自分たちが経営の原理として正しいと考える原理αをかけ算して、そのZという環境にマッチした実務はなにか、と考えるのである。その結果、Aという実務が適切という結論となる。つまり、A＝Z×αとなる。

他社の経営の成功に学ぶということは、経営の実務向上の定石だが、その際にはその成功の背後の原理まで思いを馳せなければ、きちんとした学びにならない、という含意がこの方程式に含まれている。

ところが、どこかの成功企業の具体的実務を表面的にまねる、という安易な方法をとる人が案外と多い。しかしそれでは、なぜその具体的実務のあり方が、そのまねのもとになっている成功企業の環境とは違う環境に置かれている部分も多いだろう自分の企業の実務として適切なのか、実際に機能するか、の説明ができないだろう。

そのまねの典型例が、「アメリカではの守《かみ》」と呼ばれるような人々である。アメリカ企業では経営の実務Aというやり方をやっている。だから日本企業も、あるいは自社は、Aという実務を取り入れるべきだ、というのである。

なぜそれが適切かと問われると、「アメリカでは」うまくいっているからだ、という説明となることが多い。だから、「アメリカではの守」と呼ばれる。

さらになぜアメリカで成立している経営実務を、環境が違う部分も大きい日本で取り入れて機能するといえるのか、と問い詰められると、「だって、アメリカではうまくいっているから」とさらに突っ込んだ説明ができなくなるのである。

本来なら、アメリカ的実務の背景にある経営の原理をきちんと考え、その原理のよさを納得できたら、その原理を日本の、あるいは自社の環境にかけ算をして、自社にとって適切な経営の実務を導けばいいのである。しかし、それをできるためには、経営の原理についての思考が可能になっている必要がある。その思考ができなければ、どこかの企業の経営実務の背後の原理など考えられないだろう。

先の方程式で考えると理解しやすいと思われるいい表現が、キーエンスの経営を書いた書籍のひとつである西岡杏氏の『キーエンス解剖』（日経ＢＰ）のあとがきにある。キーエンスの経営からの学びの重要性を強調する西岡氏はこういう。

「大事なのは、なにをまねするかだ。本書でキーエンスの「解剖」に挑戦して見えてきたのは、「直接販売にする」「当日出荷にする」「営業利益の一定割合を賞与として社員に還元する」といった手段は、ある一面だけを切り取ったものにすぎないということだ。キーエンスの経営の本質は、適切な目標設定と徹底的な可視化、それに基づく高頻度の改善をあらゆる場面で実行するところにあるように見えた。
仕組みを表面的にまねするのではなく、その仕組みに込められた「哲学」をまねする」（西岡杏『キーエンス解剖』245ページ）

ここで氏が仕組みといっているのが、先の方程式の実務に当たる。そして哲学といっているのが、この方程式の原理である。その原理をキーエンスの環境にかけ算すると、キーエンスの実際の仕組み（実務）が適切なものとして導かれるのである。

つまり、大切なのは成功企業の原理をまねることである。実務をまねることではない。そのためには、原理的思考に強くならなければならない。キーエンスの創業者滝崎氏は、まさに原理原則を強調する経営者であったことが、キーエンスが先の方程式での実務選択のきわめて良質な例であることを物語っている。

西岡氏は、キーエンスの原理についての仮説を、「適切な目標設定と徹底的な可視化」などとして提示している。私の「キーエンスの原理」についての仮説は、前章で説明した通り、従業員主権を含む人本主義の原理である。それぞれ異なった観点からの原理抽出なので、両方とも正しい可能性が十分ある。

さて、日本企業の経営幹部に、原理的思考に弱い人が多いように見える背後には、実は日本企業の経営の原理の多くが半ば暗黙の原理で、自分たちにも明確に見えていないことがしばしばで、だから原理的思考が進みにくい、という事情もあると私は考えている。

その「半ば暗黙の原理」のいい例が、第5章で紹介した「中二階の原理」というものである。明示的な表現をされた二階の原理だけでは、現場が動きにくいので、そこに中二階の原理がしばしば自然発生的に挿入される。

その中二階の原理が適切なものであるために、二階の原理と中二階の原理のミックスで現場の実務が選択されていく。だから、その実務が日本企業の置かれた環境にマッチしてうまく機能している。

さて、原理的思考が弱い経営幹部が多いと、環境が大きく変わったときに、先の方程式のかけ算ができないために、どこかの成功パターンの「実務だけ」をまねすることになりやすい。そうすれば、原理の漂流が結果として起きてしまうだろう。

こうした原理の漂流は、従業員主権の原理からの漂流だけでなく、さまざまなところで起きているようだ。たとえば、将来への投資の必要性の原理的理解が弱いということは、投資の必要性の原理の漂流であろうし、また投資は結局ケインズのいうようにアニマルスピリッツに支えられているという原理から漂流して、確率の高い投資プロジェクトを選択するという原理に変わってしまっていることも多そうである。

世の中で名経営者といわれる方々が、経営理念や経営哲学の大切さを説くことがしばしばであるのは、経営の原理を深く考える原理的思考の強い人がいい経営の実務を編み出せる、ということのひとつの表れであろう。

原理の漂流への、土壌と圧力

さて、原理の漂流の背後の土壌について。

実は原理の漂流につながりやすい心理的土壌を、「失われた三〇年」の間の歴史的状況が生み出していたと思われる。それは、日本企業の経営幹部たちに自分たちの経営の実務の妥当性を疑わせるような、その結果として心理的萎縮が生まれるような、土壌である。

その土壌は、1991年のバブルの崩壊と2008年のリーマンショックが生み出したと思われる。特にバブル崩壊がもたらした心理的萎縮への土壌形成力は巨大であった。

自分たちの経営の成果が上がらない、だから経営の失敗かと疑いをもつ、そんな「自己疑問」を2つの大事件はもたらしたのである。すでに第1章でこの点にかなり私は触れた。

バブル崩壊とソ連邦崩壊（アメリカの勝利）の同時発生は、特にインパクトがあったようだ。そして、バブル崩壊は日本の金融システムの機能不全、リーマンショックは世界の金融システムの機能不全、という金融面でのインパクトが強烈だったために、金融危機のトラウマが土壌として刷り込まれ、資本市場での動きに過敏になる傾向が生まれた。それが、株式会社の原理をより重視し、従業員主権原理からの漂流を促す土壌となったようだ。

この点は、日本企業の経営幹部に同情すべきであろう。そんな土壌の中で、自分たちの経営の原理を守り抜くのは、決してやさしいことではない。自己疑問が自分たちの原理そのものへの懐疑心につながることもあるだろう。あるいは、半ば無意識のうちにそれまでの原理を捨てて、別な原理を求めたくなる心理的状況をつくることもあるだろう。それは自信喪失ともいえるし、心理的萎縮ともいえるだろう。

その上、土壌ばかりでなく、外部から原理を変えることを促すかのごとくの「圧力」が2000年ごろから強くなった。それが、日本企業の原理漂流への圧力装置となってしまった。特に、その圧力はリーマンショック以降にさらに強くなったようだ。

圧力源のひとつは、日本国内のマスコミ世論である。彼らのしばしば底の浅い日本批判である。日本のマスコミほど自国企業に対して批判的な国は珍しい。もうひとつの圧力源となったのは、アメリカから飛んでくるボール、あるいはアメリカから日本への干渉である。アメリカ政府あるいはアメリカ系の機関投資家からの、日本企業の経営への注文というべきか。

マスコミ世論については、平成時代のトヨタ自動車と日産自動車のマスコミでの取り上げ方が、原理漂流の圧力装置を示唆するひとつの例である。

日産についてゴーン革命を礼賛する本が2000年に出た。日本の経営はダメという烙印を押すような本であった。この同じ年、トヨタが『日経ビジネス』で大きく取り上げられた。それは、「日本的経営の最後の砦」とトヨタを表現した巻頭特集であった。アメリカ型経営への礼賛の匂いがする、そして日本型経営の原理の泥臭さを揶揄するような記事と私には読めた。

トヨタと日産の平成時代の経営については、私は2019年に出版した『平成の経営』（日本経済新聞出版社）で1章を設けて分析している。私の結論は「トヨタの経営のほうが優れている」というものだが、その章でこのトヨタの特集について私は次のように書いた。

「そこでは（この特集では）トヨタの「日本的経営」について、危機伝承経営、血判共同体経営、異物咀嚼経営、合理偏執狂経営、人守人活経営、と五つの特徴づけをしている。さらに、当時グローバルスタンダード経営といわれたものとトヨタを対比して、「三河流VSウォール街流」「遅鈍VSスピード」「金太郎飴経営VSスター経営」「低給・雇用安全VS高給・雇用不安」と表現している。もちろん、前者がトヨタである。

そして特集の最後の編集長の「傍白」が、その後の二〇年間の世界の中のトヨタの発展を考えると実に示唆的である。こう書いてある。

「トヨタという会社を見ていると、どこか懐かしい感にとらわれます。バブルに踊らず、バブル崩壊にも自信を失わず、つまり日本の「失われた10年」をパスできた企業だからでしょう。……（日本企業の）〝原型〟を残すトヨタが世界で真に通用するのか、それは日本の21世紀を左右する問題かもしれません」

その「懐かしい」会社・トヨタは、この記事から八年後の二〇〇八年に、世界一の販売台数の自動車メーカーになった。アメリカのGMがリーマンショックでこけたからでもあるが、それ以来世界一を続け、一六年からはフォルクスワーゲンと世界のトップを争っている。トヨタは、世界に真に通用しているのである」（拙著『平成の経営』244〜245ページ）

トヨタは国際的事業展開にもきわめて熱心で、しかし日本での生産の重要性を考え、国内投資もしている企業である。そして、日本的経営の原理（人本主義経営）を徹底的に、しかも厳しく追求し続けた企業のひとつでもある。

生産技術を大切にし、雇用の安定を守り、販売も含めて現場を大切にする。系列とも厳しい、しかし共同体的な関係をもつようにする。前章で紹介したキーエンスの経営の原理と、よく似ている。

さて、原理漂流への圧力源の第二、アメリカから飛んでくるボール、干渉、としては、アメリカ側の意図的なものも含め、バブル崩壊の前後からこの30年間に大きなものがいくつもあった。

たとえば、バブル直前の日米半導体協定という政府間協定が日本の半導体企業の投資抑制につながったことは、第4章で解説した。また、バブルの大きなきっかけとなった内需拡大政策、金融緩和への動きは、1989年からの日米構造協議の決着につながる政府間協議のプロセスで生まれたものである。さらに、この構造協議が日本異質論のひとつのエポックとなったことは、すでに第1章で解説した。

その後、バブル崩壊後の日本の金融システム立て直しの際に、日本政府がとった基本方針である金融ビッグバン（1996年から2001年までの銀行と証券の兼営許可を基本とする金融産業大改編）は、アメリカの金融産業再編のいわばまねであった。この再編をひとつのきっかけに日本の銀行の存在感が急速に低下していったのは、すでに第3章で見た通りである。

その後に、2014年からの官主導のコーポレートガバナンス改革がきた。これも、アメリカの機関投資家、機関投機家からの圧力がきっかけとなったものといっていい。アメリカ政府筋からの干渉もあったかもしれない。そして、この改革がコーポレートガバナンス・コードとして具体化されるプロセスで、アメリカの影響がより色濃くなったと思われる。背後で、アメリカ系コンサルタント企業の活躍が大きかったようだ。

このようにさまざまにアメリカから飛んでくるボール、アメリカからの干渉に、日本企業はかなり弱かったといわざるを得ない。それは、アメリカへの忖度反応ともいえそうな、必要以上に過敏なものだったという印象が私にはある。

こうしてアメリカからの圧力をはねつけるだけの強さが日本企業にないひとつの大きな理由は、多くの日本人の間にまだ残っているアメリカへの劣等感であろう。アメリカというビッグブラザーに注文をつけられると、ついそのいうことを聞いたほうがいい、と思ってしまう感覚である。

その劣等感の大きな源泉は、実は第二次世界大戦の敗北がもたらしたものかもしれない。しかし、その劣等感は日本の高度成長でいくらか少なくなった感もある。1980年代のアメリカで日本型経営がもてはやされ、ジャパン・アズ・ナンバーワンなどと書かれると、多少は劣等感も薄れただろう。

しかし、リーマンショックでアメリカが見せた見事な立ち回りは、金融の世界では日本はとうていアメリカに伍することはできない、という思いを多くの日本企業の経営幹部にもたせただろう。

それは、経営財務の世界ではアメリカ発の理論にしたがったほうがいいという感覚につながりそうだ。したがって、企業の資本市場への対応については、アメリカからの発信に耳を傾けなければならない、という一種の劣等感につながるのである。

さらにインターネットの世界になり、デジタル全盛になると、ますますアメリカの強さが顕在化するようになった。日本はこの分野でもとうていアメリカの敵ではない、と誰しも考えるほどの巨大な差があるのである。この点は、巨大な人材格差という基本要因を第2章で指摘した。その上、インターネットの国際公用語である英語についても、多くの日本人が劣等感をもっているであろう。ますます、アメリカには敵わない、と思いがちのようである。

こうして漂流の土壌や圧力について説明してきたが、私は別に日本企業の原理漂流を肯定しているわけではない。ただ、原理漂流はよほど経営者が明確な原理と強い信念をもっていない限り、かなり致し方なかった面がある、と理解を示しているだけである。それが心理的土壌と圧力装置なのである。

しかし、そうした土壌と圧力をくぐり抜けて、あえて自分たちの経営の原理を考える経営幹部がもっと増えてほしい。そのエールを送りたい、というのが私の真意である。

これまでの投資抑制を、逆手にとる

さて、原理の漂流をやめて、具体的に日本企業はなにをなすべきか。それは、成長へ向けた経営への転換に尽きる。そのためには、従来の投資抑制の姿勢をあらため、将来への投資を大きくすることがきわめて大切となるだろう。

実は、これまでの投資抑制のおかげというべきか、企業の中のあちこちで投資すべきプロジェクトのネタはかなり蓄積されている可能性が高い。これだけ長期間の投資抑制の後であれば、上層部から「投資資金節約のため」と称してカットされてきたプロジェクトがかなりあるのが普通であろう。

いわば、これまでの投資抑制を逆手にとって、抑制がブロックしていた重要なプロジェクトへカネを投入することが大切である。設備投資でも、研究開発投資でも、海外展開投資でも、人材投資でも、あるいはデジタル投資でも、具体的な優先順位は企業の状況に応じてつければいいだろう。

そのための投資財源を、実は企業内でかなりひねり出せる可能性が高い。第3章でまとめたように、リーマンショック以降の大企業と中小企業のカネの配分を比べると、配当を増やして設備投資を抑制する大企業、配当はあまり増やさずに設備投資をより積極的に行い、かつまた内部留保も積み増す中小企業ということであった。したがって、大企業は配当を減らして、中小企業は内部留保を減らして、投資財源を自社内でつくり出せる余地がかなりある。

まず、配当への付加価値配分（株主分配率）を異常なほどに急上昇させてきた大企業は、株主分配率を下げることによって、投資のための原資をかなり生み出せる。たとえば、2021年度の日本の大企業の数字を使えば、実際の株主分配率が21・8％にまで上がったものを5％下げて16％程度に減らすだけで、大企業全体の配当額は5兆1000億円ほど減って（2021年の日本の大企業の付加価値額は102兆円ほど）、それだけ投資財源が増える。その投資財源増加は、同じ年の大企業の設備投資額21兆1700億円を24％も増やせるだけの大きさである。

さらに仮に2021年の日本の大企業の株主分配率を2011年のレベル（10・2％）まで減らせば、株主分配率の減少幅は11・6％となり、それだけで投資財源の増加額は11兆8000億円ほどにもなる。これをすべて設備投資に回すと仮定すると、設備投資額を日本の大企業は55％も増やせることになるのである。

日本の中小企業の場合は、削るべき株主分配率の余裕はそれほどない。図3-6を見れば、2021年の株主分配率は3・9％しかないのである。中小企業の場合、2001年以降に増加させてきたのは、主に企業分配率（内部留保）であった。銀行が頼りにならなくなったことから、自己資本比率を高める経営をしてきたのである。

２０２１年の日本の中小企業の企業分配率は７・３％で、２０００年代にゼロから２％程度だったものを、それだけ大きくしてきたのである。仮に日本の中小企業が企業分配率を７・３％から４％程度にまで下げる気になると、そこで生まれる財源の大きさは中小企業全体で（この年の付加価値総額１９８兆円の３・３％として）、６・５兆円ほどとなる。この全額をその年の設備投資に回すと仮定すると、日本の中小企業の設備投資は23・６兆円から27％も増えることになる。かなりの投資増額が可能になるのである。

ここでは数字がわかりやすいので設備投資の増額を具体例としてあげているが、将来の日本企業のあり方を考えると、海外展開投資と人材投資の２つの投資が多くの企業にとって優先順位の高い投資分野となりそうである。

海外展開投資は、縮小しかねない国内市場に頼るのではなく、海外需要を積極的にとりに行くために重要である。特に、まだ海外へと目を向けている企業の割合がそれほど大きくない日本の中小企業にとっては、海外展開投資はかなり優先順位の高いものになるだろう。

もちろん、海外展開のための人材不足などの障害があるだろうが、そこは「実地訓練による人材成長」を狙って、あえて多少は準備不足の感があっても海外展開に踏み切ったほうが長期的には望ましいであろう。これは、中小企業だけでなく、日本の大企業の海外展開にもいえることであろう。実はそれが日本の高度成長時代の海外展開での人材確保の主なルートであったのである。

海外展開投資を拡大する際に気をつけなければならないのは、海外展開が自己目的化してしまい、海外企業の買収による「海外でのポジション確保」に走ることである。そうした買収は、大きな成果を生まないあるいは失敗する危険が大きい。実際に、日本企業の海外買収失敗例はたくさんあり、私自身も数多く見てきた。

その失敗の理由の主なものは、2つある。ひとつは、悪い買収案件をつかんでしまって、質の高くない買収をしてしまうことである。当然のように、失敗するだろう。2つ目の理由は、買収後の買収先企業のマネジメントに本社（つまり買収する日本企業本体）が不得手であることが多いことである。だから、いい企業を買収しても、その後の展開がうまくいかない。時には、現地人材が大量に辞めてしまったりする。

現地で生まれ育った企業を日本から統御することの難しさ、それも英語などの外国語を使用言語としてのマネジメントの難しさである。

だから、買収でなくて地道な自分たちでの展開投資（これを処女地に投資するという意味で、グリーンフィールド投資という）のほうが、時間はかかるが成功の確率が高くなる。たとえば、前項で海外展開に熱心な企業としてトヨタの例をあげたが、彼らの海外進出の基本はグリーンフィールド投資である。キーエンスの海外展開も同じである。

もうひとつの優先順位が高そうな投資は、人材投資である。それは、第2章でデータを示したように、リーマンショック以降ほとんど増えていない投資分野なのである。これはまったく不十分といっていい。従業員の力こそが成長の原動力だとすると、人材投資こそが優先順位の高いものでなければならない。

こうした人材投資は、その投資によって拡大する人材能力が事業拡大に直接に貢献するというメリットばかりでなく、人材投資の拡大が従業員の満足度を向上させることによるメリットも大きいであろう。満足度が高くなると従業員のやる気が出る、企業成長へ貢献しようとする意欲が増す、さらには離職しようとする動機が少なくなるなどの間接的メリットである。

ただし、私は社内教育や研修という人材投資と通常カウントされるものの重要性とともに、設備投資、研究開発投資、海外展開投資などのさまざまな形の事業投資の拡大が生み出す人材育成へのインパクトの重要性を強調したい。だから、投資拡大はきわめて重要なのである。それを、項をあらためて考えよう。

投資拡大がヒトの論理を駆動させる

第4章で投資抑制の負のサイクルを考えた際、私は事業投資の実行プロセスから生まれる3つの人的インパクト（能力形成、心理的エネルギー、意識や視野）の重要性を指摘し、こうまとめた。

「こうした3つの人的なインパクトが投資から生まれるとすれば、投資の抑制は、人々の能力形成の機会を奪い、心理的エネルギーを高くすることへの貢献も少なくし、また人々の意識や視野が磨かれる状況ももたらさない。

その結果、**投資抑制をするから実は人材が育たない、人々の元気が出ない、ということになり、そうした人材が足らないから次の投資もできなくなる、という負のサイクルに入る**危険があるのである」

これを「ヒトの論理」による投資からの影響と私は書いたが、投資拡大はこのヒトの論理を投資抑制の場合とはちょうど逆に回転させる意義が大きいだろう。投資を積極的に実行する現場で、新しい挑戦によって人々の能力形成の機会が生まれ、心理的エネルギーが高まるチャンスも大きくなる。そして、大きな投資を実行することが、人々の意識や視野を磨くことにもなるだろう。

投資は、それがカネのリターンを生み出すから重要ではあるのだが、実はもっと大切なのは、人材が投資現場で育つ、というヒトの論理がもたらす効果なのである。

投資抑制から投資拡大へと舵を切るとき、おそらくこわごわと進むということが多くなるだろう。それは抑制時代のリスク感覚からすれば「リスクが大きすぎる」と人々が感じかねない案件への投資が出てくるからである。それは、投資拡大への懸念と呼ぶべきではなく、投資拡大がもたらしてくれる目に見えにくいメリットの源泉、ととらえるべきである。

なぜなら、そうした「少しストレッチした」投資はヒトの論理を現場で駆動させる力がより強いと思われるからである。

少しストレッチした事業展開、事業投資の戦略を、私はオーバーエクステンション戦略（背伸び戦略）と呼んできた。多くの成功企業が成長の踊り場であえてとってきた戦略である。投資開始時の自分たちの実力に多少の不足部分があることをあえて承知の上で、投資の実行に乗り出す戦略だから、背伸びというのである。

そうした背伸びからは、二重の意味でヒトの論理の駆動があるだろう。だから、結果として人材が現場で育つ。それが、投資した分野以外での将来の活躍の能力源泉になってくれることも多い。

二重の意味の第一は、リスクがこれまでよりも大きい投資であるがゆえに、**現場に**

緊張がより多くもたらされ、そこから投資成功への心理的エネルギーや細かいことへの徹底が起きやすい、という意味である。つまり、リスクの大きな投資を成功させたいという緊張ゆえに、ヒトの論理を駆動させる努力量が大きくなる。それで、ヒトの論理がより強く駆動される。

二重の意味の第二は、実力不足の投資ということは現場の人々にとっては未知の活動をかなりせざるを得ない投資だということである。未知の分野とは、新しい技術の習得、これまでなじみの少なかった顧客群との接触、などである。

そうした未知の事業活動を経験することは、事業活動自体が学習活動をともなわざるを得ないことを意味する。**学習をしないと、競争に負けるからである。だから、背伸びから新しいことの学習が進み、ヒトの論理がより強く駆動されるのである。**

実は海外展開投資でも、買収よりもグリーンフィールド自前展開のほうが長期的には望ましいことが多いと前項で述べたが、その理由も実はこの「ヒトの論理の駆動」で説明できる。買収では、企業本体の人々の間の「ヒトの論理」の駆動力は弱くなる。現地で勝手にやってくれ、ということになりやすい。それでは、企業本体の緊張感も学習効果も生まれにくい。そこからの人材育成にも量的・質的な限界がある。

しかしグリーンフィールド投資なら、日本から現地に派遣されるかなりの数の人々を中心に、国内のサポート部署（たとえばマザー工場）をも巻き込んで、ヒトの論理が駆動されることになるだろう。その結果、真の海外展開人材の育成につながりやすいのである。

日本企業のさまざまな投資抑制が長く続いたこの30年間、投資によるヒトの論理の駆動量が小さかったために、実は企業の成長ポテンシャルが枯渇していく方向での望ましくない影響が出ていたのではないか、と私は懸念している。投資抑制が、単に**企業成長の機会を見逃してきたという直接的マイナスだけでなく、成長への企業のポテンシャル（能力も心理的エネルギーも）を小さくするという間接的なマイナスも大きかったのではないか。**

むしろ、この間接的マイナスのほうが、長期的には怖いと考えるべきだろう。ポテンシャルが小さくなってしまえば、成長機会が仮に将来に登場してくれても、その機会を利用する自分たちの力が小さくなってしまっていて、結果として成長機会を他社に奪われてしまうからである。

デジタル投資は、アナログとのミックスを狙う

第2章で日本企業の投資抑制の実態を説明した際に、最後の大きなトピックとして取り上げたのはデジタル人材投資の巨大な遅れであった。その遅れがあまりに巨大で、

実はインターネット関連のプラットフォーム分野で日本企業が国際的な活躍をできないのは、ほとんど論理的必然だと私は書いた。

では、デジタル分野の国際的活躍を日本企業はまったくあきらめなければならないのか。

そうは私には思えない。日本という国の産業の特性を活かした、あるいは日本人の特徴を活かした、日本企業らしいデジタル投資があり得るし、それによって日本企業がデジタル分野でのかなりの活躍ができる余地は大きい、と私は考えている。

言葉を換えれば、過去の人材育成の蓄積格差があまりに巨大であるために、コンピュータサイエンス人材を中心とした挽回は、当分あきらめたほうがいいが、しかし、まだまだ多くの日本企業がデジタルで生きる道はある。それが、日本の現場のよさを活かした、「デジタルとアナログのミックス」戦略である。その方向でのデジタル投資が、日本企業がこれから投資を拡大する際の重要な分野だと思われる。

その戦略での日本企業のあるべき戦い方を、2つのパターンにまとめて紹介しよう。

●アナログベース・デジタルシステムで、日本企業は戦う

●ラストワンフィートで、日本企業は戦う

アナログベース・デジタルシステムとは、アナログ的熟練をデジタル技術に落とし込み、それを中核に大きなデジタルシステムをつくり上げるものである。

たとえば、レーザー光を使って金属の切削加工をするプロセスのデジタル化の話が面白い。レーザー光は空気の湿度に応じて光の拡散の度合いが微妙に変わり、それでレーザー光の切れ味が変わる。そこで、優れた職人は切削時に送り込む冷却エアの適切な流量と向きなどをその日の天候などに合わせて微妙に変えて、切れ味を保つ。それで、切削の精度が上がる。材料もムダが減らせる。

そのアナログ的熟練を、ＡＩ的にコンピュータ付きのレーザー光機械に学ばせることができれば、職人の代わりに自動化機械が切削をやれるようになる。アナログ的熟練をベースに、デジタル切削加工技術をつくり出すのである。その加工技術を中核にして、全自動で24時間稼働可能な「デジタルシステム」ができ上がる。

こういう戦い方なら、日本企業にもかなり国際優位性のポテンシャルが大きそうだ。その基本的理由は、デジタル技術化する源になるアナログ的熟練のレベルが日本ではかなり高いからである。ＡＩの学習材料になるヒトの熟練のレベルが高ければ、でき上がるデジタル技術のレベルも高いのである。

次に、ラストワンフィートでの戦い方について。

製造業ではモノづくりのさまざまな工程で、サービス産業ではほとんどつねに、最後の作業はヒトによって行われる。サービス産業の接客がいい例だし、モノづくりでも完全自動化でない半自動化生産システムはあちこちにあり、また製造業でも営業活動は結局ヒトが行うものである。

そうして最後はヒトが作業するステップがあるときに、その直前まではデジタルシステムがサポートし、最後の作業はひと配慮・ひと手間にたけた人間が担当し、ヒトとデジタルの全体のシステムで顧客への価値提供をめざす、作業効率の向上をめざす。その**最後のひと手間とITシステムの間の短い距離を私はラストワンフィートと呼んでいる。**そして、そこをハイライトするようなデジタルシステムが日本企業の狙い目のひとつである。

サービス業を例にとれば、「おもてなしのデジタル化」というべき「ラストワンフィート（とヒト）を活かすデジタルシステムの試み」が、すでにあちこちで始まっている。

おもてなしのデジタル化には、おもてなしそのもののデジタル化と、おもてなしのためのデジタル化、この2つのタイプがあるだろう。

前者はおもてなしすること自体（の一部を）をデジタルシステムが担当する、という直接的なデジタル化。後者は、おもてなしを実際に行うのはヒトだが、そのヒトが価値あるおもてなしができるような状況をつくり上げるためにデジタルシステムを使う、いわば間接的なデジタル化である。

スーパーマーケットという典型的なサービス業を例に、2つのデジタル化の例を紹介してみよう。

おもてなしそのもののデジタル化の例としては、顧客行動のデジタル観察データをもとに、顧客が喜ぶような適切な品揃えと提案を行うためのシステム。品揃えと提案がおもてなしそのものである。そして、店内での顧客行動の観察をカメラなどで記録することにより、顧客の言葉や動きから一人ひとりのニーズと好みを洞察できるようなデジタルシステムをつくる。

おもてなしのための間接的デジタル化の例は、接客や相談、さらにはパフォーマンスでの売り込みなどはヒトが担当する（つまりおもてなしそのものはヒトが担当）のだが、そのための人材配置ができるようにさまざまな作業をデジタル技術で省人化する、という例である。レジ、商品発注や陳列、などのこれまではヒトが行っていた作業をデジタル化して、そこで浮いた人件費をおもてなしの強化に回すのである。

こうした「ラストワンフィート」を重視する戦い方で日本企業が国際的に優位になれるポテンシャルをもっている、と私が考える基礎的な理由は、日本には多くの人が最後のひと配慮・ひと手間を当然のごとくできる文化と能力蓄積の背景がある、ということである。

その蓄積とは、2つのタイプのひと配慮・ひと手間の能力蓄積である。

第一のタイプは、ラストワンフィートの地点でITからバトンタッチされた後の仕事をきちんとひと配慮・ひと手間をかけて実行できる人材の蓄積。最後のスーパーマーケットの例でいえば、「情緒的価値を生む仕事」を実行できるヒトである。

第二のタイプの蓄積は、ラストワンフィートに至るまでの仕事をデジタル化するために必要なデジタル学習（たとえばAI学習）の材料を提供できる、優れたノウハウをもった人材である。レーザー光切削の切れ味をその日の天候にあわせて調節できる職人さんやスーパーマーケットでレジや発注・陳列を自動化できるためのノウハウをアナログ的熟練として提供できる人材である。

こうした2つの「デジタルとアナログのミックス」戦略が生きる産業分野の世界的な需要規模は、日本という国のデジタル関連産業がある程度の国際的地位を占められる程度の大きさにはなるだろう。

そこで優位に立つことで、日本産業の糧には十分になる。**デジタルプラットフォームなどがもちろんデジタル産業の主流需要であろうが、そこで日本が大きく遅れをとってしまった以上、日本の得意技を活かしたこうしたニッチ分野を足がかりに戦うのが、賢明な「弱者の戦略」だと思われる。**

終章　歌を忘れたカナリヤ

日本企業が忘れた歌

歌を忘れた金絲雀《かなりや》、で始まる西條八十《さいじょうやそ》作詞の童謡がある。ご存じの方も多いだろう。そのカナリヤの姿が、実は今の日本企業と重なって見える。「かなりや」の一番の歌詞は、こんな歌詞である。

歌を忘れた金絲雀は
後の山に棄てましょか
いえ　いえ　それはなりませぬ。

日本企業が忘れた歌は、経営の原理としての従業員主権と投資の大きさの確保（と投資によるヒトの論理の駆動）だった。その忘れていった歴史をあえて簡単にまとめれば、次のようになるだろう。

まず、バブル崩壊の心理萎縮から投資しなくなる。自分たちの経営の原理への疑いも生まれる。そして、投資をしないと、ヒトが育たない。投資をしないと、組織全体の心理的エネルギーも低下する。ヒトの論理が駆動されなくなるのである。

そこへ原理漂流の圧力が加わると、自分たちの経営の原理がないがしろにされがちになる。その結果、ますます投資しなくなり、心理萎縮と原理漂流が続く。

では、どうしたら忘れた歌を思い出せるのか。前章では、原理を忘れていない野生のカマスの比喩を紹介した。野生カマスの自由な行動を自分の目で見ることが、動かなくなったカマスに自分たちの自然な行動の原理を思い出させるのである。

歌を忘れたカナリヤ、という比喩もありうる。西条八十の歌詞の最後に、実に示唆的な言葉が出てくるのである。２番以降をすべて書いておこう。

歌を忘れた金絲雀は
背戸の小藪に埋《い》けましょか
いえ　いえ　それはなりませぬ

歌を忘れた金絲雀は
柳の鞭《むち》でぶちましょか
いえ　いえ　それはかわいそう

歌を忘れた金絲雀は

象牙《ぞうげ》の船に　銀の櫂《かい》
月夜の海に浮べれば
忘れた歌をおもいだす。*

カナリヤを山に捨てるのも、やぶに埋めるのも、むちで打つのもいけないのである。ただ、月夜の海の豪華な航海をさせて歌を思い出させるのがいい。この詩には、心に沁みるものがある。

歌を忘れた日本企業あるいはその経営者を、捨てるのも埋めるのも、むちで打つのも、「それはなりませぬ」「かわいそう」。生きている企業、せっかくの努力をしている経営者がもったいない。彼らが歌を思い出すような状況（航海）をつくるのが、望ましい。

カマスの場合も、自然の動きを忘れたカマスは、きちんとエサを食べる野生のカマスを見て、自分で気づく。「自分で」忘れていた行動を再開する。カナリヤの場合も、歌を思い出せるような状況になると、「自分で」歌を思い出すのである。ともに、「自分で」というところが大切なのだろう。そうした「自発性」がなければ、真に自分のものとならず、それでなければ長続きしないのであろう。

では、なにが「象牙の船」か、なにが「銀の櫂（以下、銀のかい）」か、そして「月夜の海」はどう準備されるのか。その答えは企業によって違うかもしれないし、さまざまな発想があっていい。

だがポイントは、経営者を責めるのではなく、自分たちの自然の姿を思い出せるような、いい環境をあえてつくること、であろう。その環境の中で自分たちの原理に再び触れるような余裕が生まれれば、発想も自然になって、歌を思い出す。

この終章では、象牙の船、銀のかい、月夜の海について、私の発想を簡単ながら紹介しておこう。

まず、「象牙の船」について。

その船は、大きな成長と大きな社会的貢献ができるような船であろう。だから、「象牙」のように立派なのである。その具体的な姿は、企業によってもちろん異なるだろうが、それをつくろうとする経営者の志の高さが第一に要求されることは、企業を超えて共通する条件だろう。さらに、その志を実現するための基礎条件が企業を超えて共通に、案外と整っていると思われる。

それは大きな投資をするためのカネの世界の基礎条件としての、財務的な資金調達の可能性の大きさである。すでに第1章で見たように、平均的な日本の大企業の自己資本比率はほぼ40％にもなっている。自己資本を投資に振り分けることを覚悟すれば、また自己資本比率を多少下げても負債による資金調達をすることを覚悟すれば、それが十分可能な自己資本比率の高さなのである。さらに負債による資金調達への環境的な追い風として、低金利を続ける日本の金融システムがあげられる。小さな金利負担でかなりの負債調達ができるのである。

また、大きな投資をするための基礎条件としては、もちろん優秀な人材の確保も重要である。ここでは、「まず投資」というスタンスをもって、投資がヒトを育てるという「ヒトの論理」を駆動させることをきちんと考えることが肝要であろう。

「銀のかい」とは、船の針路とスピードを決めるかいとして、なにを準備するか、どんな道具を使えるようにするか、ということである。この本の議論のひとつの中心が従業員主権からの漂流であったことを考えると、その漂流をさせないように機能する銀のかいが必要ということになるだろう。つまり、従業員主権確保への「支え」をいかに準備するか、ということである。これについて、次項でよりくわしく解説したい。

「月夜の海」とは、日本企業が従業員主権経営で大きな投資をした後の航海が実り豊かなものになる、したがって投資が大きな成果を生む、ということの実現に貢献する多くの企業に共通の環境条件であろう。そのきわめて基礎的な共通要因として、日本という国のポテンシャルの高さを以下では取り上げたい。日本企業は高いポテンシャルのある日本といういい環境に置かれていることを、あらためて認識したほうがいい。それが、次々項以下で議論することである。

従業員主権確保への支えをつくる

会社の主権での原理漂流が起きてきたことを考えると、会社法の株主主権の原理になんらかの形で制限を加えるような、株式会社制度へのなんらかの補足、修正の議論が必要だろう。

もちろん、私自身も強調したように、株主主権の制度は重要である。しかし、株主はカネだけを出している存在にすぎない、ともいえる。だから、株主原理主義の暴走を防ぎ、従業員主権経営を企業がやりやすくなるような「制度的支え」を社会が準備する必要がありそうだ。それが、従業員主権確保への制度的「支え」となる。それは、従業員主権原理への社会的認知を意味することにもなるだろう。

そうした「制度的支え」の必要性をきちんと認識するということは、企業というものが（第5章で議論したように）カネの結合体とヒトの結合体という二面性をもっているのに、その二面性と本質的に矛盾するような制度が現行の株式会社制度ではつくられていることにきちんとした目を向けることである。

すでに触れたように、会社法はヒトとカネの重要性を比較考量して、株主に独占的な統治権を与えているのではない。あくまでも、逃げるカネ（返済を前提としている）を提供している債権者よりも逃げないカネ（企業から引き上げないことを約束した資本金）を提供している株主が優位、とカネの結合体の中での権利関係を規定しているだけである。

したがって既存の会社法は、ヒトの結合体という側面を視野の外において、カネの結合体としての企業の統治の権利を決めていることになる。

そこから、働く人々（特にその企業にコミットして働いているコア従業員たち）の意思が企業の統治に届く仕組みになっていない、という状態が生まれている。それが果たして企業の長期的発展と健康に望ましいことか、という素朴な疑問が生まれるのは、自然なことであろう。

つまり、**ヒトとカネの二面性があるのが「企業という存在の本質」のひとつなのに、企業の統治権ではその二面性が無視されている、という矛盾があるのである。この矛盾は、いわば株式会社という制度がもっている本質的な矛盾ともいえる。**

2022年ごろから、日本企業の間に人的資本経営の興味が急速に高まってきた。

その興味の拡がりの真の意義は、この株式会社制度の本質的矛盾に目を向けさせることではないか、と私は考えている。実は、人的資本経営への興味の高まりの本当の理由は、株主傾斜と配当などの株主還元が上場企業でいきすぎたことへの警戒感が、日本社会で、特に大企業の経営者の間で、拡がり始めているからではないか、と私は思っている。株主傾斜の一方で従業員を大切にすることを軽視してきた、その傾向への懸念である。

個人的な会話で、そうした話を上場企業の経営者から聞くことがたしかに多くなった。彼らは、株主傾斜について、以前は済まなそうに「IRでうるさいので」といっていたのだが、最近は「どうもいきすぎじゃないかと感じている」というコメントに変わってきたのである。

一方、欧米ではこの本質的な矛盾への解決策として、ステークホルダー資本主義が主張されることがある。それは、企業活動の目的に株主の利益以外の、多様なステークホルダーのための貢献という企業目的を強調する、という考え方である。もちろん、従業員はステークホルダーの一員である。

ただ、人的資本経営もステークホルダー資本主義も、従業員主権確保のための制度的支えにまでは踏み込もうとはしていない。だから、人的資本経営の強調の内容が、従来の人事管理のバージョンアップのハウツーだったり、人的資本という無形資産の測定による人材育成の成果を開示する工夫、という比較的テクニカルな話になりがちなのである。

あるいは、ステークホルダー資本主義では、ステークホルダーへの貢献を真剣に考える経営者が、株主の利益を十分に考えていないという理由で最後は株主主権を使って葬り去られる危険がつねにある。

フランスの大手乳製品メーカーのダノンの経営者が2021年にアクティビストファンドなどの動きによって辞任に追い込まれたのは、その危険が顕在化した例である。その経営者はステークホルダー資本主義の旗手として有名な人だった（この実例については、拙著『経営学とはなにか』日本経済新聞出版、第8章にくわしい）。

したがって、従業員の統治主権への参加を促すさまざまな制度的工夫が重要となるのである。

たとえば、従業員持株会制度への公的認知や企業としての補助の導入である。この点についてのキーエンスの例を、第6章で紹介した。

あるいは、勤続年数X年以上の従業員の持ち株の議決権を、普通株主の議決権のY%増しとする、というような種類株の制度は十分ありうる。より激しい例だが、アメリカのITプラットフォーマー大手のグーグルでは、創業者の持ち株の議決権を普通株の10倍とする定款をもっている。

創業者を「コア従業員の中で圧倒的な存在感をもつ人」と考えれば、これは一種の従業員主権確保の手段でもある。それをニューヨーク証券取引所は認めたのである。日本の証券取引所は、国際的に見ても異常なほどに株主公平の原則にこだわっている、といわれている。海外の機関投資家、機関投機家から内心はあきれられているという専門家の意見もあるそうだ。だから、日本の証券取引所はみずから、従業員持ち株の議決権を工夫するという「従業員主権確保の制度的支え」を検討してもいいはずである。

現行の会社法制度の枠の中で従業員主権を部分的に認めようとする制度的工夫として、上級幹部による社長の信任投票の制度を私は2000年に出版した『日本型コーポレートガバナンス』(日本経済新聞社)で提案した。社長と日頃接する機会の多い上級幹部に投票権を限って、無記名の信任投票を年に1回行う、という制度である。

その投票結果のくわしい公表はしないが、投票結果は多くの上場企業が最近はもっている取締役指名諮問委員会には通知されることとする。そして不信任票が一定割合(たとえば2割)を超えた場合は、不信任票多数の理由を調査する責任を諮問委員会がもつのである。

この制度は社長の行動への従業員(上級幹部)からの牽制制度、といっていいだろう。たとえばその牽制は、社長の独裁やスキャンダルといった社長の暴走への牽制にもなるし、あるいは従業員主権を軽視する社長の経営への牽制にもなるだろう。

このような社長不信任投票制度を実は東芝が２０１５年の会計不正スキャンダルの後の経営刷新の一環として採用した。そして、２０２１年に当時の東芝社長が突然辞任したという事件の背後で、不信任票の多さが圧力として機能していた、という報道があった。

さらに、社長が圧倒的に多くの上級幹部に信任されているという事実が確認されていれば、それは株主原理主義の暴走への牽制にもなるだろう。たとえば、社長の取締役再任議案への「理不尽な」否決助言への牽制である。

こうした制度的支えの確保の先に、第5章で紹介したドイツのような本格的な会社法改革の議論が、あってしかるべきかもしれない。

私の試案は、拙著『日本型コーポレートガバナンス』（日本経済新聞社）ですでに提案した。その骨子は、経営者からなる役員会、従業員総会、株主総会、企業総会（従業員、株主、経営者の代表者が構成する最高意思決定機関）という4つの機関をつくり、それぞれが任務分担をする、というものである。

日本のポテンシャルの高さ：社会の質

日本経済の将来について、高齢化や社会保障問題のような不安要因もあるのはたしかだが、しかしそれほど悲観的になる必要はない。多くの日本企業にとって月夜の海の航海が可能なような基礎状況は、日本そのものはまだある。

その基礎状況とは、日本のポテンシャルの高さである。ポテンシャルの高さとは、要するに、社会と経済の「質」の高さである。もちろん、日本に欠けているものは多くあるが、ここは前向きに考えようではないか。その自信回復が、「失われた三〇年」の心理萎縮への反撃としても、重要だと思われる。

日本社会の質の高さとして私が強調したいのは、追加的なひと配慮を他人に対してする、追加的なひと手間の細かな行動をとることをそれほど惜しまない、という**「ひと配慮・ひと手間」を当たり前のようにとる人が多い、という国民の平均的行動のあり方である。**

英語で表現すれば、One extra consideration to others, One extra action for details ということになろうか。それが、社会のあちこちで見られるのが、日本社会の特徴であろう。それが、日本社会の質の高さとして、国のポテンシャルの高さにつながる。

表終-1　人口100万人当たり新型コロナウイルス感染症死者数累計

	日本	アメリカ	イギリス	ドイツ
2021年4月18日	76	1,747	1,867	959
2022年4月18日	191	2,931	2,361	1,427
2023年5月8日	594	3,472	3,261	2,064

出所：Worldometer

そのポテンシャルが発揮された例が、新型コロナウイルスの感染への防御の日本の成功である。おそらく、日本は世界最大のコロナ防御成功国といっていい。他の先進諸国と比べても、抜きんでている。それを示すのが、表終-1のコロナ死者数のデータである。

日本でコロナが5類相当に移行した2023年5月のデータが、いわば最終データであろう。日本の人口100万人当たりの死者累計数は、アメリカの17%、イギリスの18%、ドイツの29%にすぎないのである。圧倒的な差である。さらに感染拡大の中期の2021年、2022年の段階では、日本の優位はもっと圧倒的だった。

日本が感染をこれだけ見事に抑え込めた最大の理由は、国民の行動パターンにあると私には思える。公衆衛生の意識と政府からの不思議な自粛要請を受容しやすい社会、その2つの「国民行動のパターン」が最大の理由ではないか。

残念ながら、政府の政策や行政のおかげではなく、政策の緩さや行政の遅さ「にもかかわらず」国民の努力が感染を抑え込んだ、という「不思議な成功」を日本はしたのではないか。

公衆衛生の意識については、手洗いの習慣、マスクをつける習慣などが欧米ではこれほどまでにないのか、と多くの人がコロナ関連報道を見て思っただろう。

そして、罰則もない政府の「お願いベース」の自粛要請に対して、多くの国民がその不思議な要請を受け入れた。西欧的思考では、政府による命令と市民の服従によって(典型的には罰則をともなうロックダウン、外出規制)感染を抑えようとしたのに対して、日本では自粛という不思議なメカニズムが使われたのである。

その背景には、そうした要請にしたがうことが「共同体の道徳的ルールとして正しい」という認識を多くの人が共有している、というメカニズムがありそうだ。

公衆衛生意識の背後にも、自粛要請受け入れの背後にも、共通のベースがあると私は考えている。

それは、公衆衛生に例をとれば、マスクをみんながするというひと配慮、みんなが手を洗うひと手間である。コロナの場合も、他人にうつさない、他人からうつされないという、他人との関係を考えてみんながちゃんとマスクをした。ひと手間は、みんなしょっちゅうアルコール消毒をし、手を洗う。

自粛要請受け入れの場合は、共同体のルールとして、ひと配慮・ひと手間が望ましいという道徳的判断基準が共有されているから、「三密を避けましょう」といわれると多くの人が密を避ける手間をとり、そして必要な他者への配慮としてきちんと行う。外出をするとどうしても対人接触が増えるからと、「おうち時間」を楽しむための工夫を多くの人がする。

いずれもひと配慮・ひと手間の実例である。つまり、自粛受容社会のメカニズムのベースとしての、ひと配慮・ひと手間、ということである。

実は、「ひと配慮・ひと手間」は、人々の半ば無意識の行動の特徴になってコロナ感染の抑え込みに貢献しただけでなく、産業の現場でも意味がある。公衆衛生意識と自粛受容社会の共通のベースであるだけでなく、産業の現場との共通ベースにもなっている。

たとえば、工場の生産現場でも、人々が細かなひと配慮・ひと手間をやっている。そのおかげで、品質が保たれ、ムダが抑えられている。日本企業が海外でも徹底させようとしている、5S（整理・整頓・清掃・清潔・しつけ）は、「ひと配慮・ひと手間」の具体化の例である。あるいは、現場の提案制度、小集団活動による品質管理、などさまざまな現場の活動を陰で支えているのは、人々の「ひと配慮・ひと手間」の姿勢である。

また、旅館や飲食店の現場でも「おもてなし」がかなり無理なく行われている背後には、「ひと配慮・ひと手間」というバックボーンがあるからこそだと思われる。だから、お客様へのサービスを現場が工夫するようになる。

さらに、社会インフラの充実の背後にも、インフラ関連で働く人々の「ひと配慮・ひと手間」があると考えるべきだろう。たとえば、日本の宅配便のサービスの質や正確さに、他国の宅配システムを使ってみるとはじめて「日本でよかった」と感謝する人が多いのも、無理はないのである。

コロナで不思議な成功を日本が収めた背後の理由のひとつが、産業の強さの基盤と共通部分があることの意義は大きい。だから、日本はポストコロナの時代に国際的にさらに強くなる可能性がかなりある。強くなれるための基礎条件が日本の産業にはあり、それが「月夜の海」を可能にする社会の質の高さなのである。

日本のポテンシャルの高さ：ミクロ経済の質

「月夜の海」を可能にするもうひとつの日本のポテンシャルの高さは、ミクロ経済の質の高さである。

国債発行残高（政府の債務残高）が大きすぎる日本、この30年間に成長しなかった日本、日銀の危ない金融政策、などということを考えると、「経済の質の高さ」とはジョークに聞こえるかもしれない。

たしかにマクロ経済政策関連では、日本経済のパフォーマンスはお世辞にもいいとはいえない。しかしその背後で、ミクロの世界で見ると、経済の質が高いと感じさせる現象はいくつもある。どうもそのポテンシャルをうまく活かせていない。質の高いミクロがマクロの世界へと合成されるとおかしくなる、というマクロ経済の「合成の誤謬」があるようだ。

ミクロの視点での経済の質の高さとしてここで指摘したいのは、高い品質水準の製品やサービスが低い価格で手に入り、したがって人々の生活の質が高い、という質の高さである。高品質・低価格の同時達成とそれゆえの人々の生活の質の高さは、さまざまな形で企業が活かせるはずの日本のポテンシャルである。

低い価格でいいサービス、いい製品が手に入る日本、という感覚は海外から日本を訪れる多くの人たちが共通に感じる印象である。それは別に2022年からの円安のおかげで始まったわけではない。それ以前からかなりの期間にわたって、続いてきた現象である。

そこへ最近の円安があり、ますますその印象が強くなっている。2023年にコロナ感染が収まってから日本を訪れた欧米からの旅行客には、特に印象的だったようだ。しかし、それは最近の現象ではなく、もっと前から続いているのである。

私事のひと風景だけで恐縮だが、私の息子一家がオランダ住まいで、この20年ほど毎年日本に一家で来ている。そのたびに、彼らが大量の買い物をして帰っていく。たとえばオランダでも手に入るスニーカーが、驚くほど日本では安いというのである。

あるいは、ビッグマック指数を比べてみても、日本の低価格は明瞭である。ビッグマック指数とは、世界各地のマクドナルドで売られているビッグマックという同じハンバーガー（同じ仕様である。ただし質は国によって少し違うかもしれない）の価格を国際比較した指数で、イギリスの週刊誌『エコノミスト』が毎年2回発表している。

その2023年1月のデータによると、日本のビッグマック価格410円は調査対象国54カ国のランキング（ドル換算）で41位という安さなのである。

たとえば、アメリカのビッグマックは日本よりも70・1％も高く、ユーロ圏は41・8％も高い。最近の円安のせいだとはとてもいえそうにない、大きな差である。アジア各国と比べても、韓国は25・9％も高く、中国のビッグマックも日本より12・3％高い。

この高品質と低価格の組み合わせによって、日本の人々の生活の質はかなり国際的に見て高い水準になっている。その高い生活の質というのは、間違いなく日本経済のポテンシャルの高さである。特に、海外から日本への吸引力（典型的にはインバウンド観光需要）にとって大きな意味をもつだろう。

そのせいでもあろうか、Z世代と呼ばれる日本の若者たちは驚くほど海外へ行くことに興味を示さない、というコメントをよく聞く。世界的にも非常に高い日本の生活の質、そして日本の安全の質と比べれば、彼らにとって外国はそれほど魅力的でないというのである。

しかし、この生活の質の高さは、日本の円の海外での購買力が実は小さい、日本円を使って海外で生活すると、高い質の生活はあまり期待できない、とも解釈できる。それを、日本円の購買力の低さととらえることもできるが、しかし日本国内の価格の安さととらえれば、実は日本の製品やサービスの海外展開のポテンシャルがそれだけ高いことを意味するのである。

つまり、「良質でかつ安い日本」を日本のポテンシャルの高さととらえ、それをうまく活用する企業戦略を考えていくこと（その中心は輸出戦略であり、インバウンド観光戦略であろう）が、日本の生きる道になってくるのである。しかも「良質でかつ安い日本」は、単に「安かろう、悪かろう」という高度成長時代以前の日本製品のイメージとは違い、高品質と低価格を同時達成したという、ある意味で驚くべきポテンシャルの高さなのである。

こうした高品質と低価格の同時達成の背後に、ひと配慮・ひと手間という社会の質の高さがある。その配慮と手間を企業活動の現場で人々が実践するからこそ、高品質の製品・サービスが安く提供できるのである。

そしてさらにいえば、人々のひと配慮とひと手間を引き出せるような経営がある。それが、従業員主権経営である。ひと配慮やひと手間は、働く人々が半ば自然に、半ば自主的に行わなければ簡単には実現できない。そうした配慮や手間をするのが当然と人々が思えるのは、経営がそうした自分たちの行動を評価してくれている、従業員中心の経営をしてくれている、と思えばこそであろう。

従業員主権経営からの原理の漂流は、こうしたひと配慮・ひと手間の基盤をなし崩しに崩してしまう危険をはらんでいるようだ。

経営者への期待

象牙の船をつくるのにも、銀のかいを使うのにも、そして月夜の海を実際に航海するのにも、経営者が要の責任を担っている。あるいは逆にいえば、企業を率いる経営者の責任は、それほど大きい。

その責任を果たせるよう、前向きに次の3つの期待をしたい。

●大きな戦略を考える
●経営の原理を考える
●経営者としての器量を磨く

大きな戦略を考えることが、象牙の船をきちんと用意するために必要となる。それは、高い志をもって（だから「大きな」という形容詞がつく）、戦略の基本的な内容である、「組織の現在の立ち位置を設計する」ことと「未来への流れを設計する」こと、その2つをきちんと考えることである（こうした観点からの戦略の整理については、拙著『経営学とはなにか』を参照してほしい）。

この点についてより具体的内容を語り出せば、長い紙幅が必要となる。しかし、この終章では、立ち位置の設計と未来への流れの設計について、それぞれ多くの企業に共通して課題となると私が考えるポイントをひとつずつ指摘するに留めよう。

企業の現在の立ち位置を設計する際には、競争相手との戦略的差別化を厳しく考えることが重要であろう。言葉を換えれば、競争相手と同質的競争に明け暮れないことである。

前項で私は日本のポテンシャルとして高品質・低価格の同時実現をあげたが、なぜ高品質の製品やサービスをつくり出してもそれに高価格をつけることができないかといえば、同質的競争が日本企業の間で激しいからである。差別化がきっちりとされた製品やサービスでないから、つい価格競争になってしまう。だから、低価格になる。

そうした競争の激しさは、日本企業の効率性維持のための規律としてはたしかに意味があるのだが、あまりにももったいない。もう少し、高価格へと舵を切れるような差別化を狙うことが、多くの企業に必要であろう。

未来への流れを設計する際の課題は、実はこの本で繰り返し述べてきたように、大きな投資をすることである。設備投資、研究開発投資、海外展開投資、あるいはイノベーションのための投資。さまざまな投資をきちんとすることが肝要である。それがなければ、大きな成長は望めない。そんなときに、配当を支払うことに過大な注意が集中するのは、決して望ましいことではない。

経営者への第二の期待である「**経営の原理を考える**」ことは、銀のかいを具体的に用意し、それをどう使うかを考えるときに重要となる。より具体的には、環境と原理のかけ算の次の方程式での、原理の部分を自分の頭で深く考えるということである。

経営の実務＝環境×原理

原理の内容としては、自社の経営に重要な原理を考えればよいのだが、従業員に対する経営のあり方としては従業員主権原理をこの本でポイントとして指摘してきた。

それを繰り返すことはもうしないが、原理の具体的内容に関係なく、経営の原理を深く考えるプロセスで多くの経営者にとって共通の課題となるのは、環境とのかけ算をする能力である。その能力が十分にないと、いくら原理が優れていても、経営の実務の具体的工夫が適切なものとならないだろう。実務の工夫で間違えれば、原理を考えることの意味は小さい。

このかけ算の能力は、方程式にしたがって、自分で何度もさまざまな環境へ原理を適用する試みを重ねることによってしか、培えないだろう。

キーエンスは原理原則をきわめて大切にする会社だ、と第6章で書いた。キーエンスは、あるいはその創業者は、現場の環境の変化に応じて自分たちの原理原則に合った実務を編み出し続けてきたと思われる。つまり、環境と原理のかけ算の得意な会社あるいは経営者なのであろう。

経営者への第三の期待は、**経営者としての器量を磨く**ことである。それは、月夜の海を航海するために必要となる操縦術の、根幹をなすものが器量だからである。

器量について、くわしい議論をする紙幅はこの終章にはない。ただ、ポイントだけを書いておこう（さらに興味のある方は、拙著『経営の力学』（東洋経済新報社）を参照してほしい)。

経営者としての器量は、**決断のための器量と人を統率するための器量**、その2つのタイプが必要であろう。

決断のための器量は、その人がもつ思考の地図の大きさと多様なものをのみ込める心の広さ、その2つで決まるであろう。

人を統率するための、つまりリーダーとしての器量としては、私は法隆寺宮大工棟梁の西岡常一さんの次の言葉が、的確にポイントをついていると思う。

「百工あれば百念あり。これをひとつに統ぶる。これ匠長の器量なり。百論ひとつに止まる、これ正なり」(西岡常一『木のいのち木のこころ　天』草思社、156ページ)

匠長とは、棟梁のことである。百工の「工」とは大工さんのことである。彼らがそれぞれにもつ考え(百論)をひとつに統べることが、棟梁の器量だというのである。百論がひとつに止まれば、一が止のうえにのって、正という漢字になる。

こうした器量を、経営者あるいはその候補者たちがみずから磨くことを試みること。それを期待したい。さらに、次世代の経営者予備軍の器量を育てることにも注力してほしい。

実は、「失われた三〇年」の原理漂流と投資抑制の長い期間は、経営者の器量が育つ環境としては恵まれたものではなかった。器量が育つためにも、前章で強調したように、「投資拡大がヒトの論理を駆動させる」ことが大きく貢献するからである。

その意味では、不幸にも、現在の経営者やその予備軍の人たちは企業人生のほとんどを「失われた三〇年」の中ですごしてきた。だから、そのマイナスの影響を意識せずに受けている人も多いだろう。

だからこそ、**あえてヒトの論理を駆動させることに注力して、その出発点となる大きな投資をあえて決断して、自分たちの世代と次の世代の器量が育つような航海をしていってほしい。**

しかし、「失われた三〇年」のマイナスの影響を受けているということは、逆から見ればそれだけ器量が育つ伸び代がまだ残っているということでもある。その伸び代に、大いに期待したい。

歌を忘れたカナリヤも、忘れていた間は休んでいた時間でもあったと考えれば、実はさらに長いこと歌える伸び代が残っているはずなのである。だから西條八十は、「いえいえそれはなりませぬ」と繰り返したのだろう。

あとがき

本の校正が終わったときは、普通は安堵感があるものなのだが、この本の校正を終えた今は、安堵感はあるものの、その底に喪失感もある。

決して「漂流する日本企業」と題したこの本の作業が終わる、その作業の日々がこれからはもうない、という喪失感ではない。漂流によって日本企業が失った大切な時間への喪失感、あるいは「もったいない」感である。

もっといい日本をつくれたはずなのに、という思いである。

その感覚を序章のタイトルと最後の小見出しが、表現している。章のタイトルは「日本企業の経営がおかしい」、章の最後の小見出しが「もったいない」なのである。

私は、日本企業の経営についての数多くの本を書いてきた。しかし、日本企業の経営がおかしい、と正面切って批判するような本は書いてこなかった。つねに、批判は一部にあるものの、「日本企業がんばれ」という応援団の本であった。

それが今回は、正面切って批判したくなった。せざるを得ないという気持ちになった。それも、データとそれを生み出してしまった経営行動の論理、その両方をきちんと見せての批判である。

投資を抑制する、ためらうことが長期に続くと、一体なにが起きてしまうのか。しかも、短期的にはよかれと思ってとっているだろう経営行動の意図せざる結果として、こんなことになっているではないか、という批判である。

日本経済の成長の低さを嘆く本は多い。そしてその理由を、政府の経済政策のまずさに求めるマクロ経済専門家の意見が紹介されることも多い。しかし、日本の経済成長の低さの本質的原因は、実は日本企業の成長投資の少なさにあるのではないか。日本企業の経営のあり方そのものに、経済成長の低さの原因があるのではないか。

配当にカネを回して、投資を抑制して、企業が成長できるのか。企業成長なくして、経済成長ができるのか。それがこの本の基本的メッセージであり、日本企業への批判である。

ただし、私はやはり日本企業の応援団なので、建設的な批判でありたかった。だから、終章で、忘れた歌を思い出そう、経営者への大きな期待がある、と書いた。私は甘いのかもしれない。しかし、今の経営者の方々に日本企業の将来は委ねられているのである。その将来を、きちんと見据えてほしい、と心から願っている。

それを見据えた上での大きな戦略展開が、不可能だとは私には思えない。今の日本は国際的に見て「異常」ともいえることが起きている国になっている。それを追い風にすればいい。

第一の異常は、高い水準の製品とサービスが低い価格で手に入る国という異常、その結果としての生活水準の高さという異常である。

これでは、訪日外国人が喜び、日本人が海外へ出かけるとがっかりするはずである。この異常は、決して円安だけのせいではない。「漂流」してきたこの30年の間も日々の仕事を多くの日本人がきちんとまじめにしてきたおかげである。

もうひとつの異常は、世界の中で日本への好感度が過去にないほどいい、という異常である。

経済進出で貿易摩擦を起こす日本、世界各国で人々の職を奪う日本、各国の現地で傲慢に振る舞う日本人。そんな印象の、事実ではない部分もあったであろうが、好感度の低い状態がかなり長く続いた後で、日本人の親切さ、柔らかさ、おもてなしが世界各地で評価されている。ドイツに抜かれて、ＧＤＰでは世界4位に転落する、という報道が今月（２０２３年10月）あたりから出てきたが、その経済に勢いがないということは、コインの裏側として好感度の高さをもたらすのかもしれない。

そんな異常事態を、日本は明るい未来へ向けてのプラス材料と捉えればいい。日本企業の経営者は、それを企業の国際展開の基盤材料として使えばいいのである。

その他にも日本企業の伸び代と思えることは、本の中で書いたように、実は漂流の30年のおかげでいくつも貯まっているようだ。

ガンバレ、日本企業。

この本は、最近の私の本としては珍しく、私自身がこのテーマで書きたくなっての、出版社への持ち込み企画であった。それを旧知の東洋経済新報社・出版局の黒坂浩一さんにお願いしたところ、早速に話をすすめて頂いた。3月に最初の企画が出た本が、その年の12月には出版されることになった。黒坂さんの、いつも変わらぬ、プロフェッショナルなアドバイスと仕事ぶりに、あらためてお礼を申し上げたい。

伊丹　敬之

２０２３年11月

参考文献

伊丹敬之『人本主義企業——変わる経営、変わらぬ原理』筑摩書房、1987年

——『経営の未来を見誤るな——デジタル人本主義への道』日本経済新聞社、2000年

——『日本型コーポレートガバナンス——従業員主権企業の論理と改革』日本経済新聞社、2000年

——『経営の力学』東洋経済新報社、2008年

——『平成の経営』日本経済新聞出版社、2019年

——『中二階の原理——日本を支える社会システム』日本経済新聞出版、2022年

——『経営学とはなにか』日本経済新聞出版、2023年

伊丹敬之+伊丹研究室『なぜ「三つの逆転」は起こったか——日本の半導体産業』NTT出版、1995年

スズキトモ『「新しい資本主義」のアカウンティング——「利益」に囚われた成熟経済社会のアポリア』中央経済社、2022年

西岡杏『キーエンス解剖——最強企業のメカニズム』日経BP、2022年

延岡健太郎『キーエンス　高付加価値経営の論理――顧客利益最大化のイノベーション』日本経済新聞出版、２０２３年
宮川努『生産性とは何か――日本経済の活力を問いなおす』ちくま新書、筑摩書房、２０１８年
宮川努、滝澤美帆「日本の人的資本投資について」経済産業研究所ＲＩＥＴＩポリシー・ディスカッション・ペーパー　22-P-０１０、２０２２年5月
守島基博、初見康行、山尾佐智子、木内康裕『人材投資のジレンマ』日本経済新聞出版、２０２３年

【著者紹介】
伊丹敬之（いたみ　ひろゆき）
一橋大学名誉教授
1945年愛知県豊橋市生まれ。一橋大学商学部卒業。カーネギーメロン大学経営大学院博士課程修了(Ph.D.)。一橋大学大学院商学研究科教授、東京理科大学大学院イノベーション研究科教授を歴任。2017年から2023年まで国際大学学長を務める。2005年11月紫綬褒章を受章。2023年10月、経営学の分野で初の文化功労者に選ばれる。主な著書に『日本企業の多角化戦略』(共著、日経・経済図書文化賞受賞)、『日本型コーポレートガバナンス』(以上、日本経済新聞社)、『経営戦略の論理〈第4版〉』『中二階の原理』『経営学とはなにか』(以上、日本経済新聞出版)、『場の論理とマネジメント』『経営を見る眼』『経済を見る眼』『直感で発想 論理で検証 哲学で跳躍』(以上、東洋経済新報社)、『人本主義企業』(筑摩書房)、『本田宗一郎』(ミネルヴァ書房)、『高度成長を引きずり出した男』(PHP研究所)がある。

＊日本音楽著作権協会(出)許諾第2309268-301号

漂流する日本企業
どこで、なにを、間違え、迷走したのか?

2024年1月2日発行

著　者――伊丹敬之
発行者――田北浩章
発行所――東洋経済新報社
〒103-8345　東京都中央区日本橋本石町 1-2-1
電話＝東洋経済コールセンター　03(6386)1040
https://toyokeizai.net/

装　丁………新井大輔
ＤＴＰ………アイランドコレクション
印　刷………ベクトル印刷
製　本………ナショナル製本
編集担当……黒坂浩一

ISBN 978-4-492-50349-2